ACIMA DE TUDO O
AMOR

Como a fé e a solidariedade construíram o maior polo de
referência nacional na luta contra o câncer

O presente texto é fruto da transcrição das gravações realizadas por Henrique Prata, no período de 22 de setembro a 13 de outubro de 2011, em sua caminhada de Burgos a Santiago de Compostela.

A todo momento, a preocupação em manter a força narrativa original e não desnaturar o modo próprio do narrador de contar histórias esteve presente nas revisões e na edição do livro.

Diferentemente do gramático, que se preocupa com preciosismos e detalhes linguísticos, o homem que se dispõe a contar sua história de vida preocupa-se em falar do que vivenciou e sentiu, como a deixar um legado que encoraje gerações futuras a perseguirem seus objetivos.

Não é este um livro só escrito, portanto. Ele é, antes de tudo, vivido e sentido, como demonstra cada parágrafo, interjeição e afastamento da norma culta para estar-se inteiramente, como diria Ranulpho Prata, *Dentro da Vida*.

Cristina Marques

HENRIQUE PRATA

ACIMA DE TUDO O AMOR

Como a fé e a solidariedade construíram o maior polo de referência nacional na luta contra o câncer

Gerente Editorial
Alessandra J. Gelman Ruiz

Editora de Produção Editorial
Rosângela de Araujo Pinheiro Barbosa

Controle de Produção
Fábio Esteves

Transcrição de Fitas
José Luis Gomes

Copidesque
Cristina Marques

Preparação de Texto
Véra Regina Alves Maselli

Revisão
Malvina Tomáz

Projeto Gráfico
Neide Siqueira

Editoração
Join Bureau

Fotos de Miolo e Capa
Arquivo de imagens do Hospital de
Câncer de Barretos

Capa
Nicholas Costa Pedroso

Impressão
Gráfica Prol

Copyright © 2012 by Henrique Duarte Prata.
Todos os direitos desta edição são
reservados à Editora Gente.
Rua Pedro Soares de Almeida, 114
São Paulo, SP – CEP 05029-030
Telefone: (11) 3670-2500
Site: http://www.editoragente.com.br
E-mail: gente@editoragente.com.br

Dados Internacionais de Catalogação na Publicação (CIP)
(Câmara Brasileira do Livro, SP, Brasil)

Prata, Henrique Duarte
Acima de tudo o amor: como a fé e a solidariedade construíram o
maior polo de referência nacional contra o câncer / Henrique Duarte
Prata. – São Paulo : Editora Gente, 2012.

Bibliografia.
ISBN 978-85-7312-813-0

1. Gestão empresarial 2. Hospital de Câncer de Barretos – São Paulo
(SP) 3. Hospitais – Administração I. Título.

12-12404   CDD-362.98162

Índices para catálogo sistemático:
1. Hospital de Câncer de Barretos: Gestão empresarial:
Administração 362.98162

"Era preciso viver utilmente.

Os homens estão errados. A felicidade não está
onde eles procuram, na riqueza e na glória.
Ser feliz é ser humilde e ser simples, tendo no
coração um sentimento grande de fraternidade."

[PRATA, Ranulpho. *Dentro da vida: narrativa de um médico
de aldeia*. Rio de Janeiro: Annuario do Brasil, 1922, p. 39]

A uma pessoa muito especial em minha vida, Dom Antonio Maria Mucciolo, bispo diocesano de Barretos de 1977 a 1989, meu diretor espiritual, homem de profunda visão eclesiástica e grande empreendedor.

Aos meus filhos e netos. Apesar das minhas ausências, sempre procurei participar de suas vidas e conquistas e hoje me orgulho de com eles partilhar minhas responsabilidades.

Agradecimentos

Gostaria de agradecer individualmente a todas as pessoas que me ajudaram na missão de levar adiante o projeto do Hospital de Câncer de Barretos, retratado nesta obra. Por ser impossível mencioná-las uma a uma, escolhi alguns nomes que representassem os vários segmentos de atuação dos anjos da guarda que encontrei em meu caminho, alguns já falecidos.

Doutor Domingos Boldrini, doutor Miguel Aboriham Gonçalves, doutor José Elias Abraão Miziara e todos os médicos.

Aurora Gonçalves Paim Dornelles, José Duarte, Jesus Nazareno dos Santos e todos os funcionários.

Maurício de Paula Jacinto, Boian Petrov, Benedito Alves Santana (senhor Dito) e todos os profissionais da construção.

Padre André Bortolameotti, Regorius Langerhorst, Sirlene Maria de Oliveira de Souza e ao pessoal que zela pelos alojamentos.

Maria da Graça de Oliveira Lemos e todos os trabalhadores da creche.

Abrão Antônio Medlij, Etivaldo Vadão Gomes, Ângelo Drudi e todos os coordenadores de leilões.

Meu obrigado especial às pessoas que mais acreditaram em mim, a seguir mencionadas.

Agradecimentos

Dom Antonio Maria Mucciolo, padre André Bortolameotti e padre Nazareno Lancelotti, representantes tão especiais da Igreja.

Luiz Roberto Barradas Barata, José Serra, doutor Geraldo José Rodrigues Alckmin Filho, o ex-Presidente da República Luiz Inácio Lula da Silva e todos os representantes da classe dos políticos.

Maria da Graça Meneghel (Xuxa), Antônio Augusto de Moraes Liberato (Gugu) e Amilcare Dallevo Júnior, representantes dos profissionais da mídia.

Chitãozinho, Xororó, Sérgio Reis, Leandro, Leonardo e Ivete Sangalo, representantes da classe artística.

Silvio Matos, da Matos Grey, e de Washington Luiz Olivetto, da WMcCann, representantes dos profissionais de marketing.

Avon, Scania, Bradesco, Marfrig, BNDES, SESI e Correios, empresas privadas e órgãos públicos que me apoiaram generosamente e mostraram sua solidariedade com minha causa.

Agradeço ainda a Eunice Carvalho Diniz, José Roberto Colnaghi, Francisco Carlos Jorge Colnaghi, Antônio Morais dos Santos e José Luis Gomes.

Sumário

Introdução	....	15
Capítulo 1 ▪	Sonho inesperado...........................	19
	De chapéu na mão	20
	Fazendeiro, e não médico	21
	Vocação para ganhar dinheiro	23
	Estudo ou trabalho........................	26
	Casamento e família.......................	28
	Modo de agradecer	30
	Morte de meu avô Antenor	31
Capítulo 2 ▪	Missão de vida............................	35
	Como tornar um hospital viável	36
	Decisão de vender.........................	37
	Esperança	40
	Fechar as portas..........................	42
	Triste notícia	44
	Luz na questão	45
	Reviravolta...............................	47
	Ideia brilhante	50
	Certeza da missão	51

12 Sumário

Capítulo 3 ■ Consolidação das bases 53

Arrecadando dos ricos 54

Sempre o melhor 56

Proximidade com meu pai 59

Novas percepções 60

Inauguração do primeiro prédio construído 63

Punhalada nas costas 64

Brigas e mágoas 67

Capítulo 4 ■ Alcançando mais gente 69

Fórmula vitoriosa 70

Contribuições ilustres 72

Cada coisa em seu lugar 73

Divisão familiar 75

Trabalho participativo 76

Segundo pavilhão 77

Conquista de mais equipamentos 79

Capítulo 5 ■ Muito ainda por fazer 83

Ajuda para carregar a bandeira 83

Inauguração do pavilhão Chitãozinho e Xororó 85

Mais celebridades 86

Necessidade de ajuda 89

Tratamento humanizado 92

Capítulo 6 ■ De Barretos para o país todo 95

Conflito que afeta a todos 96

Show dos amigos 99

Desencontros 103

Capítulo 7 ■ Hospital sem pai 109

Morte de meu pai 110

Novo anjo em minha vida 112

O Hospital sem doutor Paulo 114

Melhor do mundo para Barretos 115

Mudanças na gestão 116

Acima de tudo o amor | 13

Capítulo 8 ■ Progressos e problemas 121
Adesões do meio artístico 122
Reconhecimento de excelência 123
Grande transformação 124
Expansão 127
Batalha 129
O Bom Samaritano 133

Capítulo 9 ■ Tristezas e alegrias 137
Música sertaneja para o Hospital 137
Avon 139
Dificuldades pessoais 140
Diretoria ativa 141
Tristezas e alegrias 142

Capítulo 10 ■ Ajuda do céu 147
Cai do céu a solução 147
Leilões 151
Mudança de cultura 152
Separação 154

Capítulo 11 ■ Olhando para o mundo 155
Do mundo para Barretos 156
Alemanha e Suécia 158
Hospital Saint Jude 159
Milagre real 164
De volta ao Brasil 167
Reforma do São Judas 168
Ampliações 172
Presente para padre André 173
Comemorações e congratulações 174
Gestão complexa 176
Bom relacionamento com minha mãe 180

Capítulo 12 ■ Prevenção, tratamento e pesquisa 183
Japão 183

Respeito da medicina e da ciência 186
Na Holanda 187
Vitória do projeto 190
NCI 194
Hospital do amor 196
Muitos avanços 198

Capítulo 13 ■ Ampliação e descentralização 201
Mais hospitais 201
Jales 203
Apoio presidencial 204
Justa homenagem 209
Auditoria 211
Ajuda governamental 214

Capítulo 14 ■ Além dos sonhos 219
Experiência e vivência 220
Homens notáveis 222
Crescimento e desenvolvimento 224
IRCAD 225
Apoio ao projeto 232
Sem limites 236

Capítulo 15 ■ Ousadia 239
Voltando a Jales 239
Morte do padre André 245
Frei Francisco das Chagas 247
Nova ousadia: Mato Grosso e Rondônia 249
Conscientização 253
Morte do doutor Barradas 255
Eunice Diniz 257

Epílogo 263

Caderno de fotos 271

Introdução

Há meio século, no interior do estado de São Paulo, na cidade de Barretos, um médico humanista, virtuoso, de família católica, iniciou uma obra que se tornaria grandiosa: o Hospital São Judas Tadeu. Seu nome era Paulo Prata. Meu pai.

No centro de sua iniciativa, seu enorme idealismo buscava proporcionar tratamento honesto, digno e de excelência principalmente aos mais necessitados. Ele achava que a falta de recursos financeiros nunca deveria limitar o atendimento médico, que deveria oferecer o melhor em tecnologia, médicos competentes e todos os recursos disponíveis e de última geração, além de ser também o mais humano. "A diferença" – ele dizia – "está no amor dedicado aos pacientes."

Sua profunda intimidade com Deus selou esse compromisso de oferecer excelentes cuidados médicos a todos, igualmente, ricos ou pobres. Essa foi sua marca forte e seu legado na história da saúde – e que também mudaria minha vida.

Durante os primeiros 25 anos daquilo que era o sonho e a vida de meu pai, eu detestava aquele Hospital. Ele roubava de mim a presença paterna, trazia-me privações e enormes transtornos. Confesso isso com muita honestidade, pois aprendi que a verdade me conforta muito mais que as ilusões que enchem os olhos, mas esvaziam o coração.

Introdução

Com essa mesma transparência, narro os acontecimentos que estão neste livro. Sei que serei julgado por quem conhece os fatos; sei também que sou humano e não me envergonho do que fiz ou do que possam dizer. Se mais acertei ou errei, meu compromisso é com Deus.

Aliás, foi a partir desse meu compromisso de profunda fé e convicção que o rumo dos acontecimentos mudou, como as páginas a seguir mostrarão. Acho até que os méritos dessa minha conversão se devem muito à postura de meu pai perante Deus porque, antes de trabalhar com ele, eu só dedicava meu tempo à diversão e a ganhar muito dinheiro.

Meu pai, por sua vez, sempre abdicou da busca por riqueza pessoal; ele achava que dinheiro deveria estar disponível para ajudar os doentes mais pobres e nada mais; tinha desprezo absoluto por usá-lo em benefício próprio. Felizmente, a reviravolta que aconteceu em minha vida me permitiu usar minha facilidade para lidar com finanças a serviço de uma nobre causa.

Um dos maiores responsáveis pela minha mudança – quando passei a pensar menos em mim e mais em servir a Deus – foi Dom Antonio Maria Mucciolo, um grande ser humano, uma inteligência privilegiada. E para mim uma das grandes alegrias foi conhecê-lo. Um dos maiores empreendedores na formação de religiosos e leigos, dentre outras coisas, construiu e colocou em funcionamento um centro estudantil para a formação de jovens, chamado Cidade de Maria, e fundou a Rede Vida de Televisão, um grande instrumento de divulgação nacional da Palavra de Deus.

Na época em que foi bispo de Barretos, Dom Antonio convidou-me a assessorá-lo na presidência da comissão de leigos da Cidade de Maria. Conhecendo as dificuldades financeiras pelas quais passava o Hospital de meus pais, como inflação, atrasos de pagamentos e procedimentos pelos quais não se recebia, intimou-me a assumir as finanças do Hospital contra a minha vontade. Por obediência, acatei seu pedido, por determinado tempo, mas a partir de certo ponto, acabei abraçando por mim mesmo esse projeto apaixonante.

Acima de tudo o amor 17

Hoje, essa luta é minha e amo esse Hospital, herança de fé e determinação, que significa, para mim, a materialização do caráter do meu pai e da sua presença ao meu lado. Ele já não está entre nós, porém sinto-o mais vivo que nunca e muito presente, pois o ideal desse homem se estendeu pelas décadas seguintes.

Depois de mais de meio século de sua fundação, em 1962, o Hospital que começou pequeno, com 2,5 mil metros quadrados e grandes dificuldades, transformou-se em um gigantesco complexo hospitalar de 107 mil metros quadrados, e se tornou o maior e melhor serviço de prevenção, tratamento e pesquisa de câncer do país fora de uma capital: o Hospital de Câncer de Barretos (HCB), que se tornou referência graças ao tratamento diferenciado e humanizado oferecido aos pacientes, que são integralmente atendidos com recursos públicos do SUS. Tenho certeza de que esse êxito vem do fato de darmos continuidade à filosofia de meu pai. Para o bem-estar dos pacientes, os médicos deveriam trabalhar em período integral, com dedicação exclusiva e caixa único. Além disso, ele exigia que os pacientes fossem tratados de maneira especial, e aqueles que diariamente ali chegassem fossem recebidos, atendidos e tratados como se acolhêssemos um ente querido.

Atualmente, o HCB aparece no cenário nacional e internacional como uma obra de grande sucesso, e sei que isso é exclusivamente o resultado de uma concepção de fé que dá centralidade ao paciente no atendimento médico. As dificuldades para mantê-lo ainda existem, mas ele cresce e cumpre cada vez melhor sua função junto à população, como queria o doutor Paulo Prata.

Com a minha experiência de 25 anos de gestão, tenho certeza absoluta de que por dispensarmos um tratamento humanizado e de qualidade a todos realizando nossa missão com amor, enxergando na pessoa do paciente a imagem de Deus, experimentamos as bênçãos do Pai e as provas concretas de Sua presença entre nós.

De minha parte, sempre estarei em dívida com Ele, de quem recebi coisas maravilhosas, inclusive a convivência com milhares de seres humanos incríveis. Além disso, Ele também me proporcionou a amizade de alguns santos de carne e osso, como Dom Antonio e o padre André Bortolameotti, que dedicava as 24 horas de seu dia a ajudar os pobres e adorar a Deus, sem um dia de descanso, até seus 91 anos, meu São Judas Tadeu do século XXI.

Escrevi este livro enquanto andava de volta ao passado, peregrinando pelo Caminho de Santiago de Compostela e relembrando os fatos que aqui relato. Minhas memórias mais profundas foram aflorando enquanto meu corpo era testado em um esforço físico além do seu limite. Lembrei-me de coisas que, sinceramente, nem sabia que havia vivido. Como balanço de vida, esse exercício de memória foi muito útil, apesar de me despertar tanta saudade.

Certamente, não poderia encontrar momento mais oportuno para contar essa história. Olhando para trás, pensando nessa longa trajetória, a mim mesmo surpreende tudo o que construímos. Nesse caminho de conquistas – as frustrações apagamos – espanta principalmente a minha própria mudança.

Não há outra maneira de explicar, como o leitor perceberá, os acontecimentos extraordinários que ocorreram durante todos esses anos para que esse Hospital se transformasse no que é hoje. Para mim, foram milagres, e eu acredito neles.

A história que vou contar é a prova viva de que a fé move montanhas e que toda obra verdadeira perante Deus é passível dos mesmos milagres descritos na Bíblia, pois para Ele não existe o tempo. E o modo como o Hospital cresceu e frutificou confirma isso incontestavelmente. Talvez seu grande mérito seja estar fundamentado no maior de todos os mandamentos: "Amar ao próximo como a si mesmo".

Vamos, então, à história do Hospital de Câncer de Barretos e de como os milagres modernos acontecem.

- Capítulo I

Sonho inesperado

Em 1962, doutor Paulo Prata, meu pai, fundou em Barretos, interior de São Paulo, o Hospital São Judas Tadeu, inicialmente estruturado para atendimento geral e não apenas oncológico, tornando-se desde o início referência por oferecer uma medicina de alto nível. Minha mãe, doutora Scylla Duarte Prata, também médica, abraçou a empreitada com meu pai.

Logo, porém, notaram que os doentes de câncer que lá chegavam tinham de ser encaminhados a São Paulo para tratamento e, grande parte, por um motivo ou outro, voltava sem atendimento. Em 1967, compade-cendo-se desses doentes, meu pai direcionou o Hospital São Judas Tadeu para tratar exclusivamente o câncer, o primeiro desse gênero no interior do estado de São Paulo.

O Hospital São Judas foi, mais tarde, transformado juridicamente na Fundação Pio XII, o que também facilitaria o processo de captação de re-cursos financeiros junto ao governo para mantê-lo em funcionamento. Para isso, contou-se com a ajuda de seu cunhado, Roberto Cardoso Alves, na época, deputado estadual por São Paulo.

Assim, o doutor Paulo Prata começou a realizar seu grande sonho de ver funcionar o primeiro hospital de câncer do interior do país. Ele tinha uma visão moderna de administração hospitalar, com gestão para resultados e medicina multidisciplinar. Os médicos trabalhavam com dedicação exclusiva, assegurando tempo e condições iguais a todos os doentes, com decisões conjuntas entre o cirurgião, o radioterapeuta, o oncologista e outros profissionais envolvidos no caso. Era um fato inédito no país, ideia que lhe nascera de seus contatos com a medicina europeia.

Meu pai contratara, na época, dois grandes profissionais, doutor Miguel Aboriham Gonçalves e doutor Domingos Boldrini, que aceitaram o regime de trabalho. Os três faziam tudo e foram heróis lutando ombro a ombro, cada um do seu modo e na sua especialidade. As demais pessoas que chegavam para trabalhar com eles eram logo contagiadas por sua honestidade de propósitos e seu ideal de trabalho.

De chapéu na mão

A medicina pública do país já era desastrosa naquele tempo, e o Hospital vivia constantemente com problemas operacionais e buracos financeiros, dependente do dinheiro dos bancos em uma época de inflação galopante. Para sustentar o Hospital, meu pai vivia com o chapéu na mão, buscando verbas do Fundo Social do governo, da Caixa Econômica, e só encontrava roubalheira ou propostas indecorosas. O dinheiro, que era bom, ia para o "orçamento dos anões" ou para instituições de deputados.

Meu pai tinha um projeto honesto e precisava de financiamento para fazer um tripé de qualidade no tratamento de câncer: um polo de prevenção, um polo de tratamento e um polo de pesquisa. Contudo, de fato, no início ele só conseguia praticar uma medicina assistencialista. Várias vezes precisou recorrer a agiotas e, quando não podia pagar, vivia uma humilhação enorme. A imagem do meu pai de cabeça baixa me cortava o coração; doía ver aquele homem, profissional competente, com tanto amor pelo que fazia não conseguir administrar a parte financeira. O caixa do Hospital sempre estourava ao fim de cada mês, semestre ou ano, deixando um déficit muito grande.

Quando minha avó materna morreu, minha mãe recebeu sua parte na herança, que foi aplicada no Hospital, dando um fôlego financeiro a meus pais. Em 1983, perdemos meu avô materno, Antenor Duarte Villela. Minha mãe teve de encarar a dura e assustadora realidade de que seria a última herança que receberia. E eu tive de encarar uma perda muito maior, pois meu avô era meu ídolo e representava tudo aquilo em que eu acreditava até então na vida. Para deixar claro o tamanho da sua influência sobre mim, abro aqui um espaço para narrar um pouco de minha vida com meu avô e sua importância para os fatos.

Fazendeiro, e não médico

Nasci e morei até os 4 anos na capital paulista, onde meus pais se formaram médicos pela Universidade de São Paulo (USP) em 1949. Meu pai, um jovem e promissor médico, acabara de defender uma tese excepcional para a medicina da época, e então optaram por se mudar para o interior, mais especificamente para a cidade de Catanduva, pela facilidade de criar seus cinco filhos lá.

Enquanto reformavam nossa futura casa em Catanduva, moramos na fazenda de meu avô materno, Antenor Duarte Villela, na cidade de Barretos, berço da família e local onde ele viveu.

É oportuno contar que a família da minha mãe pressionou meu pai a deixar de ser médico logo no início do casamento, inclusive oferecendo-lhe uma fazenda para administrar, o que lhe proporcionaria melhor remuneração, na época, que a medicina. Meu pai não aceitou. Tinha a profissão no sangue, e foi o único dos cinco genros do meu avô que perseverou e não foi seduzido pelo dinheiro da pecuária.

Nos seis meses em que lá vivemos, muitas vezes o medo se mesclava ao deslumbramento. Com 4 anos, eu tinha pavor das galinhas, mas os bezerros mamando nas vacas me fascinavam. Lembro que vovô precisou cercar com bambus todo o curral, tolhendo assim minha entrada, pois volta e meia eu escapava e, sem medo nenhum, ficava observando as vacas com seus bezerros, sentindo o cheiro bom do curral, cheiro quente de terra e de leite.

Meu avô, homem admirável, foi o grande mentor da minha escola da vida. Em Barretos, me vi profundamente envolvido por sua influência. Minha vocação de fazendeiro, muito forte, me veio por herança dele. Grande homem do campo, Antenor Duarte sempre foi meu maior ídolo e alicerçou minha vida, proporcionando-me uma juventude rica de ação e de ensinamentos. Apesar de autoritário e firme, era extremamente carinhoso com os netos e nos dava muita atenção.

Jovem ainda, ele deixara a cidade onde morava, Sacramento, em Minas Gerais, e a família de treze irmãos, indo para Barretos, que na época – 1932 – vivia uma expansão pecuária sem precedentes. A cidade foi terreno fértil para o mineiro que enxergava longe e usou toda a sua capacidade de trabalho a seu favor. Buscava gado barato no sertão e levava para revender com lucro, ao mesmo tempo que trabalhava com a doma de animais. Aos 19 ou 20 anos, já encontrara o caminho de comprar barato e desvalorizado, fazer valorizar e vender com lucro. Essa foi a primeira lição que aprendi com ele.

Cresci à sombra de meu avô enquanto meu pai e minha mãe se dedicavam à medicina. A ausência dos meus pais, envolvidos na profissão, era preenchida pela presença constante de vovô, de quem muito me aproximei, por admirá-lo e ter verdadeira fixação por sua profissão. Homem íntegro, competente, bem-sucedido e muito rico, em nenhum momento me abandonou. Com feitio de homem simples, tratava a todos, ricos e pobres, da mesma maneira, e aos necessitados com bondade e compaixão, tendo minha avó Ruth Vieira Villela como parceira constante.

Sempre admirei o modo como eles tratavam os empregados. Na casa grande em que moravam na cidade, uma das mais luxuosas de Barretos naquela época, todos os empregados eram recebidos quando vinham da fazenda machucados ou doentes e lá se hospedavam até se curarem.

Quando vovô, por sua vez, ia à fazenda, reunia à noite os empregados na varanda e se interessava pela vida deles, perguntando a cada um sobre os filhos, a esposa, as necessidades. Inúmeras vezes vi meu avô, em seu escritório, na praça Francisco Barreto, recebendo pessoas poderosas, ricas, importantes banqueiros; mas se chegasse algum peão de boiadeiro, sujo da lida, lenço empoeirado, precisando receber dele um dinheiro, era atendido na mesma sala, tratado com a mesma cortesia e servido pelo mordomo com a mesma fineza e sem nenhum preconceito.

Meu avô era um homem que mostrava, com suas atitudes, seus reais valores, que ajudaram a formar o meu caráter. Deus me deu o privilégio de conviver, trabalhar e aprender com um homem extremamente sábio e humano.

Meu avô paterno, Ranulfo Prata, que morreu quando meu pai tinha apenas 18 anos, era médico, radiologista e um intelectual que escreveu vários livros. De origem portuguesa, imigrante, nasceu em Lagarto, Sergipe, de onde saiu para estudar em Salvador e no Rio de Janeiro até ir para Santos, onde escreveu seu famoso livro *Navios iluminados* reeditado pela prefeitura de Santos no final da década de 1990 para ser utilizado no ensino básico do município. Nesse livro, ele mostra sua preocupação com o próximo porque narra o sofrimento dos imigrantes, separados de suas famílias, enganados e explorados como mão de obra barata no Porto de Santos. Só conheci meu avô paterno por intermédio da leitura desse livro, surpreendendo-me com sua inteligência e humanidade. Com minha avó paterna convivi proximamente quando, já mais velha e viúva, morou vizinha da casa de meus pais.

Vocação para ganhar dinheiro

Depois de alguns anos em Catanduva, minha família se mudou definitivamente para Barretos. Meu avô me ensinou tudo sobre a sua profissão e eu agarrei com gana a grande oportunidade que me foi oferecida, com o melhor professor. Fui um neto apegadíssimo a ele, desde pequeno. Por volta dos 6 anos, no primeiro ano escolar, lembro-me que a sua casa ficava a meio quarteirão da escola. Eu vivia lá e, com frequência, em vez de fazer a lição de casa, ia com ele para a fazenda. Dos cinco filhos da minha mãe, fui o único que se aproximou para curtir esse lado do meu

avô. O que ele me ensinava era tão simples, tão racional que, diferentemente das outras crianças da minha idade, eu só pensava em ser útil e
ganhar dinheiro com meu trabalho, aproveitando cada oportunidade.

Às vezes, eu achava que com o tempo me tornaria, vamos dizer assim,
uma criança como as outras, com anseios comuns de brincar, de viajar, de
conhecer a Disney, como meus irmãos e meus primos. Isso, porém, nunca
aconteceu. Eu nunca quis. A cada dia de folga que eu tinha, queria estar no
campo, fazendo algo que me desse sustento e independência.

Vovô tinha um velho frigorífico, sem uso, com uns vinte alqueires de
pasto abandonado, que me cedeu para que eu usasse. Coloquei lá umas
quinze vacas, que eram do meu tio Heitor Duarte Villela, da raça gir,
muito boas de leite, que eu ordenhava todos os dias às quatro horas da
manhã, antes de ir para a escola, às sete e meia. Fiz essa rotina durante os
quatro anos de ginásio.

O leite era levado por um velho empregado de vovô para as minhas
tias, minha mãe e minha avó, na cidade. Lembro que, às vezes, ia para a
escola com a calça suja de leite, cujo cheiro azedo espantava meus colegas. Isso, porém, pouco me importava, pois tinha a convicção íntima
de estar aprendendo uma coisa muito valiosa, que me dava um sentido de
responsabilidade.

Creio que eu era mais ambicioso que a maioria dos garotos de minha
idade. Se passasse pela praça e visse alguém vendendo jabuticabas ou
mangas, eu sabia que poderia fazer aquilo também, pois de tudo havia na
fazenda, era só estender a mão. Meu avô sempre me permitia fazer isso,
mas eu tinha que ir com cuidado para não despertar a atenção dos outros
netos, criando uma ciumeira geral.

Certa vez, com uns 12 anos, além das frutas, vi um galinheiro vazio
na fazenda e resolvi usá-lo. Comecei a comprar pintinhos e pôr para en-
gordar. No início foi uma beleza: eu os engordei e vendi, mas depois, num
outro lote, deu aquela doença dos bulbos na cabeça dos frangos quando
eu estava ausente, em Minas, com vovô. Ao chegar fui avisado pelo empregado de que eu já perdera alguns frangos. Olhei a frangada toda carijó,

mais de duzentas cabeças... e vi meu lucro indo embora. Fui então ao frigorífico e ofereci os frangos limpos com um mínimo acréscimo de preço. Trato feito, voltei à fazenda, matei e limpei os duzentos frangos e saí entregando, alguns sem a cabeça por causa dos bulbos. Ambicioso que era, passei por cima da ética para não ter prejuízo. Meu avô, sempre atento, alertou-me que tão importante como ganhar era saber perder, pois isso é inerente à vida. Foi um aprendizado doído; eu não admitia a derrota e sofria quando isso acontecia.

Houve ainda outra passagem muito dura para mim, aos 17 anos. Eu plantava arroz e já colhera por volta de 3 mil sacos; ambicioso como sempre, quis esperar um preço melhor para vender. Depois de um mês, passou pela região um comprador de Goiás oferecendo um valor excelente; levou o arroz de muita gente, inclusive o meu, pois limpei o armazém e vendi tudo o que colhera. Cheguei com meu cheque a Barretos, contando vantagem para o meu avô: "Aqui ó, vocês se precipitaram, não souberam esperar... Daqui a trinta dias recebo 20% a mais que vocês". Meu avô deu o troco, brincando: "Não dou nada por esse cheque. Quem oferece mais do que vale não tem intenção de pagar". E eu, que tripudiara e esnobara em cima dele, lembro-me, como se fosse hoje, umas das maiores lições da minha vida: o cheque era sem fundos e perdi tudo o que lucrara. E, ainda, devia ao Banco do Brasil um financiamento que tinha de pagar!

É claro que recorri ao meu avô para me emprestar o dinheiro, que logicamente ele tinha. Foi um banho de água fria ouvir sua resposta: "Não empresto, não; você tem boi; venda e honre seu compromisso". Por mais que eu pedisse, ele não cedeu e na época achei que ele não tinha coração porque ainda comprou meu gado, umas sessenta cabeças (tudo o que eu tinha), botando preço ele mesmo e agindo como se estivesse me fazendo um favor. E, o que é pior: estava sempre relembrando o episódio, brincando e ironizando, às vezes na frente dos fazendeiros, seus amigos, que frequentavam seu escritório: "E aí, Henrique, por quanto mesmo você vendeu o arroz?". Nesse episódio, cheguei mesmo a duvidar de seu amor por mim.

Passado um ano, porém, ele me deu nova chance de plantar, numa fazenda de terra boa do Paraná, uma lavoura de milho. Colhi uns 20 mil sacos e resolvi esperar por preço melhor. Gastei com silo, estoquei e perdi outra vez quando deixei de vender por dez esperando vender por quinze, para acabar vendendo por oito. Eu só queria ganhar e acertar sempre!

Foram lições muito duras, que me fizeram chorar algumas vezes, mas que serviram imensamente para que eu moderasse a ambição e aprendesse a avaliar melhor as circunstâncias envolvidas num negócio.

Eu me lembro que a primeira vez que fiz uma doação aos pobres com o meu próprio dinheiro, já ganho com o meu trabalho, fiz copiando o exemplo dos meus avós.

Estudo ou trabalho

Quando, aos 15 anos, decidi parar de estudar, meu pai teve comigo um comportamento surpreendente vindo de um profissional que tanto estudara. Ele me alertava para a vida e me falava profundamente. Um dia, me chamou e disse: "Não, não tenho medo nenhum de você parar de estudar; sei que ama sua profissão e a exerce com amor; pode-se ganhar mais ou menos, mas esse é o melhor caminho para a felicidade. Claro que eu gostaria que estudasse um pouco mais, mas você já tem a confiança do seu avô, que lhe deu incumbência tão grande! Então, eu respeito e apoio".

Quando decidi não estudar, minha família não me poupou críticas. Ouvi que seria eternamente um caipira e nunca passaria de empregado. Não deixavam de ter razão, porém eles não me conheciam o suficiente, não sabiam que eu enxergava longe e ambicionava muito.

Então, com 15 anos, fui emancipado pelo meu pai. Fomos ao cartório, abri conta em banco e comecei a movimentar meus negócios e meu dinheiro que, apesar de não ser muito, já me dava enorme confiança.

Minha relação com meu pai era de amor, mas distante; sem o convívio do dia a dia. Ele só falava de hospital, de medicina, que era a rotina da sua profissão, mas muito distante da minha.

Quando eu tinha 17 anos, pedi a ele que me desse um carro e ele me disse uma coisa que só depois entendi e respeitei demais: "Da minha profissão eu não tiro dinheiro para filho. Deus me deu o dom de ser médico e tudo que eu ganhar com a Medicina, vai ser para aliviar o sofrimento das pessoas que têm câncer, até porque o governo é irresponsável, não trata e se omite. Vocês, meus filhos, têm herança pela frente, um lar confortável e os estudos que quiserem; uma vida infinitamente superior à de tantos que eu preciso ajudar. Se você quer um carro, é problema seu. Não conte comigo. Não espere de mim nem a minha parte da herança". E eu lhe respondi: "Olhe, eu já esperava por isso; já vi o mesmo acontecendo com os meus irmãos e não quero entrar em atrito com o senhor. Eu o respeito. Use como achar melhor o seu dinheiro; eu já sei como ganhar o meu".

Antes que eu completasse 18 anos, porém, minha mãe, como já fizera com meus dois irmãos mais velhos, financiou uma caminhonete para mim em 24 prestações, que ela pagou com o seu dinheiro, resultado do trabalho na sua clínica particular de ginecologia e obstetrícia.

Havia uma contradição muito grande na minha família: morávamos em uma das melhores e mais bonitas casas de Barretos, mas dinheiro não tínhamos; era contado, vindo só do consultório da minha mãe. E quando, às vezes, meu avô Antenor lhe dava um dinheiro grande, ela ia com certeza tapar um buraco nas finanças do Hospital, que, como negócio, só trazia prejuízo.

A minha formação me dava a certeza de que um dia, se eu fosse bem-sucedido, deveria ajudar meus pais financeiramente, porque ambos já haviam feito muito por mim.

Meus irmãos sofreram mais, pois gostariam de ter a vida dos primos e dos amigos, que tinham bons carros e viajavam com frequência. Nossas viagens eram financiadas pela minha avó materna; minha mãe, médica ginecologista, vivia sacrificada, criando os cinco filhos com seu trabalho, com dinheiro contado. Ela era filha de um homem rico e não queria frustrar os filhos, então se matava de trabalhar e ficava ausente de casa o tempo todo. O seu consultório era abarrotado e eu me lembro que ela não vinha almoçar antes das três ou quatro horas da tarde. A única coisa que ela exigia era nos ver tomar o café da manhã direito.

Casamento e família

Antes de chegar aos 21 anos, eu já era financeiramente independente e decidi me casar. Tive antes algumas namoradas. Porém o amor definitivo conheci aos 18 anos. Apaixonei-me, insisti, consegui namorar e nos casamos poucos anos depois. Iraídes Conrado Pereira de Morais, a Dida, era muito inteligente, extrovertida, de uma família tradicional no ramo da pecuária. Na época eu trabalhava com meu avô e dependia dele; não que ele me desse dinheiro, mas me dava sombra, me abria portas, me facilitava o crédito e me permitia fazer muitos negócios em seu nome. Eu, então, retribuía estando 24 horas à sua disposição, aproveitando as oportunidades e ocupando o meu espaço. E para ela – minha mulher – muitas vezes sobrava o segundo plano, o que a fazia duvidar de meu amor. Contudo, o amor era certo desde o dia em que a conheci, ou não teria me casado. Nos três primeiros anos, viajamos muito para as fazendas, ela me acompanhando no trabalho, vendo a vida louca e atribulada que eu tinha e nos conhecendo melhor. Foi uma fase muito boa.

Vieram, então, os filhos. O primeiro, também Henrique, filho homem, o que muito me envaideceu. Depois uma menina, Adriana, e em seguida o terceiro e último, outro menino, a quem dei o nome de Antenor, justa homenagem ao meu grande avô.

E fui um pai naquele ritmo de vida de correria, mas quando chegava do trabalho ou da fazenda, arrancava da cama os meninos, o primeiro, a segunda, o terceiro – sempre o mais novo – e punha-os na cama comigo para que sentissem meu cheiro, meu calor e dormíssemos abraçados. Eu que, de dia, era um pai ausente. A mãe deles, graças a Deus, pôde se dedicar a cuidar dos filhos, mesmo tendo formação universitária e opção de trabalhar.

Uma vez por ano, depois que as crianças cresceram um pouco, viajávamos juntos e eu ficava exclusivamente com minha família. Às vezes íamos para a fazenda, às vezes para os Estados Unidos ou outro país qualquer. Nas férias escolares de julho, também ficávamos quinze ou vinte dias na fazenda, com a família da Dida.

E apesar do meu ritmo forte de trabalho – nunca trabalhei menos de quinze horas por dia desde muito jovem –, eu respeitava demais essas pausas, sentindo a necessidade de conviver em família.

Lembro que fiquei quase doze anos sem deixar que nenhuma interferência, nenhuma tentação perturbasse meu casamento, e me sentia até mesmo um herói, porque fui muito tentado; era jovem, dinâmico, extremamente ativo; e, com certeza, a religião me segurou bastante.

Mais tarde, porém, percebi que eu também era um fraco como tantos outros que critiquei e acabei ficando muito vulnerável. Lembrava sempre as palavras do meu avô: "Se você fraquejar e trair, não fique com uma mulher mais de uma vez; você pode acabar se apaixonando". O que ele vivera de errado queria evitar para nós, mas se conselho fosse bom... E esse, de quase nada serviu para mim. Errei e me arrependi; tornei a errar, e fiquei tão vulnerável que cheguei a me aconselhar com meu pai. Ele me levou até seu diretor espiritual, lá no Mosteiro de São Bento, em São Paulo, que me aconselhou dizendo que a consciência da minha fraqueza era muito importante; então, que eu resistisse e me cuidasse para não machucar ninguém. Eu me sentia humilhado quando fraquejava, mas o prazer me pegava, me vencia e me levava a crises de consciência porque tinha a certeza de que ofendia a Deus e feria a família.

Quando entrei num ritmo frenético de trabalho, a família, o lar, o casamento foram ficando mais distantes e as coisas cada vez mais difíceis, até a nossa separação definitiva.

O mais importante, porém, é que me casei por amor e desse amor resultaram três absolutos presentes de Deus, os maiores que recebi na vida; três filhos exatamente como eu gostaria que fossem. Um intelectual, estudioso, que tem a genética do meu avô paterno e de meu pai. O Henrique me enche de orgulho; eu, que tinha toda essa loucura por fazenda, e ele, totalmente distante desse universo, encaixou-se na minha vida profissional quando fundei uma faculdade de medicina e tenho o prazer e a alegria de vê-lo, hoje, trabalhando comigo. Uma história pela qual eu deveria todos os dias me ajoelhar e agradecer a Deus, pois até o filho que não tem a minha essência de pecuarista, sendo completamente avesso ao mundo dos meus negócios, hoje trabalha comigo num mesmo ideal: formar médicos para o futuro desse grande projeto que temos na vida.

E depois que Deus me deu essa alegria do primeiro filho, repetiu a dose com uma menina. Se eu pintasse um quadro, se fosse Leonardo da Vinci, Michelangelo ou todos os escultores e pintores (permitam-me a corujice), não conseguiria fazer alguém assim. Deus a fez para mim; uma menina que nasceu magrinha e foi ficando linda, maravilhosa, um sonho de filha tão perfeita quanto eu poderia querer – na cor do cabelo, na cor da pele, no rosto, na alma e no coração incrivelmente amoroso. É extremamente filha, e hoje extremamente mãe, extremamente esposa. E aí eu ficava me perguntando: por que, com tantos filhos problemáticos por aí, os meus nasceram exatamente como nos meus sonhos? Como é que isso pode ser assim?... Bem, foi o meu segundo presente dado por Deus.

Tempos depois, chegou o nosso terceiro filho, um menino, de semblante sereno, que viria a ser para mim o que eu fui para o meu avô. É apaixonado por fazenda, por avião, por negócios, sentindo o mesmo amor por tudo o que eu também sentia quando criança. Eu me via nesse filho, pensando: "Mas como Deus pode me dar um filho que me preenche tanto, espelho de mim?". O Antenor me completava; ele era o meu avô e a minha imagem. Às vezes, eu o vejo tão parecido com ele; outras, muito parecido comigo.

Modo de agradecer

Lá pelos meus 30 anos, senti uma coisa muito forte, por eu ter tanto, por ter filhos tão perfeitos, tão iguais ao que sonhara, que me vi pensando: "Eu devo fazer algo diferente da minha vida para retribuir o que recebi!". E reconhecendo a perfeição daquilo tudo, a beleza da minha vida, aquele excesso de amor com que Deus tinha cuidado de mim, fui buscando uma forma concreta de agradecimento; não só uma oferta em dinheiro, em dízimo para a igreja, mas... algo mais.

Fazer caridade, eu já fazia: havia doado várias casas para meus empregados. Sempre tive essa necessidade de compartilhar, de dividir um pouco do que ganhava com quem nunca teria a oportunidade de ter uma casa própria. Mas não me satisfazia, havia uma coisa dentro de mim querendo mais. Lembro-me até da vontade de ser catequista, de jejuar, de querer abrir uma creche... Eu queria um contato permanente e íntimo com Deus, um contato de absoluta gratidão. E, por alguns anos, vivi essa angústia.

As coisas foram dando muito certo na minha vida, fui crescendo profissionalmente, tornei-me um homem de muitos negócios, ignorando o que Deus havia preparado para mim e que só posso aceitar como milagre com hora certa para acontecer, e que aconteceria depois: minha entrada no projeto do meu pai, na história da Fundação Pio XII, uma história maravilhosa, com a qual ficaria patente a importância na minha vida do meu avô, do meu pai e, acima de tudo, de Deus.

Morte de meu avô Antenor

Meu avô Antenor morreu em 18 de outubro de 1983, com mais de 80 anos, mas deixou uma árvore bem plantada e fecunda. Eu, com pouco mais de 30 anos, assumi o comando dos negócios da minha mãe e da família, caminho natural para quem já estava à frente de quase todos os seus negócios. Mas isso não impediu que eu me sentisse praticamente órfão, até porque tive, logo de início, um problema sério com a família, os herdeiros do meu avô.

Ele já doara em vida a seus filhos duas vezes – a primeira quando fez 70 anos, e a segunda, quando minha avó materna, Ruth, morreu – e com certeza queria ter respeitada sua última vontade, dispondo dos bens que lhe restavam como quisesse.

Mesmo já perto dos 80 anos, meu avô havia se casado novamente com uma mulher bem mais nova, Maria Luzia. Tenho a convicção de que, por seu caráter e personalidade, realmente era amado pela nova mulher, mas a família se opôs violentamente a essa decisão. As filhas abriram fogo contra ele com uma violência tremenda, e ele enfrentou uma guerra acirrada. Tive então minha primeira grande briga com minha mãe, porque não aceitava que ela ficasse contra ele. Queria que ela o apoiasse, respeitasse e aderisse à sua causa, e deixei claro que sua recusa implicaria o nosso rompimento; vejam o tamanho da influência dele sobre mim, e o tamanho do meu amor por ele.

Apesar do cenário que se configurou após seu casamento, meu avô sentia-se tão privilegiado com saúde, em boa forma, dinheiro, conforto, família e as chances e oportunidades que a vida lhe dera, que resolveu fazer um testamento, deixando parte do que ainda tinha para 51 instituições de caridade de Sacramento e de Barretos. Cada uma receberia em torno de 100 mil dólares. Isso foi uma forma íntima de agradecer a Deus, devolvendo um pouco do muito que recebera aos realmente necessitados. Ele, na época, ainda tinha 14 mil bois e 3 mil alqueires de terra.

A família fez o que pode para burlar a decisão testamentária de meu avô. Fui muito pressionado, pois o comando era meu, com procuração para abrir inscrição, vender e comprar bois, e dispor da vontade dele. Foi uma luta, uma luta triste na minha vida. Tive de brigar com todo o restante da minha família para fazer valer a vontade dele. Acho, porém, que saí vitorioso porque no fim houve uma auditoria e tiveram de pagar o déficit que havia em sua conta-corrente. Saí de cabeça erguida, mas com uma vitória amarga porque, além de conseguir a inimizade de todos, as instituições de caridade receberam menos da metade do que lhes era devido.

E se provou muito sábio o que um dia ouvi dele. Ele abriu a carteira, mostrou-me o dinheiro e disse: "Henrique, o capeta é isso aqui, ó! O demônio é o dinheiro, que destrói família, laços de amizade, sangue, destrói tudo. Tem um poder maior que todos os poderes, só não maior que o poder de Deus, que é amor".

Em relação a dinheiro, curiosamente, meu pai e meu avô me deram o mesmo aviso. Meu pai, em uma ligeira conversa, me disse certa vez: "Você, meu filho, tem muitos talentos, muitos dons, incluindo o de saber ganhar dinheiro. Temo somente que ele vire seu deus, como já aconteceu

Acima de tudo o amor 33

com tantos outros para quem o dinheiro virou uma religião, uma obsessão. Quanto mais se tem, mais se quer".

Esses fatos foram bastante tristes, como também os cinco anos seguintes sem meu avô. Foram anos em que eu trabalhava muito comprando bois para dois frigoríficos – de 4 a 5 mil bois por mês. Tinha já uma carteira de 50 mil dólares limpos por mês, em uma atividade secundária que não era a essência da minha profissão.

Sentia-me, porém, muito só. Faltava-me o meu melhor amigo, uma âncora nas decisões de negócios que eu tomava. Na mesma noite em que ele morreu, ainda me deu uma lição por eu estar optando por um caminho mais fácil entre comprar terras no Mato Grosso do Sul ou mil quilômetros norte acima. Disse que a primeira opção era típica do raciocínio de gente estabilizada, mais velha, e que o futuro da pecuária para jovens como eu era, com certeza, o norte do país. Tivemos, na noite em que ele morreu, uma discussão ferrenha. Fiz, porém, o negócio que ele queria: tomei o rumo certo, no qual muitas oportunidades se abriram para mim, certamente com as bênçãos do seu Antenor.

■ Capítulo 2

Missão de vida

Depois da morte de meu avô, minha mãe me procurou e pediu: "Quero fazer um acordo com você, meu filho. Estou ficando velha e preciso conservar o mínimo de dinheiro para um conforto na velhice, e não posso mais acudir o seu pai com o Hospital". E eu concordei prontamente: "A senhora está completamente certa. Vamos fazer um último acerto com o Hospital e deixar o papai ciente de que perdemos a retaguarda do vovô".

Foi uma época muito difícil, em que fiquei entre a cruz e a espada. Administrando o que sobrara da herança dela, eu sabia que não devia, mas algumas vezes não conseguia deixar de dar dinheiro ao meu pai, que se humilhava me pedindo. Minha mãe, já cansada por ter vivido mais de quarenta anos trabalhando intensamente, também tinha razão em não mais querer perder dinheiro em um negócio sem retorno. Foi uma angústia prolongada, que eu esperava que acabasse um dia.

Lembro-me de uma ocasião em que papai me disse: "Se a sua mãe me disser mais uma vez que meu negócio é um brinquedo e que eu não lhe peça mais dinheiro, se eu tiver de passar mais uma vez por essa humilhação, vou sair de casa". Isso me doeu demais, mas não tinha com quem compartilhar, nem um irmão, ninguém da família. E pensava: "Um dia, por

certo, meu pai vai despertar e fechar esse Hospital". Não podia tirar a
razão da minha mãe, embora os ideais do meu pai fossem muito nobres.

Em mais de uma ocasião, pude ver o desempenho médico do meu
pai, sua competência e generosidade, como quando um funcionário meu
muito próximo, o Mauro, teve um câncer. Passei a respeitá-lo como um
homem bom, generoso, e excelente profissional.

Como tornar um hospital viável

A sociedade de Barretos já estava, na época, mobilizada para ajudar o
Hospital, mas não achava a fórmula adequada para viabilizar efe-
tivamente essa ajuda.

Um dia, em 1985, meu pai havia me procurado no meu escritório,
acompanhado de algumas pessoas. Estavam com ele Dom Antonio
Mucciolo, então bispo de Barretos, o João Monteiro de Barros Filho,
dono do jornal O Diário, o Gilberto Negro, grande empresário da laranja e mais algumas pessoas da sociedade, com um projeto para fazer
com que o Hospital se tornasse viável, e me convocaram para pôr em
prática o tal projeto.

Minha reação foi de repúdio, de negação: "Eu cursei com meu avô
uma escola de ganhar dinheiro; a escola do meu pai, de trabalhar para
perder dinheiro todos os dias, só a ele convém. Eu não pactuo com isso. Eu
o respeito, nunca discuti com ele, como já fizeram meus irmãos. Mas vocês não têm o direito de me pedir tal coisa! Essa é uma obra do meu pai e
na primeira oportunidade que eu tiver, vou queimar esse Hospital!".

Nem mesmo a insistência de Dom Antonio, já na época meu diretor
espiritual, a quem eu ouvia e respeitava, me fez mudar de ideia.

Logo em seguida, meu pai teve um enfarto. De novo me procura-
ram em caráter de urgência para que assumisse seus negócios. Eu concordei: "Vou assumir até que ele saia do Hospital. Depois é com ele, pois
não é minha essa obra! E, Dom Antonio, peça a Deus que não leve meu
pai, porque, se ele morrer, eu lhe garanto, fecho o Hospital e ponho
fogo nele".

Administrei o Hospital durante as semanas em que meu pai se recuperava, resolvi problemas pendentes e tive a convicção de que aquilo era uma bola de neve, um problema muito sério, que eu não queria para mim.

Por duas vezes repudiei o Hospital enfaticamente, não cedendo nem aos apelos do meu diretor espiritual. E continuei também tocando meus negócios particulares a todo vapor, trabalhando como um louco para crescer.

Eu me interrogava, às vezes, quando me lembrava das palavras do meu avô e do meu pai, se não estaria me tornando uma máquina de ganhar dinheiro, porque, na minha ambição, sonhava crescer, crescer, querendo obstinadamente escrever meu nome como o maior fazendeiro do país. Era minha meta, mas era também um peso enorme, e eu tinha muito medo de que isso virasse uma doença, uma obsessão.

Nos seus últimos anos, meu avô me havia dito que ganhara tanto dinheiro na vida, mas usufruíra muito pouco. Além disso, via que toda a família brigava por dinheiro e nunca lhe havia agradecido pelo que ele já lhe dera.

Enquanto eu ganhava meu dinheiro, papai, recuperado, seguia perdendo o dele, não só por não ser um bom gestor – afinal ele era um cientista –, mas principalmente por falta de ajuda governamental. Na verdade, meu pai enfrentou a família por amor ao próximo, e não conheço ninguém que, como ele, tenha sonegado de um filho o próprio dinheiro em favor dos que quase nada tinham.

Decisão de vender

Algum tempo depois, eu também estava trabalhando com meu diretor espiritual em uma obra, um grupo de leigos de apoio à Cidade de Maria, que existe até hoje e do qual sou presidente desde 1985. Ali foi minha preparação para ficar mais próximo de Deus. Era uma "cidade" só de orações, fundada por Dom Antonio Mucciolo, a quem eu respeitava e tinha como um pai.

Um dia, ele me chamou para me comunicar: "Olhe, Henrique, eu, como bispo, sou curador da Fundação de seu pai, cuja estrutura é católica. Vi hoje uma coisa muito ruim: a situação dos balanços financeiros. Seu pai, um sonhador convicto, não está enxergando o desastre, mas eu estou muito preocupado e o chamei para termos uma conversa muito séria". "Nossa, o que foi, Dom Antonio?". E ele prosseguiu: "Hoje eu vi que seu pai está enrolado, com títulos no cartório, com os salários dos médicos atrasados e falta de pagamento aos fornecedores; ele não aceita que a coisa tenha ido tão longe e faz umas contas para quando entrar um dinheiro, que praticamente não existe, está sendo corroído pela inflação. Na época, a inflação era de 20% a 30%, galopando para chegar a 50% ao mês. Bem, Henrique, agora você precisa interferir diretamente no processo. Duas vezes lhe pedimos e você negou. Agora vou falar como seu diretor espiritual e conselheiro: um filho tem de ajudar o pai na hora da necessidade. Então, hoje, você tem que diminuir seus negócios particulares e arrumar um tempo para cuidar disso. Esqueça o Hospital; a hora é de acudir o seu pai".

Aquilo para mim foi uma ordem absoluta; minhas pernas bambearem porque não sabia o tamanho do problema. "Dom Antonio, não se preocupe. Eu como filho tenho esse dever, sei disso como cristão e não tenho nem o que discutir. Vou assumir os negócios do meu pai e não vou permitir que seu nome vá para o lixo. Vou precisar muito do senhor para achar uma solução definitiva para o problema, vou honrar o nome do meu pai, o senhor pode ter certeza!"

Aquilo me balançou, fiquei muito triste e disse à minha mãe: "Eu quero uma reunião de família. Chame meus irmãos. E também quero que Dom Antonio participe! A dívida do Hospital cresceu demais e o papai pode ficar com o nome manchado e isso não podemos permitir! Quero, porém, lhe pedir que não discuta com ele; sabíamos que isso podia acontecer, e não é só culpa dele: ninguém consegue administrar uma empresa com uma inflação de 20%, 30% ao mês, esperando três meses ou mais para receber".

Ela, apesar do baque, concordou. "Então vamos fechar questão; faça o que precisar, se tiver que vender nossos bens, venda e pague as dívidas. Mas depois que sanear o Hospital, venda-o e me pague". Eu concordei:

Acima de tudo o amor 39

"Acho que é direito seu e já combinei com Dom Antonio: vamos fazer um levantamento exato das contas, vender bois, vender terras, fazer dinheiro e honrar o nome do papai. Em seguida, venderemos o Hospital. Ele vai entender que não há outro jeito; é impossível administrar um hospital com essa inflação galopante sem ajuda do governo".

Além de Dom Antonio, lembro que participaram da reunião meu irmão e a mais nova das minhas irmãs, a Caia. Depois, conversei com cada um individualmente: "Não se assustem, mas se for necessário vamos vender tudo o que a mamãe tem, até mesmo um pedaço da fazenda". E só não ponho fogo no Hospital porque vai ser preciso vendê-lo para que a mamãe não fique sem nada na velhice".

Como Deus sempre faz as coisas perfeitas, colocou do meu lado, dando-me suporte, o doutor José Elias Abrão Miziara, um grande caráter, excelente profissional que meu pai levara do hospital A.C. Camargo de São Paulo. De todos os médicos do Hospital, era o mais parecido com ele, um homem tão humano que fazia uma pedra virar flor. O doutor José Elias foi meu braço direito, dando-me todo o apoio, porque eu só entendia de boi, curral e fazenda!

Levei-o até meu escritório de contabilidade, onde trabalhavam Daniel Bampa, que fazia a contabilidade do Hospital e cuidava da parte jurídica da Fundação, e Guy Magalini, do escritório de contabilidade pessoal de meu pai, que estava endividado em ambas as instâncias. O buraco era tão grande que, para se ter uma ideia, nem todo o gado que tínhamos seria suficiente para pagar o que ele devia.

Saí, então, planejando, negociando com força total. Com os bancos, eu já ia com a faca na mão, perguntando ao gerente: "Você quer renovar isso aí e pôr minha assinatura atrás, me dando 50% de desconto ou você quer ir pro pau? Qual dos dois você quer?". Eu tinha esse lado de comprador de boi com muito crédito nos bancos, e naquele tempo não havia CPMF; o dinheiro dos fazendeiros, dinheiro de 4 mil bois, rodava na minha conta. Então todo mundo achava que eu era vinte vezes mais rico do que eu realmente era; os bancos achavam que eu tinha muito dinheiro, mas na realidade o dinheiro não era meu, era do giro. Então os bancos tremiam quando eu batia de frente, até mesmo o Banco do Brasil, que foi o primeiro a negociar nos meus termos. Aí vi que seria fácil. "Nesses bancos privados eu vou entrar querendo mais de 50% de desconto para pôr minha assinatura". Eu blefava, afirmando que haveria solução.

Sei que o doutor Zé Elias foi meu amigo, um irmão, uma âncora, um presente de Deus. Eu precisava de alguém do meu lado, já que meu pai, arrasado, não queria acreditar naquilo tudo e não poderia me ajudar, pois nem acreditava mais em si mesmo. À noite, eu ia para o escritório de contabilidade, às vezes me reunindo com os dois contadores, e com o doutor Zé Elias, que enxergava claramente toda a situação, sempre me animando com um sorriso de otimismo: "Não, homem, você vai dar conta; você é muito talentoso, tem o dom, vai conseguir". Ele era o único, porque todos os demais já viam a vaca indo para o brejo, e algumas vezes eu fraquejei, não me contive e chorei na frente dele. A luta era muito desproporcional, mas me confortava só ver o Zé Elias. Nem saberia dizer por quê.

Esperança

Chegou até o Hospital a notícia de que vinha sangue novo ali – o filho, um grande comerciante que sabia ganhar dinheiro, e que ajudaria a resolver a situação. Os que estavam muito pessimistas enxergaram uma luz no fim do túnel. E os otimistas continuaram sonhando que poderia haver um jeito naquilo. O grande otimista do projeto sempre foi o Zé Elias, além do meu pai, é claro! Zé Elias tornou-se, então, meu professor. Sentava-se comigo, me aconselhava, dava tapinhas nas minhas costas... Como ele era ocupadíssimo com a Medicina, eu só o procurava nas horas em que, travado ali, não sabia como as coisas funcionavam. Comecei a regular até a água dentro do Hospital; contava até mesmo quantas vezes a torneira se abria. Pensava: "Vou dar uma lição nesse povo; enquanto não arrumo uma solução final, vou pôr ordem e entrar no mérito deste negócio!".

Acima de tudo o amor   41

Comecei a agir como meu avô me aconselhara que fizesse na fazenda: "Meu filho, nunca mande fazer alguma coisa que você não entenda e não saiba. Aprenda o que deve ser feito para não passar por bobo e perder o respeito das pessoas". Aí entrei no mérito de todos os processos, da cozinha, da faxina, da limpeza, e fui entendendo cada serviço, aprendendo para, só depois, dar minha opinião. Segui a escola do meu avô na gestão do Hospital. E observava tudo, controlando e regulando qualquer desperdício.

Até meu pai me deu carta branca e eu entrei rasgando, fazendo economia, sabendo até quantos quilos de arroz e de feijão se gastava, administrando item por item. Quando cheguei aos remédios de quimioterapia, percebi que os importados custavam muitíssimo mais que os remédios equivalentes nacionais. Indignado, parti para o confronto com meu pai. "Mas, escute, este remédio aqui é o mesmo; acabei de falar com o oncologista e o senhor manda comprar o importado caríssimo e não dá o nacional bem mais barato?"

A resposta dele foi uma lição que eu nunca esqueci: "Você deve ter sempre a consciência em paz porque fez o que é certo, honesto diante de Deus; não se pode oferecer um remédio que dizem ser igual, porque não existe fiscalização adequada no país e todos são irresponsáveis. É a única coisa que eu exijo, não faça economia nisso! Você tem que comprar o remédio como se fosse para você tomar; respeite isso!". Eu não podia deixar de concordar: "Claro que vou respeitar, pai. De que adianta tapear o doente, se a Deus não se engana? O governo e as pessoas erram e quem paga o preço é o coitado do pobre?". Meu pai continuou: "Então, isso acaba comigo, não posso seguir o caminho dos outros, usando o mais barato, fazendo de qualquer jeito; eu faço o que é certo, ponho a cabeça no travesseiro e durmo em paz, sabendo que fui honesto perante Deus. Os remédios nacionais são falsificados, Henrique". Na mesma hora, aceitei: "Certo, meu pai, quem sou eu para discutir com o senhor? Vamos fazer do seu jeito!". E aí, em vez de comprar o de cem, eu comprava o de mil, e muito me valeu, nessa hora, a minha formação cristã, para me impedir de ceder à tentação de comprar o barato escondido dele.

Passei a administrar tudo, entendendo cada detalhe, o porquê de cada remédio. O Hospital era pequeno e fui me familiarizando com tudo; fiz um curso intensivo com o meu professor Zé Elias e várias coisas eu discutia com ele. Em outras, porém, eu ficava distante porque meu pai era o cientista, o estudioso, o homem que sabia sobre medicina. Eu estava na gestão financeira e, em alguns momentos, tive o cuidado de não passar por cima dele, que estava me dando carta branca. Um dia ele havia me falado: "Meu filho, ainda estou vivo, você deveria me consultar". Aquilo me deixou penalizado, mas eu estava doido para regularizar a casa, fazer um dinheiro naquilo e vender. Para uns, em segredo, eu falava que queria atear fogo!

Fechar as portas

Eu havia feito um pacto com minha mãe, meu pai e meus irmãos: no momento em que acabássemos de pagar todas as contas, fecharíamos o Hospital. Meu pai fora o primeiro a assinar, dizendo: "Agora é definitivo. Você está dedicando muito tempo a me ajudar, e estou preocupado. Você mergulha de corpo e alma no que faz e estou vendo que isso afetou os seus negócios; não queria que justamente você, que desde os 15 anos tem uma profissão definida, se envolvesse com o Hospital, é o último que eu imaginaria me ajudando aqui. Acho, inclusive, que está afetando o seu casamento. Acabe logo com isso! Vamos fechar o quanto antes. Vai ser melhor para mim. O meu sonho já acabou e estou preparado". "Opa!", pensei, "então, graças a Deus, ele não terá outro enfarto! Melhor assim".

Depois dessa difícil trajetória de sete meses, quando eu fazia das tripas coração para administrar o Hospital, enxerguei uma luz no fim do túnel. Eu já negociara com os bancos, com fornecedores aos quais não pedi desconto mas também não paguei os juros, e faltava a maior negociação: com os médicos. Eram uns quinze e não recebiam havia seis meses. Aí, chamei-

-os e propus: "Olhem, há dois caminhos aqui para vocês. Ou me avalizam, entramos no banco juntos e rodamos o Hospital ou eu ponho sozinho o meu aval, mas quero o perdão da dívida de vocês. O que meu pai não pagou, não é problema meu. Quero, daqui para frente, com a ajuda de todos, botar a máquina para rodar. Asseguro a vida de vocês já estabelecida aqui em Barretos e seguimos com o sonho do meu pai".

Isso, é claro, era mentira – só sabida por meu pai, minha mãe e Dom Antonio. Eu ia jogar todas as fichas e virar o jogo. Sem tempo para pensar, um dos médicos puxou a fila e disse: "Certo, nós perdoamos a dívida, você entra com sua assinatura, os bancos vão nos deixar continuar e faremos uma gestão mais enxuta, porque você entende mais de dinheiro do que seu pai".

Era uma coisa doída excluir o doutor Zé Elias da verdade do fechamento do Hospital. Ele era praticamente da família, irmão do meu cunhado que acabávamos de perder num acidente de carro, diretor financeiro do meu pai e muito habilidoso. O segredo, porém, seria o melhor caminho até fecharmos o negócio. Os demais não; já haviam sido bem pagos, muitos já tinham inclusive o seu pedaço de terra; eram médicos, mas eram também bons comerciantes.

A única coisa em dia, quando peguei o Hospital, era o salário dos funcionários. Meu pai pegava dinheiro com agiota para honrar isso. Os outros, que tinham mais porte, ele entendia que podiam esperar. Foi um tempo louco na minha vida, de uma angústia absoluta; tão diferente de tudo o que eu já enfrentara, que às vezes eu duvidava que iria conseguir. Chorei muitas vezes sozinho, longe dos meus filhos, longe da minha mulher sem me permitir ao menos falar sobre esse assunto. Talvez eu devesse ter compartilhado, mas não havia clima. Foi uma fase terrível, sem o meu avô, sem ninguém com quem trocar ideia. Tinha apenas meu diretor espiritual que, apesar de não entender de negócios, pelo menos me ouvia. Como era importante aquilo! Sábio o meu pai, que me aconselhara, um dia, a ter um diretor espiritual, que me estimulou muito a cumprir com o meu dever e estar com a consciência leve ao fechar o Hospital.

Triste notícia

Então, após sete meses, fui tomar o café da manhã com meu pai. Lembro que acordei mais cedo, pois às sete e meia, como era seu costume, ele já estaria no trabalho. Às sete horas apareci na sua casa para lhe dizer que estava tudo pronto para fecharmos.

E as coisas se passaram mais ou menos assim: quando cheguei, ele estava acabando de tomar café sozinho, minha mãe ainda estava no quarto. "Tudo bem, filho? Você chegou cedo. O que foi?" "Pai, vim lhe dar a notícia em primeira mão; consegui enxergar a luz no fim do túnel. Fiz uma reunião ontem com os nossos contadores e daqui a uns trinta dias poderemos fechar o Hospital."

Ele levantou a sobrancelha, assim, em um gesto característico, olhou para mim e falou: "Tem certeza de que em tão pouco tempo você conseguiu?" "Pois é, vim lhe avisar porque ninguém sabe e vai ser um baque para a sociedade e para os médicos, de quem já tenho o perdão da dívida por escrito. Estou com toda a contabilidade em dia e se conseguirmos cumprir todas as metas, recebendo esse atrasado do governo, talvez a mamãe fique com alguma coisa, talvez sobre uma parte do Hospital para lhe pagar. Então, chegamos ao fim, pai, e vim lhe dar a notícia em primeira mão."

E ele, que não era de fazer elogios, levantou-se – eu estava sentado ao seu lado –, me deu um beijo na testa e arrematou a conversa: "Meu filho, obrigado! Tenho muito a lhe agradecer. Você trabalhou duro! Fiquei orgulhoso de vê-lo trabalhando exclusivamente para mim e estou até mais feliz por vê-lo voltar à sua vida normal, aos seus negócios. Estava muito preocupado com a interferência em sua vida... Essa sua dedicação. Você leva tudo muito a sério, mas me comoveu imensamente a sua luta. A estrutura que você montou para tocar o Hospital até agora foi admirável. Mas é assim que deve ser. A culpa não é só minha; a culpa é também do governo, que foge à sua responsabilidade; mas estou em paz". Vi que ele ficou meio sem chão.

E não deu muita conversa, somente me agradeceu e saiu. Minutos depois, minha mãe chegou e sentou-se para tomar o café da manhã. Ao saber da notícia que eu dera ao papai, ela me disse: "Ele sabe que é o único caminho, porém, não está sendo fácil; ele vai morrer na praia porque isso é a vida dele, meu filho". "Mãe, não me venha com essa ladainha, essa dúvida de fecha-não-fecha, porque eu não vou carregar mais esse sentimento." "Não, não é isso que estou dizendo; mas sei que ele está falando da boca para fora, no íntimo é o ideal dele, o sonho dele que acaba. Você viu como ele lutou, transformou o Hospital, especializou-se em oncologia para cuidar dos pobres do interior que não têm nem como chegar a São Paulo. Ele não vai aceitar isso facilmente, não." "Bem, mãe, minha consciência está tranquila. Dei o meu melhor e cheguei ao fim do que me propus."

Levantei-me, fui embora e, nesse mesmo dia, marquei uma reunião à noite com os médicos, que seria a última. Eu fazia uma reunião mensal com eles para dar satisfação das minhas atitudes. Lembro que as cirurgias acabavam tarde, porque havia apenas duas salas e eles tocavam das sete da manhã às onze da noite. Era um hospital pequeno e os médicos faziam das tripas coração. Naquele tempo se faziam grandes cirurgias, de dez horas, doze horas, e não tínhamos nem UTI. Os médicos, porém, eram gigantes, abençoados por Deus, e conseguiam grandes resultados ali.

Luz na questão

Cheguei ao Hospital para a reunião e comecei, olhando para cada um, falando uma coisa e sentindo outra, explicando as minhas ações. Contei todo o processo, mostrei valores, aliviado por estar vendo aqueles médicos talvez pela última vez.

E na hora em que eu encerrava o que era uma reunião tradicional de gestor com os médicos – eu ainda não lhes daria a notícia definitiva –, chegou até mim, com toda a humildade do mundo, o Zé Elias: "Henrique, você pode vir aqui comigo?" "Ir aonde, Zé? É quase meia-noite!" "É rápido, venha comigo ao centro cirúrgico, quero lhe mostrar..." "Zé, eu detesto centro cirúrgico!" "É só uma sala ao lado do centro cirúrgico. Venha ver; quero lhe explicar um negócio." Veja a habilidade dele. Olhe por onde Deus interveio!

46   Missão de vida

Ele me chamou com jeito e por todo o carinho que lhe tinha eu o acompanhei. Ele trazia um livro preto debaixo do braço, que apoiou na mesa de curativos, e falou: "Olhe, Henrique, eu o trouxe até aqui para lhe mostrar uma coisa interessante. Você foi tão hábil nesses sete meses, correndo atrás de apagar o incêndio, que eu, agora, vou lhe dar uma notícia. Você vai ficar muito orgulhoso por saber que mesmo sem querer você pode fazer algo que ninguém mais pode." "Como, algo que ninguém pode fazer?" "Aqui é uma sala de curativos; ali do lado temos duas de cirurgia." Ele, então, abriu o livro preto com a agenda das cirurgias, e de dentro tirou o catálogo de um foco cirúrgico de luz que, me lembro perfeitamente, tinha sobre ele um carimbo de 5,5 mil dólares – aquele carimbo em roxo. E continuou: "Sua habilidade foi tão grande, organizando as finanças rapidamente, que penso ser fácil para você comprar esse foco e substituir essa luz", e apontou para a luz normal em cima da mesa de curativos. "Você será capaz de salvar mais vidas do que eu ou seu pai como médicos. Olhe esse senhor que atendi hoje e só vou poder operar daqui a 65 dias. Na fila normal, nas condições normais, com duas salas de cirurgia só vou poder operá-lo nesse prazo. Mas se você tirar esta luz comum e me der este foco, eu consigo operá-lo daqui a vinte dias. E esse paciente que vou operar daqui a 65 dias tem câncer de pulmão. Com trinta dias, eu lhe daria uma sobrevida de no mínimo dois anos..., dois anos de vida com qualidade. Se esperarmos 65 dias, porém, é quase certo que eu já não consiga nem mesmo operá-lo. E se você está achando que 65 dias é demais, nosso Hospital é o que tem o menor tempo no estado de São Paulo, no Brasil. Em São Paulo, serão 120 dias; em Jaú, ou qualquer outro lugar, serão mais de 120 dias. O menor tempo é aqui: 65 dias. Mas no caso de câncer de pulmão, nem isso resolve; ele não poderia esperar mais do que trinta dias, ou suas chances serão mínimas e talvez ninguém lhe salve a vida. Mas você como leigo pode nos dar este foco e transformar esta sala de curativos numa sala de pequenas cirurgias, liberando nossas outras duas para as grandes, como a desse senhor, e pode fazer por ele o que nem os médicos poderiam."

Veja o que me disse esse meu guru. Meus pais, médicos, nunca usaram essa imagem, nunca conseguiram sequer raciocinar em cima de um princípio como esse, de que um leigo também poderia salvar vidas na área médica. E ele me passou singelamente uma incumbência muito vital e muito prática: que eu conseguisse simplesmente 5,5 mil dólares, criando uma sala de pequenas cirurgias que desafogaria as demais e salvaria o doente de câncer de pulmão. Vejam o caminho escolhido por Deus! De uma simplicidade cristalina. O Zé Elias era a pessoa em quem eu mais me apoiava e justamente ele, abrindo aquela porta, me mostrou o caminho para a solução dos problemas e me enredou definitivamente.

Quando me explicou tudo isso, senti algo como um choque elétrico, e pensei: "Meu Deus, eu não contei a ele que vamos fechar! Daqui a 30 dias o Hospital estará fechado!" Eu não contara ainda a ninguém, a nenhum médico; fizera uma reunião normal para mostrar as finanças saneadas... Até foi ótimo não ter lhe contado, como eu queria antes, porque ele tinha o coração tão cheio de esperança... E Deus usou aquele homem para me tocar, porque ele foi tão puro, me mostrando uma verdade inquestionável e singela, que tocou diretamente o meu coração. Eu, como leigo, praticamente tinha mais chance de salvar vidas do que ele como médico.

Reviravolta

Voltei para casa meio tonto. Chegando lá, minha mulher me perguntou se eu havia dado a notícia aos médicos. Eu, porém, me recusei a falar naquele momento; não tinha nem coragem nem assunto. E fui dormir tão angustiado, que sonhei com um hospital gigante, não vertical de vários andares, como se imagina. Era um hospital comprido, horizontal, com longos corredores e muitas pessoas sendo ali atendidas. Não sonhei com aquela sala pequena, em que havia estado, nem com aquele foco que me havia sido mostrado, nem com velhos conhecidos, mas com um projeto que meu pai tinha arquivado e do qual me falava nas poucas vezes que conversávamos.

Sonhei muito nitidamente com esse hospital que se espalhava pelo terreno, e com muita gente, mas muita gente mesmo andando ali em volta. Acordei às seis e meia da manhã angustiado, sentindo o coração pulsar a mil. Em meu sonho, eu vira muita gente procurando o Hospital; muita gente sendo salva, sob minha responsabilidade. E da noite para o dia, tive a consciência da minha possibilidade real, concreta, de salvar vidas. O que eu poderia realizar de melhor para exprimir amor e gratidão a Deus, que tanto me dera? Se um investimento de 5,5 mil dólares salvaria uma vida, o que não aconteceria se eu pusesse todos os meus dons, os meus talentos em prol disso? Tive, então, a certeza absoluta de que era exatamente o que eu faria.

Voltei à casa do meu pai, às sete e meia da manhã seguinte. Ele mostrou-se surpreso: "Mas o que foi desta vez, meu filho? Você esteve aqui ontem e hoje já está de volta? O que foi? O que mais você tem para me contar?" Calmamente, expliquei: "Vou lhe contar uma coisa e é bom que o senhor esteja sentado para não cair. Estou pensando em tocar o Hospital; não mais fechá-lo! Ontem, depois da reunião com os médicos, fui para casa e sonhei a noite toda que poderia salvar a vida de milhares de pessoas, mesmo não sendo médico. O simples fato de eu me dedicar a reduzir o tempo de espera por uma cirurgia de câncer já seria extraordinário. Se eu puser, então, todo o meu tempo, todos os meus dons a esse serviço, quantas vidas a mais não poderei salvar, mesmo sem ser médico?"

Achei que ele fosse estourar de alegria... Surpreendentemente, ele retrucou, indignado: "Bem, até agora eu estava achando tudo normal, mas parece que você ficou doido! Ontem, você falou com base, com raciocínio, com razão, agora me vem com sonho! Você vai me desculpar, meu filho, mas não dá mais para acreditar em sonho. Eu já sonhei muito por nós dois, mas agora chega, não lhe dou esse direito, vamos encarar a realidade, porque não são seus ideais em jogo, esses não são os seus valores, isso não é a sua profissão. Esse projeto era meu e agora que aceitei que deve acabar, vem você com mais sonho? Nem pensar! Faça o que você quiser, menos isso. E outra coisa: ontem lhe disse que estava muito feliz por você não ter mais que se envolver com médicos; você não sabe o que é ser médico... É a última profissão que eu queria para um filho. Nem pensar! Nem pensar!". Depois desse sermão, irritado, levantou-se, nem me deu um beijo e foi embora. E eu, que esperava deixá-lo feliz, eufórico

Acima de tudo o amor 49

mesmo, me vi pensando: "Mas o que é isso? Uai?! Nunca vi esse homem desse jeito. Por que será que ficou nervoso assim?".

Fiquei ali, chocado, preso na cadeira, até minha mãe chegar, sempre um pouco atrasada, e desabafei: "Mãe, você não sabe o que aconteceu. Eu sonhei..." E contei-lhe tudo. Ela, sim, teve a reação que eu esperava de meu pai: "Nossa Senhora! Foi o Espírito Santo que o iluminou! Não é possível seu pai ter lutado tanto e acabar assim. Você está pensando direito. É muito sério isso que você está dizendo. Sei que seu pai já se frustrou tantas vezes... mas isso é pura verdade, pode ser. Ele deve ter ficado nervoso porque você falou uma coisa ontem e hoje disse outra, e o pegou de surpresa, mas certamente ele vai entender".

"Mãe, eu só preciso de uma coisa, ver o projeto de hospital que ele tem há tanto tempo, engavetado. Se for o mesmo com que eu sonhei, pode escrever que aí é coisa do Espírito Santo mesmo, porque eu nunca vi essa planta antes. O papai falava demais nisso, pode até ser que eu assimilasse alguma coisa, mas nunca tive acesso ao tal projeto nem liberdade ou intimidade com o papai para saber o que ele pensa exatamente disso. No meu sonho, a planta é horizontal, com corredores, muita gente andando... preciso ver se o projeto dele é o mesmo com que eu sonhei".

Foram os três dias mais longos e angustiantes da minha vida, antes que eu pudesse ter acesso ao projeto que era a chave do meu sonho. Impaciente, no terceiro dia, eu apelei. Papai viera ao meu escritório com minha mãe, acertar as contas, ver o caixa. Quando se levantou para ir embora, eu falei: "Pai, se pensa que é o único que pode servir a Deus salvando vidas, saiba que tenho esse mesmo direito e dever. Eu nunca quis o Hospital, não queria um problema dessa dimensão, mas agora sei que também faço parte da solução e o senhor está me tolhendo! E se eu posso fazer isso, quem é o senhor para me proibir? Se acha que tem esse direito, o senhor está infringindo as leis de Deus".

Fui duro com ele e ele foi duro comigo: "Bem, se você está fechando a questão, então é o seguinte: quando você tiver uma única coisa concreta na mão, o primeiro dinheiro e um bom plano de ação, traga até mim, que aí eu lhe mostrarei a planta e falaremos em direitos".

Ideia brilhante

Aquilo mexeu com meus brios, com meu ego, mas ele se levantou, me deu as costas e foi embora. Saí atrás dele, já remoendo: "Eu tenho de ter um plano agora, e derrubar esse gigante, esse homem que está me tolhendo; faz três noites que eu não durmo e tenho a certeza absoluta de que dou conta de salvar muitas vidas se conseguir um espaço maior para o tratamento de câncer; se construir mais instalações, mais centros cirúrgicos...".

O interessante é que na hora em que eu saía do elevador e olhava a rua, passava por ali meu primo, Maurício de Paula Jacinto, que era um dos homens mais ricos da cidade, um grande comerciante, um grande fazendeiro e, quando o vi, dei um grito: "Ô, Maurício, dê uma parada aí! Preciso trocar uma ideia com você." E expliquei: "Eu descobri um jeito de resolver o problema do Hospital do meu pai e quero sua opinião, porque você sabe da nossa luta para saneá-lo. Agora descobri que se conseguirmos recursos para aumentar as instalações e atender mais pessoas, poderemos salvar vidas mesmo sem ser médicos. E mais: lembra aquele negócio que fazem em São Paulo?".

Eu já tinha isso gravado na cabeça, estava lá no inconsciente e saiu na hora: "Lembra que no Hospital Sírio Libanês e no Einstein dão às construções o nome das famílias árabes ou judias que os ajudam financeiramente? Eu pensei em fazer o mesmo aqui, dando o nome do meu avô e do seu pai a um pavilhão do Hospital. Ambos foram muito amigos e muito importantes na pecuária, e isso despertaria a atenção de outros fazendeiros para fazerem o mesmo. E aí começaremos a tirar aquele povo da rua". O Maurício era muito crítico, e reconheceu. "É uma vergonha aquelas pessoas ali, tomando soro na rua! Aquilo tem que acabar, Henrique. Aquilo é desumano!".

Em Barretos, todos sabiam que no ambulatório do São Judas só cabiam trinta pessoas, mas chegavam 150 e uma parte ficava na rua mesmo, recebendo a quimioterapia. E meu primo me disse o que tanto eu queria ouvir: "Nossa Senhora! Se você quiser fazer isso, estou à disposição. Quanto você quer? Dez mil dólares? Eu lhe dou. Quer mais?" Respondi: "Não. Peça a sua mãe também... mais dez mil". Ele concordou: "Vou pedir, vou ajudar. E olhe, você não gosta de construção, então, se quiser, eu o ajudo nisso também. Achei sua ideia muito inteligente". E ela surgira no instante que eu o vira ali na rua: copiar o que o Sírio Libanês e o Einstein faziam, mas homenageando meu avô e também a classe dos fazendeiros. Foi a fórmula certa, na hora certa e fiquei eufórico com a aprovação do Maurício. Lembrei, então, que quando eu construíra minha casa vizinha à dele, ele ia todos os dias fiscalizar a minha obra, porque gostava muito de construção.

Liguei imediatamente para meu pai: "Já consegui o que o senhor exigiu". "Nossa, mas é você com esse assunto de novo, Henrique? Eu saí daí agora mesmo e você não tinha nada!". Continuei: "O senhor me dê um tempo, o plano está pronto! A que horas o senhor pode me receber?". "Às oito e meia, depois do *Jornal Nacional*".

Às oito e meia em ponto, apareci lá com o Maurício Jacinto. E meu pai tremeu nas bases, sentindo que eu falava sério. O Maurício chegou dizendo: "Pois é, o Henrique tem um plano aí, de envolver os fazendeiros, e como ele detesta construção, além de arrumar o dinheiro que ele me pediu, ainda vou cuidar da obra. O senhor me explique o que quer, qual é o seu projeto, porque na parte civil da construção eu me comprometo a ajudar".

Certeza da missão

Eu tinha, agora, dois coringas na mão: havia conseguido o dinheiro inicial e alguém para tocar o projeto. O Maurício era uma pessoa de credibilidade ímpar, que honrava seus compromissos, tinha dinheiro, família tradicional e extremamente séria. E foi interessante que só aí os olhos do meu pai brilharam. Ele sentiu que podia ter esperança, que não se frustraria. Não por mim, mas pelo aporte de seriedade que o Maurício trazia.

"Pai, agora o senhor precisa nos mostrar o projeto", falei. E finalmente nos dirigimos ao escritório, onde, de um cofre, ele tirou um anteprojeto que tinha, inclusive, a fachada do Hospital. Na hora em que ele abriu, eu tremi: era exatamente como eu o vira no sonho!

Aquilo foi um baque. Naquele momento tive a certeza de que construir aquele Hospital seria meu destino, minha missão. "Pai, eu sonhei com um hospital idêntico a este. Esteja certo!" "Meu filho, sei que você tem muitos dons, muito valor; só tenho medo dos problemas que você vai ter de enfrentar com os médicos, e temo também pelo seu casamento, esse projeto é muito grande, é muito sério e vai tomar muito do seu tempo". "Não, pai... É uma coisa assim que andei buscando para estar mais perto de Deus, em intimidade com Ele; é exatamente o que eu queria para retribuir de modo mais consistente tudo de bom que recebi na vida".

Papai estava encantado com o Maurício. Ficou ali, embevecido, fazendo planos, entusiasmado, ainda por um bom tempo. O Maurício era todas as cartas do jogo.

Eu também estava embasbacado: "Gente, é incrível, é verdade; aquele sonho é pura verdade! E agora como é que eu vou fazer para contar lá em casa que vou tocar esse projeto?" Aquilo seria um grande problema na minha vida, pois viveria constantemente a angústia de não ter dinheiro para pagar as contas e seria absolutamente compreensível que minha mulher quisesse me ver livre daquela confusão. Cheguei em casa eufórico com a consistência do meu sonho e a primeira pergunta que ela me fez foi exatamente a que eu temia. Não lhe contei a verdade; não naquele momento. Tentei ganhar algum tempo para fortalecer minha posição. Contudo eu não poderia protelar muito mais, porque o Maurício era vizinho, e tinha se comprometido de corpo e alma comigo. Ele era a primeira grande âncora de sustentação que eu conseguira para começar aquele projeto.

- Capítulo 3

Consolidação das bases

De 1983 a 1988, fiquei muito próximo do padre Nazareno Lance- lotti, outro santo que conheci na vida. Italiano, abdicara de viver em seu país para vir ao Brasil cuidar dos pobres na região de Jauru, no norte do estado do Mato Grosso. Com sua fé, fundara uma ação social como raras pessoas conseguiram, com asilo, creche, orfanato, hospital e escola. Tornamo-nos amigos e foi ele quem me ensinou a rezar o terço todos os dias e a me aproximar de Nossa Senhora do Pilar, padroeira da Espanha, apoio dos homens de coragem, referência para os toureiros.

De fato, sempre que eu precisava, Nossa Senhora me vinha como intercessora para me aproximar dos projetos que agradassem a Deus. A ajuda dela era crucial e por isso consagraria a Nossa Senhora do Pilar a primeira construção realizada por mim no Hospital, o primeiro pavilhão. Ao meu redor, formou-se uma corrente de orações vindas da Cidade de Maria, do povo, dos necessitados, que me davam muita força para continuar.

Faria também uma homenagem ao meu avô, Antenor Duarte Villela, dando seu nome ao primeiro prédio da nova ala para motivar e estimular os demais fazendeiros. Afinal, ele dera um grande exemplo ao deixar parte do seu patrimônio para os mais pobres. Ele, que prezava o dinheiro, reconhecera a necessidade de ajudar quem tinha tão pouco ou não tinha nada.

Arrecadando dos ricos

A partir de então, começamos a pedir dinheiro. E foi muito bonito porque, nos primeiros vinte dias, o Maurício e eu fizemos uma peregrinação à casa de muitos fazendeiros amigos nossos, com o intuito de pedir 10 mil dólares a cada um. Nesse período, conseguimos a adesão de quarenta fazendeiros, o que resultou em 400 mil dólares.

Houve também um fato impressionante: o Salim Barbar, que era dono de uma charqueada, amigo do meu avô de longa data, a quem o Maurício e eu fomos pedir os 10 mil dólares, foi ao cofre e trouxe 20 mil, dizendo que era bom demais ajudar os pobres. E eu pensei: "Nossa! Como existe gente boa! Ótimo! Que venham outros!".

Com os 400 mil dólares, o Maurício foi tocando a obra, usando esse dinheiro para as bases do primeiro pavilhão que seria o ambulatório. Para tirar aquele povo que ficava na rua, construímos bem rápido, em um ano e meio. Lembro que, depois de falarmos com os pecuaristas, consegui me reunir com um grande empresário, o José Cutrale, dono da fábrica de suco de laranja ali em Colina, perto de Barretos. Cheguei como bom comerciante, contei-lhe a história toda e falei da nossa necessidade: "Olhe, seu Zé Cutrale, se para pessoas físicas estamos pedindo 10 mil dólares, para as jurídicas estamos pedindo 20 mil. Então eu vim até o senhor porque vamos construir o maior hospital de câncer do interior para atender a essa pobreza, para que não seja mais preciso ninguém ir até São Paulo".

Ele me olhou, pensou e disse: "Ok, mas é o seguinte: quando você estiver no acabamento, eu lhe dou o dinheiro; vou esperar um pouquinho porque está tudo muito no começo. Quando chegar ao acabamento, volte aqui que eu lhe darei os 20 mil dólares".

Eu sei que o Maurício levou o Boian Petrov, seu engenheiro, um irmão meu hoje, meu braço direito no Hospital, a quem pedi: "Boian, acabe logo uma sala aí; dê um jeito de passar uma massa para eu poder levar ao Zé Cutrale e ver se ele nos dá mesmo esses 20 mil dólares". Eu estava doido para encontrar quem colaborasse como o Salim. E, para minha surpresa, o Boian agilizou a coisa e em pouco tempo eu estava de volta ao escritório do José Cutrale, lá em Araraquara, com a fotografia do prédio em acabamento: "Ó, seu Zé, olhe aqui, já estamos no ponto que o senhor queria!" Ele comentou: "Andou muito rápido, Henrique. Quanto tempo?". "Ah, um ano, um ano e pouquinho, uns catorze meses". Ele concordou: "É, muito bom mesmo. Eu vi lá, o meu pessoal também viu. Só quero lhe perguntar uma coisa, aquilo que você me falou, de fazer sem financiamento, sem dinheiro emprestado, sem dinheiro de políticos, você continua pensando e agindo desse jeito?". "Cem por cento, seu Zé. Estamos pedindo o dinheiro até hoje só a quem eu acredito poder ajudar de verdade, que são os fazendeiros. Agora, estamos fazendo uma campanha junto à população em geral, por meio de rifas, mas de valor pequeno". Ele concluiu: "Ótimo! Então é o que eu lhe falei: se você persistisse nesse sonho e não dependesse de financiamento, nem do governo, eu o apoiaria. E vai ser conforme prometi".

Cutrale passou a mão no telefone e falou: "Klaus" – o diretor financeiro dele –, "traga o cheque para o Henrique poder dar andamento ao projeto. Ele está cumprindo as promessas dele e eu quero cumprir também a minha". O Klaus Goulart veio com um cheque na mão, mas não era de 20 mil dólares, como combinado; o cheque era de 100 mil dólares! E Cutrale explicou: "Isto aqui é mais do que você pediu, por duas razões. Uma, para comprar um aparelho de importância na prevenção do câncer e a outra, para você seguir dando o exemplo de que a gente pode fazer por nós mesmos, não dependendo do governo ou de bancos. Quando a gente quer, a gente pode e, por isso, faço questão de colaborar!" E aquilo foi importantíssimo para mim naquele momento; pelo dinheiro e pelo estímulo que me permitiam continuar sonhando e realizando.

A partir daí, seguimos com uma ampla campanha popular. Eu iria chamar a sociedade só depois de cobrir o prédio, para que as pessoas tivessem mais crença. Eu não tinha professor de marketing, não tinha ninguém, mas foi a ideia de um arquiteto e mais uma vez o apoio de Deus. Fizemos uma rifa federal, que sairia obrigatoriamente, com 50 mil números vendidos. Pensei: "Agora vou testar o crédito do meu pai junto à população". Fiz um acordo com um diretor do Banco Real, banco que era muito forte no interior, de vendermos as rifas nas agências. Foram 30 mil números para Barretos e 20 mil para outras cidades ao redor. Eu fui me aconselhar com o Ibrahim Martins da Silva, provedor da Santa Casa, que me desencorajou. Qual não foi a minha surpresa quando em vinte dias não havia mais um número sequer para vender, nem para remédio!

A rapidez com que a rifa foi vendida me assustou, mas também me deu uma força imensa.

Rapidamente entendi que ali havia algo diferente e que esses frutos não eram méritos meus de bom vendedor e sim do meu pai e da equipe dele, por praticarem uma medicina honesta e humana. E fiquei ainda mais confiante: "Gente, tem outra pegada aqui, que meu pai não teve o dom de explorar, mas que é consequência da sua atuação: o apoio real, concreto, da sociedade". O Hospital São Judas tinha credibilidade. E ficamos muito mais fortes ao ver que a sociedade estava do nosso lado.

Sempre o melhor

Voltando um pouco na história, já que citei o apoio de um arquiteto e suas ideias, quero relatar uma conversa que tive com meu pai quando ele nos mostrou, ao Maurício e a mim, o anteprojeto engavetado do novo Hospital.

Eu lhe disse, na ocasião, que achava o seu arquiteto muito caro, e como íamos tocar o projeto, queria o melhor, o número um. E citei um tal de Jarbas Karman, do Einstein, que é o hospital de melhor performance funcional. "O senhor vai me permitir tentar esse novo arquiteto.". Ao que ele respondeu: "Olhe, Henrique, isso é outra ilusão, porque se você já está achando esse arquiteto caro, o Jarbas Karman deve ser três vezes mais caro e você não tem capital para fazer com ele. Se ele cobrar o mesmo que o meu arquiteto, até fico quieto, mas se não, você vai me deixar em dificuldades". Eu precisava, porém, convencer meu pai a me deixar buscar outra alternativa; precisava do "número um"; tinha um trato com Deus de só buscar o melhor.

Ele acabou cedendo: "Então, está bem, vá lá. Se você quiser mesmo e se for o mesmo preço, faça com o Jarbas". E emendou: "Não, até não sendo o mesmo preço, faça com o Jarbas; agora é com você, e se precisar do melhor arquiteto para vender mais facilmente o projeto, vá em frente!".

Não perdi tempo: "Boian, vamos lá, eu tenho que falar com esse homem!". Mal cheguei, já fui dizendo: "Doutor Jarbas, vim aqui porque soube que o senhor é o melhor arquiteto de hospitais. Já temos um arquiteto seu discípulo, amigo do meu pai, mas eu tenho um compromisso perante Deus de fazer nessa obra o que houver de melhor. E para começar preciso do senhor, que é o "número um". Agora... tem só um lado ruim na história: eu não tenho dinheiro para pagar o "número um" e o senhor precisa fazer parte desse projeto".

Doutor Jarbas respondeu: "Interessante, quem lhe disse que sou o melhor?" "Ah, eu pesquisei. Sei que o Einstein é projeto seu, considerado excelente; sei que o senhor tem hospitais projetados até no exterior. E isso não é apenas para valorizar o nosso projeto; é o meu trato com Deus buscar sempre o melhor para os que nada têm".

Eu nem me lembrava mais do que meu pai havia dito a respeito do episódio dos remédios, mas aquilo se tornara para mim uma regra de ouro. Era a mesma essência de princípios: o que meu pai sentia nasceu também no meu coração. Eu, sem dinheiro, sem saber como pagaria, mas sabendo que não baixaria meu nível de exigência naquele trabalho que era a minha oferta a Deus, meu modo de agradecer, de poder pôr a cabeça no travesseiro todas as noites e dormir em paz. Doutor Jarbas olhou para mim e disse: "Você é audacioso, rapaz. Nem tem dinheiro e quer fazer com o melhor? E quanto você tem para pagar, quanto você quer pagar pelo metro quadrado?" "Eu ouvi dizer que o senhor cobra vinte, mas não tenho. Quanto o senhor cobrou do Einstein?". Ele respondeu: "Exatamente isso". Expliquei: "Doutor Jarbas, eu honestamente só posso pagar cinco. Meu pai pagava dez ao outro arquiteto, mais ou menos isso." Ele se assustou: "Nossa! Mas só cinco?". Completei: "Pois é, hoje só posso pagar cinco; daqui a uns dias, quem sabe? No próximo pavilhão talvez eu possa lhe pagar um pouco mais". Ele, surpreendentemente, concordou: "Bem, já que você quer o melhor, eu vou pensar que sou e fazer pelos seus cinco".

Voltei, eufórico, e imediatamente procurei meu pai: "Pai, tenho uma boa e uma má notícia. A boa é que consegui o que eu queria e a má é que você vai ter que ligar para o seu amigo e desfazer o negócio. Ele vai ficar bem chateado com o senhor, mas eu vou fazer com o melhor!". Foi grande o espanto de meu pai quando soube que o doutor Jarbas aceitara o serviço pelo valor que eu poderia pagar.

E tive assim, mais uma vez, a convicção de estar no caminho certo. Além, é claro, da satisfação pela confiança e credibilidade que o doutor Jarbas nos traria.

O mais bonito dessa história foi que meu pai me respeitou, da mesma maneira que eu o respeitara naquele episódio dos remédios, a ponto de romper uma amizade de muitos anos, de infância, de adolescência, com seu amigo arquiteto, que ficou muito chateado com ele. Porém, agradar a Deus era o meu norte; agradar ou não aos homens era secundário. E isso dava ainda mais consistência ao nosso projeto. Foi uma história que nasceu definitivamente na presença de Deus. Eu queria fazer o melhor, para oferecer aos pobres a mesma dignidade a que tinham direito os ricos. Queria que as pessoas, na hora do sofrimento, da dor, tivessem direitos iguais, porque eu via o tanto que é maior a dor de um pobre se comparada à de um rico no momento da doença. Então aquilo me preenchia: conseguir proporcionar àquelas pessoas pobres um ambiente bonito, confortável, bons equipamentos, bons médicos, clínica boa, tudo o melhor possível.

Difícil foi o momento de revelar à minha mulher que, em vez de fechar, eu tocaria o Hospital. Ela acreditava que aquele era um problema sem solução, e no começo não aceitou, achando que minha intenção era "aparecer". Era aquela hora em que santo de casa não faz milagre. Esse foi um processo doído. Meu ideal estava, porém, acima do meu casamento; estava acima de tudo. Quando você sente o amor de Deus, todo o resto fica menor. O meu casamento ficou abaixo; até mesmo os valores de família que eram muito fortes dentro de mim não conseguiram superar a sede que eu tinha de ajudar a salvar vidas sem ser médico. E aí sempre essa frase inquestionável do Zé Elias, de onde nasceu toda a estrutura de apoio, e que é usada hoje por milhares de voluntários, milhares de leigos, como uma espécie de senha para convencer outros a aderirem à nossa causa: "Sabe que, mesmo sendo leigo, você também pode salvar vidas?".

Proximidade com meu pai

Esse trabalho todo me aproximou muito de meu pai. Com a convivência do dia a dia, fui me surpreendendo ainda mais com ele. Impressionava-me a maneira como ele tratava os pacientes. Às sete e meia da manhã, visitava todos os doentes, independentemente de serem seus pacientes ou não. Ele se interessava, chamava a todos pelo nome, tocava-os na perna ou no ombro, num gesto de aproximação. Naquele tempo não havia médicos residentes; os médicos mais novos, porém, acompanhavam o processo. Ele nunca ditava regras; agia e os demais o observavam. Sua conduta e seu exemplo iam fazendo escola e angariando discípulos.

Eu não frequentava o Hospital – meu escritório era fora – e nas poucas vezes em que ia até lá via aquele homem oferecendo um olhar, um gesto, calor humano absoluto aos pacientes. Por duas vezes também pude surpreender meu pai positivamente, com minhas atitudes. Uma delas dizia respeito a um médico, cuja conduta estava aborrecendo o meu pai, porque ele acabava o serviço e corria para um consultório particular, embora tivesse, como os demais, contrato de período integral com dedicação exclusiva.

Quando percebi que tínhamos um problema, perguntei ao meu pai: "Mas por que o senhor não resolveu isso até agora?". "Por que ele está aqui há mais de dez anos e tem direito a uma indenização muito grande e se eu endurecer, posso provocar um efeito cascata nos demais". Comentei: "Pai, aprendi com meu avô uma coisa muito séria em administração; são princípios, e o que é certo é inquestionável. É muito pior ele estar contaminando os outros com a indisciplina, desrespeitando regras e deixando-o mal por estar engolindo essas coisas. Comigo não existe isso, pai.

As decisões que a gente tem que tomar vão ser as corretas e justas, e não me interessam as consequências. Quero que os médicos me conheçam e saibam como sou, para nunca duvidarem de que vou sempre me basear nas leis". "Meu filho, eu só lhe peço calma". "Certo, pai, mas como sou eu o responsável pela gestão, vou agir do meu jeito".

Falei com ele no mesmo dia. Foi o primeiro médico com quem tive um impasse. "Você está tendo um comportamento diferente dos outros médicos?" "Sim, o contrato que eu tenho não me obriga à exclusividade; cumpro o meu horário e, se quiser trabalhar depois, eu posso". Retruquei: "Olhe, há algum tempo o meu pai já lhe disse que não pode. Você já foi avisado mais que duas vezes e agora está me afirmando o contrário? Você tem convicção, não tem?". "Tenho! E isso é uma coisa de que não abro mão". "Está bem, mas de amanhã em diante você não trabalha mais aqui". "Procure os seus direitos; eu vou procurar os meus. Se você acha que pode fazer o que quiser aqui, está enganado; comigo não existe essa forma de trabalhar." E avisei a meu pai: "Aquele homem pode procurar o que fazer em qualquer lugar, menos aqui."

Papai ainda titubeou: "Henrique, meu filho, você devia ter pensado melhor". "Não, pai, e o dinheiro que o senhor gastou em consultoria, se for preciso gastaremos de novo, mas no direito. Esse camarada não vai fazer comigo o que fez com você... ficar te peitando indefinidamente". Ele se assustou: "Nossa! O que é isso? Você pensa e age muito rápido, Henrique!" "É, pai, assim eu aprendi com meu avô; na vida a gente tem que ter pulso, atitude". Por fim, ele cedeu. "Vou respeitar sua decisão, mas vamos medir as consequências daqui por diante; porque, se ele ganhar na justiça, vai ser um problema". "Não se preocupe; eu assumo, pai. Estou aqui do seu lado, para isso mesmo".

E felizmente ganhamos o processo que esse profissional moveu contra nós.

Novas percepções

A outra coisa em que surpreendi meus pais foi quando, no início, passei um pente-fino em tudo, até no âmbito dos médicos e comentei: "Pai, tem outra coisa que para mim está errada e precisamos corrigir. Observei que só o senhor, a minha mãe e o doutor Edmundo Carvalho Mauad decidem uma porção de coisas e há algumas questões sobre a disciplina médica que o senhor poderia permitir uma participação maior do corpo clínico; vocês estão centralizando demais as decisões, e isso desagrega e distancia. Hoje são muitos médicos e até entendo a necessidade de um diretor, mas deveríamos ter mais pessoas envolvidas, para haver uma representatividade maior". "Então, como você quer fazer?" "Eu queria a participação de mais dois médicos nas decisões, com a visão clínica do Hospital, para aumentar nossa margem de acerto. Vejo aqui uma conduta muito fechada, muito familiar, e gostaria de mudar isso".

Papai estava surpreso: "Henrique, há momentos em que você me assusta; você nunca leu um livro, nunca estudou administração e o que você está querendo é um conceito moderno de gestão empresarial. Você está falando como se tivesse estudado". "Sim, pai, eu não estudei mesmo, mas é o que eu aprendi com a vida: para errar menos temos que ter mais humildade, enxergar com maior nitidez o que os outros fazem, estar abertos a maior participação". "Bem, mas temos um problema:a sua mãe não vai aceitar. Vou pensar como posso ajudá-lo a alcançar isso".

Passados alguns dias, ele me procurou com a resposta: "Olhe, Henrique, sua mãe não aceitou. Disse que vamos continuar desse jeito mesmo; que você chegou agora, está cheirando a fralda e querendo ditar regras... Espere um pouco mais e vamos tocando assim." "Ok! Vamos ver as consequências, então. Eu não concordo. Acho autoritarismo demais da mamãe".

Lembro-me perfeitamente, que passados uns seis meses, eles contrataram um novo médico sem consultar ninguém. Os demais se retraíram, retardando propositalmente o tempo de atendimento; ou seja, puseram alguém a mais para acelerar o ambulatório que, em vez de andar mais rápido, ficou mais lento. Comecei a perceber aí a picuinha que existia entre os médicos e a administração, o que com certeza prejudicava o andamento dos trabalhos.

Minha mãe, porém, estava irredutível e tinha aliados, que, a despeito de terem muito boas ideias, tinham uma necessidade de comando, de poder.

Nesse meio-tempo, além de me preocupar com esse tipo de comportamento para uma administração que eu queria moderna e eficiente, fui detectando outros problemas que me aborreciam muito.

Passando um pente-fino por todos os departamentos do Hospital, descobri alguns feudos que deveriam ser extintos. Um grupo de enfermeiros na radioterapia recebia dinheiro para passar pacientes na frente. Nada que fosse para o bolso dos médicos – nunca tive prova disso nem penso isso – mas, na verdade, o fato existia. Por meio de uma antiga funcionária, tentei comprovar a fraude. Não consegui provas, mas consegui a certeza e então mudei as pessoas, mudei as regras e comecei a entrar no mérito de coisas que nem eram da minha alçada – a gestão clínica, por exemplo – e a enxergar por trás daquelas paredes.

No final de 1990, meu pai queria fazer a festa de Natal dos funcionários e me perguntou se havia dinheiro – esta, sim, era minha área – para convidarmos a todos. Apesar de estar sempre passando o chapéu em busca de verba, concordei que deveríamos tratar bem a equipe e preparamos um churrasco debaixo da jabuticabeira do Hospital. Eram oitenta funcionários, cada um com um acompanhante, o que transformou o evento numa grande festa.

Meu pai, no dia, olhando aquilo, toda aquela gente, me alertou: "Filho, se as coisas não derem certo, teremos que nos mudar de Barretos. Olhe o tamanho da nossa responsabilidade! E se não dermos conta de pagar o salário de todos? Você querendo crescer, expandir, realizar na íntegra o meu projeto e sem podermos contar com esse governo irresponsável... como vai ser?".

Ele sabia que o Hospital só trabalhava no vermelho e sofria, preocupado com a falta de dinheiro. E eu lhe garantia (e sei de onde vinha essa segurança): "Pai, nós vamos avançar devagar e com solidez. Não precisa ter medo".

Hoje fecho os olhos e ainda vejo a sua felicidade naquele dia. Eram os funcionários dele ali – na verdade, sua segunda família –, todos comendo carne, bebendo chope, conversando alto. E, circulando entre eles, dona Aurora Gonçalves Paim Dornelles, funcionária antiga, que motivaria a criação do "Prêmio Aurora", que hoje contempla os funcionários que, a exemplo dela, se destacam pela dedicação e amor dispensados a todos. Dona Aurora... Que profissional incrível!

Inauguração do primeiro prédio construído

Em 1991, chegamos, enfim, à inauguração do primeiro prédio construído, no terreno fora da cidade doado por um grande empresário do Rio de Janeiro, Odair Scalion, que tinha um frigorífico em Barretos. Antes de fechá-lo, o senhor Odair nos deixara um legado; acreditando no sonho do meu pai, nos doara um terreno de 90 mil metros quadrados, onde ergueríamos a Fundação. E estávamos ali, inaugurando os 1,5 mil metros quadrados do primeiro pavilhão. Sob o comando do Maurício Jacinto, a construção, as compras, a administração enfim, foram extremamente bem executadas.

Lembro-me que depois da rifa havíamos realizado o primeiro leilão de gado para angariar fundos. Eram mais de 1,2 mil cabeças, e a região toda prestigiando. Finalmente tínhamos conseguido! Deixamos no passado o tempo em que 120, 130 pessoas eram atendidas até na rua por falta de espaço. O novo ambulatório tinha capacidade para atender 350 pessoas por dia!

Inauguramos em novembro de 1991, e, estressado demais, ansioso pelo fim do projeto, combinei com minha mulher uma viagem, bem longa. Eu quero e preciso dar uma desligada." Fora muito cansativo terminar o pavilhão, que era um ponto de honra e um marco histórico, e levou o nome do meu avô materno. Estava ali o começo do grande sonho do meu pai.

Minha mulher marcou uma viagem de quarenta dias para os Estados Unidos. Fomos para Aspen, Houston, Dallas, e também fizemos o programa da Disney com as crianças. E eu, realmente, desliguei – coisa que também aprendera com meu avô. Eu vivia brigando com ele, querendo pôr radioamador nas fazendas numa época em que ainda nem sonhávamos com telefone celular, e ele dizia: "Se instalar um rádio, vai limitar a criatividade e a competência do administrador. Deixe que ele se vire. Quando você voltar, cobre o que mandou fazer; se ele não tiver feito é porque não é bom. E se tiver feito, ótimo!".

Quando voltamos da viagem, porém... Vivíamos uma fase brava de inflação descontrolada que corroía os salários; os médicos estavam ganhando um valor já muito baixo, que não era reajustado pelo governo havia meses, e com a hiperinflação, os salários e o faturamento estavam desvalorizados. E os médicos, apesar do aperto financeiro, ainda não tinham nenhuma liberdade comigo para abrir o jogo, embora me entendessem, embora vissem meu trabalho e minha luta. Assim, depois de tanta euforia com a inauguração, festa, discurso, presença do bispo e muitas lágrimas, tive um baque e uma enorme decepção ao voltar das minhas férias.

Punhalada nas costas

Quando viajamos, eu deixara aquele clima de alegria, os médicos antevendo um futuro promissor com o crescimento do Hospital, e eu havia calculado que o serviço represado por falta de espaço físico poderia agora deslanchar e que, no mínimo, dobraríamos o número de atendimentos, obviamente melhorando a receita. E não foi isso o que aconteceu; pelo contrário, o número de atendimentos havia caído. Achando muito estranho, chamei dona Aurora e os demais responsáveis para saber o que havia acontecido: "A demanda está grande? A sala de espera está cheia? Pegue o número de atendimentos".

O número de atendimentos realmente era maior, mas o faturamento era menor do que quando atendíamos no prédio velho do Hospital São Judas. Eu levei um baque, minhas pernas bambearam.

Chamei o José Duarte, que era meu contador, braço direito do meu pai, e ele também ficou surpreso e sem explicação. Aí não aguentei: "Deve ter alguma coisa muito errada acontecendo aqui; não é possível! Lá não cabia ninguém, aqui está sobrando espaço e o faturamento caiu?"Eu nem queria cogitar alguma desonestidade por parte dos médicos e, no dia seguinte, acordei mais cedo, fui para o Hospital e constatei que a quantidade de doentes era, de fato, bem maior.

Naquela época atendíamos 10% de convênio e 90% de SUS. E na sala de convênios vi, sendo atendidas pessoas muito pobres, que normalmente eram do SUS; o público do convênio era outro: funcionários públicos, classe média, não tão pobres quanto aquelas pessoas, ali. Intrigado, chamei minha irmã Caia, que me ajudava muito, e em quem sempre confiei: "Por favor, dê um pulo aqui. Quero rastrear umas coisas no Hospital e preciso da sua ajuda. Sem alertar ninguém, passe pelo ambulatório e veja porque há pessoas tão pobres na sala de convênio".

A Caia levantou a ficha de uns cinco pacientes e a história foi a mesma: com a dor e com a demora, eles estavam pagando aos médicos para sair da fila do SUS e ser atendidos mais rapidamente!

Fiquei perplexo com o flagrante, decepcionado, sentindo-me traído pelos médicos que não reconheceram o nosso esforço para ampliar o Hospital e atender honestamente a todos.

Então, combinei com a Caia: "Olhe, vamos pegar os pacientes que entrarem lá amanhã, ver o quanto estão pagando para o médico e lhes devolver, fazendo-os assinar um documento afirmando que foram induzidas a ir para lá para terem um atendimento mais rápido".

Isso era uma prática muito comum – e ainda é – em alguns hospitais que se pretendem filantrópicos. E como do lado dos médicos havia uma insatisfação pelo salário muito baixo e uma grande parte deles não me conhecia direito, pularam a parte da reivindicação e cederam a uma prática completamente condenável; não levaram em conta a ginástica que estávamos fazendo para pôr em pé aquele projeto; pensaram pequeno, só em si mesmos, e cometeram o maior dos erros.

Conseguimos as declarações assinadas de alguns pacientes e minha irmã lhes devolveu o dinheiro. Não posso afirmar com exatidão, mas uns 30% ou 40% dos médicos fizeram a besteira de agir errado e me trair.

Antes, com o Hospital pequeno, uma conduta assim nunca acontecera; agora, com amplas e modernas instalações, a ganância e a miséria que eles recebiam os induziram ao erro.

Ah, mas eu estava a serviço de Deus e Ele sabia que eu não me acovardava em nenhuma luta por amor ao próximo e não seria dessa que eu fugiria. Aí, combinei com a Caia: "Não diga nada ainda ao papai e à mamãe, porque eles vão viajar e devem ir sossegados. Eu vou tomar as providências enquanto eles estiverem fora". Passaram-se três, quatro dias, meu pai e minha mãe foram a um congresso e eu fui para o Hospital; marquei uma reunião extra com os médicos, porque normalmente elas eram mensais e no escritório do meu pai... mas nesse dia foi no meu escritório, ao lado do Hospital.

Eu estava tão decepcionado, que entendi perfeitamente porque meu pai dizia não querer um filho médico: além do corporativismo que havia entre eles naquela situação, mesmo que estivessem ganhando uma miséria, nada justificaria a necessidade de buscar complemento do seu salário em cima de pacientes pobres. É claro que a maioria dos médicos não se pautava por esse diapasão e, nesse caso, as dificuldades e a miséria que estavam recebendo foram os maiores problemas. Mas eles erraram, e não havia desculpa!

Eu não pensei duas vezes: me conhecendo, sentindo que aquilo era uma traição, que havia sido apunhalado pelas costas, esperei por eles no meu escritório; dispus as cadeiras em torno da mesa e me preparei. Pensava: "Se um filho da mãe desses, algum deles, abrir a boca – eu não os conheço direito –, se acharem que vão me acuar, eles vão se defrontar com uma pessoa que eles nunca imaginaram que eu pudesse ser". Inconsequente como sou quando fico bravo, não meço os resultados. E fui para lá com os documentos na mão: cinco ou seis cartas bem feitas de pessoas que pagaram para ser atendidas.

Sentei-me em frente deles, rasguei a trouxa, abri o leque e falei: "Olhem, estou com um documento aqui e não quero ficar rodeando o toco; vamos ser diretos. Eu não estou construindo esse gigante, esse sonho de Hospital, para me deparar com o que aconteceu aqui. Alguns de vocês me sacanearam, fizeram uso errado da liberdade. Podiam ter vindo falar comigo, pedir para eu fazer uma campanha pelos seus salários, mas nem

Acima de tudo o amor 67

pensaram nisso! Optaram pela via mais fácil, induziram pacientes ao erro, exploraram o coitado do pobre, que quando é coagido primeiro vende a bicicleta, depois a casa, o corpo, a alma. O rico, não; o rico contrata advogados para se defender".

E desabei em cima deles, "vomitei" todo aquele meu sentimento de dor e indignação. É claro que alguns acharam ruim e quiseram reagir, mas eu continuei expondo a minha frustração: "Não falem nada. Eu tenho uma prova documental do seu erro. Vocês cobraram por fora de um doente que não tem nada, para passá-lo na frente". Eles viram que eu era uma pessoa diferente do meu pai, que não hesitava nem media as consequências para tomar as atitudes que deviam ser tomadas. Éramos personalidades diversas; o mesmo caráter, mas a formação da escola do meu avô era totalmente outra. Eu não contemporizaria nem conviveria com o erro, prolongando a minha angústia.

Lembro que foi muito dura aquela reunião, mas eu disse tudo o que queria e lhes avisei que, se uma coisa assim voltasse a acontecer, eu fecharia o Hospital, não construiria mais nenhum metro quadrado, porque aquilo havia sido muito mais grave do que eles imaginavam e que tinham jogado gasolina na brasa. Nesse episódio, eles puderam ver que eu não era de brincadeira, não era uma pessoa fácil, nem seria manipulado por quem quer que fosse. Eu os enfrentaria, a todos, sempre que necessário.

O mais triste desse episódio foi gerar uma crise com meu pai, que, quando soube, achou que eu passara sobre a sua autoridade e fizera as coisas às escondidas.

Eu tentei me justificar: "Se você e mamãe estivessem aqui iriam pôr panos quentes na situação e eu sei que não poderia ter nesse caso nenhuma dose de tolerância e que a minha ação teria de ser contundente. Até porque todos fecharam os olhos para não ver doente pobre, descalço, na fila dos convênios! Eu não tenho culpa se enxergo e se sou responsável; não estou aqui de brincadeira, nem por ser seu filho. Estou aqui com a missão de salvar vidas sendo leigo e nunca vou me furtar a isso. Meu compromisso é com Deus e não vou me curvar a ninguém!".

Brigas e mágoas

Aquela foi uma desavença muito séria, que me constrangeu demais. Fiquei bastante magoado com a incompreensão dos meus pais; porém, o amor que me movia era superior a tudo, porque, de verdade, eu nem sabia se tinha pai ou mãe lá dentro; eu estava lá por mim mesmo.

Fui o mais honesto possível ao relatar tudo isso, porque não tenho nada a esconder e quero provar que meu amor era tão absoluto que às vezes eu me sentia mais que médico.

Sei que as coisas ficaram muito difíceis naquele momento, mas todos sentiram o peso da minha mão e das minhas atitudes. E aproveitei um comentário da minha mãe que criticava os médicos para insistir com ela: "Mãe, aí é que está o erro. Continuo achando que eles deveriam trabalhar mais próximos a mim para me conhecerem, confiarem em mim e poderem se abrir comigo. Quando o Hospital era pequeno, podia ser assim, mas agora não; as coisas cresceram e a forma de administrar tem que se adequar ao crescimento". Ela não cedeu; continuava irredutível.

Nessa época, 1991, meu pai já estava com câncer de próstata. O diagnóstico era bom, porque estava bem no começo, mas abalou meu pai, que deixou de se envolver tanto com o Hospital. E assim fui perdendo meu grande parceiro, que equilibrava o jogo com a minha mãe. Foram meses muito difíceis, em que eu via muita coisa com a qual não concordava e tinha de engolir para ganhar tempo – o que achava que nunca faria. E meu pai, naquela angústia do tratamento do câncer, me dava muita pena... Mas eu não podia esquecer a minha função, e pensava: "Tenho que ter calma, mas não vou recuar; vou derrubar essa forma de administração. Para crescer, preciso profissionalizar e montar equipe, ser mais democrático, abrir mais, sem deixar de mostrar autoridade e firmeza".

■ Capítulo 4

Alcançando mais gente

No mesmo ano em que inauguramos o primeiro pavilhão, eu já estava motivado a fazer o segundo. Havia acabado de dar o nome do meu avô a ele, e percebi que isso chamara a atenção das pessoas que eu queria atingir. Havíamos, também, fixado na entrada do pavilhão uma placa de bronze com o nome dos primeiros colaboradores, os fazendeiros nossos amigos, e, em primeiro lugar, vinha o nome do pai do Maurício, o senhor Juca Jacinto, numa justa homenagem.

Na época, eu fazia parte do clube "Os Independentes", que estava pondo em prática uma fórmula vitoriosa de unir show de cantor sertanejo a rodeio, modelo que fora lançado em Barretos, com grandes artistas que já participaram da Festa do Peão de Boiadeiro. E a minha cabeça ficava rodando em torno da mesma preocupação: precisava encontrar outra coisa forte para chamar a atenção das pessoas e nos proporcionar o segundo pavilhão, que seria o da radioterapia. E então, conversando com meu cunhado, o doutor Edmundo, eu verbalizei a ideia: "Acho que o jeito mais lógico é encontrar um artista ligado ao nosso meio, o rural; um artista sertanejo que compre o nosso projeto e nos ajude também".

Fórmula vitoriosa

Paralelamente à gestão do Hospital, eu também corria atrás das verbas, articulando campanhas que motivassem as pessoas a ajudar. Tentei uma dupla sertaneja que foi a Barretos e estava estourando na época, vendendo dois, três milhões de cópias de CD, mas não tive êxito, pois quando consegui chegar até eles, me disseram: "A ideia é boa, mas do jeito que você está pensando em fazer, até parece que vai salvar o mundo. Isso não é problema nosso, é do governo". E mais: "Estamos muito ocupados. Com trinta dias de show por mês, não nos sobra tempo". E eu pensava: "Nossa Senhora! Não é fácil isso que estou querendo, não. Como é que vou conquistar esse outro lado?".

Depois disso, outra dupla de cantores sertanejos Chitãozinho e Xororó, que estava no auge, faria um show em Barretos. Eu já sabia que Xororó não dorme fora de casa – pode acabar um show em Manaus, por exemplo, mas volta para dormir em sua casa, em Campinas; esteja onde estiver no Brasil. Nessa ocasião, passando por Barretos um dia antes, ele queria ir embora, dormir com a família e voltar no dia seguinte, mas o aeroporto fecha à noite e seu avião não poderia decolar. Xororó estava muito bravo e angustiado lá no aeroporto, porque não conseguira autorização para levantar voo. Eu os observava de longe. Havia muita gente em volta deles, e eu, caipira, nunca tinha chegado perto de um artista. Me aproximei, então, do empresário deles, Homero Bettio, filho do Zé Bettio, e lhe perguntei: "Homero, se eu conseguir abrir o aeroporto à noite para que o avião possa decolar, você me dá um minuto de atenção para eu lhe falar de um projeto que tem tudo a ver com Chitãozinho e Xororó?". Homero assustou-se: "Mas quem é você?". "Eu sou do clube aí. Sou Henrique Prata, diretor geral do Hospital de Câncer de Barretos, e tenho um projeto que preciso muito mostrar a vocês". Ele me respondeu: "Olhe, eles estão nervosos. Deixe as coisas se acalmarem que vou ver o que dá para fazer...". Foi ao ouvido do Xororó, que concordou: "Está bem! Diga a ele que se conseguir abrir o aeroporto, vamos fazer o que ele quer". Aí, lá mesmo no saguão, peguei o Antonio Carlos de Freitas, que era e é até

Acima de tudo o amor 71

hoje o chefe do aeroporto de Barretos, e pedi: "Freitas, isto é um ponto de honra para mim; aliás, para o Hospital. É a minha grande chance! Tive algumas recusas um tempo atrás e não posso errar desta vez. Tenho que trazer esses dois para o Hospital e você precisa me abrir o aeroporto". E o Freitas: "Se for pelo Hospital, é claro que eu abro".

Voltei a falar com o Homero: "Problema resolvido. Xororó pode ir dormir em casa". Ele me agradeceu, achando que eu era muito influente, pois já fazia meia hora que estavam ali brigando e nada haviam conseguido.

Xororó foi, então, para Campinas, dormir com a família, e o Chitão e o Homero foram de carro comigo para o Hospital. Quando os dois entraram no ambulatório, que já estava em funcionamento, viram o terreno marcado onde seria a radioterapia e souberam que gastaríamos 500 mil dólares só para levantar a casamata (local para abrigar equipamento de radioterapia – no caso, o acelerador linear), ficaram pasmos. Sei que o Chitão visitou o prédio e viu a planta do restante que faltava. Naquela época, a planta total era de aproximadamente 45 mil metros quadrados, e tínhamos construído apenas 1,5 mil. Expliquei: "Olhem, a ideia é a seguinte: o primeiro pavilhão levou o nome do meu avô e o segundo nome que eu tenho na cabeça é o de vocês... "Chitãozinho e Xororó", para despertar a sociedade e mostrar a todo o interior que vocês são sensíveis à nossa causa".

Não precisou mais que isso. Os dois desabaram no choro e só vi a hora em que o Chitão falou: "Ó, Henrique, eu e o Xororó achamos que aquilo que a mão direita der, a esquerda não deverá ver. Se ele topar, nós ajudaremos; só não vamos aceitar a homenagem". Insisti: "Mas a questão do nome é muito importante como exemplo; vai cair na mídia e vocês seriam uma abertura para este projeto ser o mais popular possível".

Às 11 horas da noite seguinte, durante o show, para 30 mil pessoas, o Xororó falou: "Não fiquem com saudade, porque voltaremos. Vamos doar um show ao Henrique Prata, para o Hospital do Câncer. Só vamos lhe pedir uma coisa – ele deve estar aqui, esperando uma resposta nossa: não queremos dar nossos nomes ao pavilhão; o resto faremos. Ele pode marcar o show quando quiser".

72   Alcançando mais gente

Quase desmaiei quando ouvi aquilo, mas era fundamental convencê-los a dar o nome ao pavilhão também... Um nome forte de formadores de opinião que arrastam multidões seria até mais importante que o dinheiro, pois chamaria a atenção e serviria de exemplo. Mesmo assim, fiquei eufórico e acho que tomei todas naquela noite. Eu tinha aberto o caminho para fazer o segundo pavilhão, dando continuidade àquela busca de fazer por nós mesmos, com apoio da sociedade e sem a participação do governo. E quando finalmente os dois entenderam que o fato de ceder seus nomes ao segundo pavilhão não seria apenas uma homenagem, mas também uma fórmula de propaganda, de contagiar e motivar as pessoas, eles aceitaram. E assim foi feito.

Contribuições ilustres

Outro fato importantíssimo foi a presença, na Festa do Peão, no dia seguinte, do senhor Lázaro Brandão, hoje presidente do conselho do Bradesco, mas na época ainda presidente do banco. Eu, que já fui juiz, montei, competi como peão, mas hoje só trabalho na arena do rodeio como membro do Clube, estava na função de madrinheiro, que é quem tira o peão de cima do cavalo depois dos 8 segundos máximos da prova, organizando o rodeio, quando o Amauri Abud, presidente da Festa de Barretos na época, mandou me chamar para receber uma visita ilustre.

Larguei tudo e fui correndo. Cheguei empolgado, já sabendo de quem se tratava. E, claro, contei ao senhor Lázaro Brandão a história toda do nosso projeto, concluindo (eu não perdia uma oportunidade): "Olhe seu Lázaro, agora vamos conseguir construir o segundo pavilhão porque com a força do nome Chitãozinho e Xororó eu consigo chamar a atenção da sociedade. E vou lhe pedir apenas que me ajude a vender uma rifa – a segunda, e com 50 mil números – através das agências da rede Bradesco". O senhor Lázaro Brandão me escutou, percebendo o meu grande entusiasmo ao contar a história. Eu estava eufórico por ter conquistado a ajuda de Chitãozinho e Xororó e fui muito convincente. Ele me disse que iria pensar, ver como poderia ajudar, mas foi embora.

Eu estava na fazenda, uma semana depois, quando recebi um recado da cidadezinha mais próxima, dizendo que haviam telefonado procurando por mim. Era um diretor do Bradesco, para me comunicar: "Henrique, o seu Lázaro ficou impressionado com seu otimismo, sua vontade, sua energia. Ele disse que não pode quebrar as regras do Banco e fazer a rifa, pois abriria um precedente, mas que é para você consultar a conta do Hospital hoje, porque ele já lhe depositou os 100 mil dólares (o valor que a rifa angariaria). Disse também para você fazer, sim, a rifa popular, mas não nas agências do Bradesco". E eu quase caí das pernas! "Nossa Senhora! Mas que homem bom! Que sensibilidade!". Nunca cansarei de lhe agradecer.

Fiz, então, outros 100 mil dólares com a rifa, que em dois meses já tinha sido totalmente vendida, mesmo sem a participação do Bradesco. E a partir de então, estabeleci com o senhor Lázaro Brandão uma amizade que me permitia todo ano importuná-lo para pedir alguma coisa de que precisávamos. Seu Lázaro ficava sempre admirado por me ver mantendo o otimismo, mesmo trabalhando num projeto que só dava prejuízo. "Henrique, o que mais admiro é o seu entusiasmo!" O entusiasmo, porém, era o amor que transparecia, que transbordava todas as vezes que eu falava do Hospital.

Apesar da grande ajuda, o Bradesco não quis dar o seu nome a um dos pavilhões.

Naquela ocasião, com o show de Chitãozinho e Xororó e o dinheiro recebido do Bradesco, conseguimos 300 mil dólares numa pancada só, o que foi decisivo para o andamento do projeto.

Cada coisa em seu lugar

Na passagem do ano de 1991 para 1992, o atendimento ambulatorial era feito na Fundação Pio XII; cirurgias e internações ficavam no São Judas, enquanto seguia a construção do segundo pavilhão. Paralelamente, começamos a desenvolver a segunda vertente do projeto do meu pai, que era o setor de prevenção do câncer. Apesar de prevenção ser um negócio que não sensibiliza tanto, boa parte dos médicos apoiou a iniciativa, especialmente o doutor Edmundo Carvalho Mauad, muito inteligente e criativo, que teve a ideia de realizar o exame "papanicolau" na periferia de Barretos, fazendo, de bicicleta, a coleta do material necessário. Isso é que era o certo, o honesto a se fazer. Tratar um câncer em estágio inicial é mais barato, mais humano, com muito mais chances de cura.

E as coisas foram se avolumando, com a entrada de novos médicos...

Uma situação bastante constrangedora, ocorrida na época, diz respeito justamente à contratação de um novo médico a peso de ouro, mais uma vez imposto por decisão familiar. Ele chegou com *status* e apoio integral para assumir um departamento. O que logo me chamou a atenção foi que alguns custos foram triplicados já no primeiro mês de trabalho do novo contratado.

A partir daí, fui acompanhando cada caso daquele novo profissional, observando condutas, comparando custos. De novo senti a pressão da família, que, ao me ver rastreando o homem, passou a defendê-lo.

Naquela época eu já havia montado o que, se não era propriamente uma ouvidoria, tinha os mesmos princípios. Era um corpo de trabalho com informantes meus que não eram médicos, nem enfermeiros, nem tinham responsabilidade clínica com os pacientes. Eu os distribuía pelas salas de espera, olhar e ouvidos atentos para sentir o nível de satisfação dos pacientes; se os mais velhos tinham preferência, os mais debilitados, conforto; se não faltava enfermagem, se os enfermeiros estavam uniformemente distribuídos; observavam, enfim, cada detalhe e onde estavam as deficiências.

E porque eu mandei embora esse médico, que estava infringindo várias normas do Hospital e de cujo nome nem me lembro mais, minha família praticamente rompeu comigo.

Meu pai, então, mandou me chamar, argumentou, eu me expliquei, mas não cedi: "Pai, eu não aceito esse tipo de conduta. O nosso crescimento depende muito da união das pessoas, de uma forma diferente de administrar. A minha mãe está errada, o Edmundo erra junto, e eu não aceito mais isso. Tomei a atitude que deveria tomar; esse cara vai plantar batatas na casa dele, porque aqui ele não pisa mais! Eu não sou médico, eu não abaixo a cabeça; quem está certo fica, quem está errado sai". Nessa hora, minha mãe interveio, fechando questão contra mim: "Paulo, estou falando sério: o Henrique ou eu aqui dentro?". Mas meu pai decidiu: "Olhe, Scylla, não quero nem saber... Preciso dos dois, de você e dele. Então cada um que fique do seu lado. Você na sua e o Henrique na dele".

Depois disso, ele nos dispensou, mas ficou realmente muito difícil o relacionamento entre nós. Nunca imaginei que ela fosse colocar meu pescoço na forca, como ela fez.

Divisão familiar

No dia seguinte, meu pai me chamou para tentar me comover: "Meu filho, você pensa certo, mas está agindo errado. Sua mãe tem para o Hospital um olhar quase materno; tem o umbigo enterrado aqui, num processo em que ela pôs o dinheiro e a vida junto comigo... e você chega rasgando tudo! Reconheço que você é um grande gestor, filho, mas tem que agir de outro jeito com a sua mãe. Pelo amor de Deus, compreenda a posição dela". Mas eu não cedi: "Pai, grave com letras bem grandes aí dentro do senhor: eu, aqui, não sou filho dela nem seu, e vocês não são meus pais; eu tenho uma missão a cumprir que é levar este projeto o mais longe possível, e não estou aqui a passeio, não vou compactuar com essa visão paternalista de empresa familiar. Agora, já que as coisas estão assim, vou radicalizar e minha mãe e seus aliados vão saber exatamente como sou; e não sou flor que se cheire. Vou ter cuidado, mas que não invadam a minha área. Ela poderia até rodar a baiana na sua gestão, pai, não na minha!".

Papai até ligou para o meu diretor espiritual, Dom Antonio, para que me aconselhasse, mas assim é que eu era e serei a vida inteira. Naquele episódio, enfrentei minha mãe e meu pai. Se eu fosse levar em conta sentimentos pessoais, com certeza eu falharia na administração. No entanto, meu coração sangrou, porque minha mãe definitvamente não me compreendeu e até aquele momento eu nunca achei que ela pudesse agir assim. Ela tinha os próprios negócios, sua clínica particular, sem a vivência profunda do atendimento ao SUS, e o Hospital era muito mais do meu pai do que dela.

Quando Dom Antonio me procurou, eu lhe disse: "Dom Antonio, respeito os sentimentos da minha mãe na minha vida pessoal, mas aqui não! Essa atitude pode prejudicar muito o Hospital, pelo excesso de autoritarismo dela. Eu estou em condições de realizar o sonho do meu pai, comprometido com a rua, e quando garanto que as coisas vão ser de um jeito, não vou deixar que façam de outro. Aqui só deve haver a via profissional". Chamei meu pai e lhe disse: "Pai, agora quero uma reunião geral com os médicos e também o seu apoio, para evitar que aconteça de novo esse tipo de problema, a imposição de qualquer médico ou conduta aqui. Quero aproveitar a saída desse profissional para resolver definitivamente a situação".

E assim fiz. Marquei a tal reunião com a presença de ambos, meu pai e minha mãe, que ignorava totalmente a pauta. E comecei: "Olhem, em relação àquele profissional, já tomei todas as providências, mas daqui para a frente quero mais dois médicos participando da diretoria, e com o aval do meu pai. A administração vai deixar de ser familiar e teremos reuniões em que as bases serão ouvidas e todos terão voz, para evitar esse tipo de acontecimento em que o profissional chega como estrela, mais valorizado que os demais que estão aqui desde o começo". Os médicos ficaram eufóricos e meu pai avalizou. Minha mãe se levantou e foi embora. E aí foi decretada uma divisão familiar, muito amarga, muito triste. Os anos foram se passando, e eu administrando... 1992, 1993, e nós vivendo aquela amargura. Eu evitava, a conselho do meu pai, confrontar-me com minha mãe; volta e meia, porém, não tinha jeito... Era inevitável.

Trabalho participativo

Quando o Hospital era menor, ainda com poucos funcionários, fazíamos reuniões gerais com todos eles, ou seus departamentos. Depois de 1995, comecei a recebê-los em grupos para o café da manhã, pois sempre tive necessidade de olhar nos olhos de cada uma das pessoas que trabalha comigo, para melhor conhecê-las e mostrar como sou, o que penso, sentir se comungamos os mesmos valores. Passei a fazer isso aconselhado por um profissional, que me disse: "Olhe, agora que o Hospital cresceu muito, pense em criar uma rotina; escolha dois dias da semana para tomar o café da manhã em grupo. Assim você vai conhecendo as pessoas que entraram, e também fica conhecido". Antes disso, eu tinha o José Duarte, que era um grande articulador, e até 1992 ou 1993, eu conhecia todos os funcionários, sabendo quantos filhos cada um tinha, quem eram, o que faziam... Sabia de tudo, porque ainda era muito familiar a administração do Zé Duarte. Eram cem, duzentas, trezentas pessoas, e até aí dava para acompanhar. Quando passamos de trezentos funcionários, isso começou a ficar complicado.

Entramos nessa fase de plena atividade no ambulatório, gerando quase trezentos atendimentos por dia. Lá no Hospital São Judas, na rua Vinte, havia por volta de oitenta leitos de internação e também tínhamos alojamentos no entorno. A demanda pelo Hospital continuava crescendo, principalmente por causa do boca a boca. Desenvolvemos, então, uma fórmula mais participativa de trabalho, com atitudes de equipe, um corpo clínico atuante, que entrava no mérito da administração hospitalar. Sempre tive essa necessidade de expor o que faço e as minhas ideias para médicos e funcionários, porque é importante que eles entendam o lado financeiro da instituição e saibam das nossas dificuldades. Também sempre quis estar ciente das reivindicações de todos.

Segundo pavilhão

Enquanto eu lutava pela eficiência administrativa, também dava andamento à construção do segundo pavilhão. Fui me imiscuindo em tudo, desde a cozinha até os medicamentos mais caros, de última geração. O que recebíamos do SUS não cobria nem o soro que usávamos nas cirurgias, e resolvi, então, tentar uma audiência com o ministro da Saúde, mesmo sem a aprovação do meu pai e mesmo contra a minha própria

78 Alcançando mais gente

filosofia de independência. Mas o Hospital se agigantara de tal forma, que se tornara uma máquina de engolir dinheiro.

Consegui uma audiência com o ministro da Saúde, que me recebeu com certa frieza e uma postura de superioridade. Percebi, então, que eu precisaria ser muito convincente. Argumentei, mostrando nosso projeto de excelência no tratamento do câncer, falei da nossa independência de qualquer governo, da construção e ampliação da área física do Hospital só com dinheiro particular, de como a inflação galopante desgastava absurdamente a receita do SUS e ainda que, havia meses, a tabela não era reajustada.

Minha proposta não recebeu a atenção que eu esperava. Voltei para casa de mãos vazias e decepcionado. Aí tive uma ideia: assim como homenageávamos quem nos ajudava, gravando seus nomes em uma placa, que era afixada no Hospital – digamos uma placa "do bem" –, teríamos também uma outra placa, com o nome dos que não faziam nada, aqueles que tinham o poder e o dever de ajudar e fugiam da sua responsabilidade. Eu queria muito inaugurar essa tal placa dos que não ajudaram. Meu pai, mais moderado, vetou a minha ideia, e como não consegui mesmo convencê-lo, abri mão, em respeito à sua decisão. Mas decidimos, de comum acordo, que nenhum político seria recebido no Hospital para se promover à nossa custa.

Quando erguíamos, porém, o segundo pavilhão, um grande amigo, Carlos Emílio dos Santos, o Cacá, que na época era diretor do clube "Os Independentes", procurou-me para pedir que eu recebesse um cheque de 20 mil dólares do deputado Deputado Vadão Gomes para o Hospital, durante o show de Chitãozinho e Xororó na arena da Festa do Peão. Eu precisava desesperadamente de qualquer dinheiro para levantar a casamata do primeiro acelerador, mas, como já afirmei, tinha indisposição total para com os políticos.

Então disse ao Cacá: "Eu o respeito muito, mas tenho um pacto com meu pai: político não vai ao Hospital. Político não desce pela minha garganta, estou atravessado com esse povo. Quem é ele?". "Ah, é do interior, de Estrela d'Oeste. É meu amigo, adora rodeio e é muito forte na área rural. Ele me procurou para ver se você aceitaria essa ideia". "Cacá, eu

Acima de tudo o amor 79

acho o seguinte: se ele nos der um cheque pessoal dele, desvinculado de qualquer governo, eu aceito que ele o entregue ao Xororó, durante o show, perante o público. Do contrário, nem pensar; ele não sobe ao palco, não aparece, nem quero conhecê-lo".

E o Vadão prontamente aceitou. Assim fiquei conhecendo o deputado Vadão Gomes no dia do show, quando ele apareceu com um cheque, não sei se de 20 ou 30 mil dólares, subiu ao palco e o entregou a Chitãozinho e Xororó, para o início das obras do novo pavilhão. O nome Chitãozinho e Xororó, além de ter despertado a atenção do seu Lázaro Brandão, conquistou prestígio e apoio para o nosso projeto e ainda motivou o primeiro político a apoiar a nossa luta. Naquela noite, havia no mínimo 30 mil pessoas no show.

Eu, tão avesso a políticos, me surpreendi com o fato de o deputado ter tido a coragem de nos ajudar e ter cumprido a sua promessa. Como ele era de frigorífico e também fazendeiro, tornei-me seu amigo, porém sem me aproximar demais nem misturar com os assuntos do Hospital, porque com políticos eu era muito desconfiado.

Aquilo tudo foi bom demais, porque arrecadamos a bilheteria do show, que ficou em torno de 100 mil dólares, os 100 mil dólares do seu Lázaro e ainda o dinheiro do deputado Vadão Gomes.

Conquista de mais equipamentos

Antes de ficar pronto o segundo pavilhão, erguemos uma construção, um *bunker* de dois metros e vinte de parede de concreto, na lateral e na cobertura, para abrigar um acelerador mais potente do que o nosso. Foi a primeira vez que eu tive coragem de ir ao banco para financiar o novo aparelho de radioterapia, que atenderia de cem a cento e vinte pacientes por dia, enquanto a bomba antiga de cobalto, que tínhamos, estava atendendo quarenta ou cinquenta. Além disso, o acelerador fazia um tratamento muito melhor, muito mais amplo e preciso. E aquilo já fazia parte da alma do hospital: melhorar sempre, buscando não menos que a excelência.

80 Alcançando mais gente

Fiquei entusiasmado para comprar aquele aparelho, mesmo sem ter dinheiro, porque já tínhamos a construção da casamata. Na época, o banco era o BCN, depois comprado pelo Citibank, e uma amiga minha, a Cristiane Chwambach, que era gerente do banco acreditava muito no meu sonho, enfrentou várias dificuldades para conseguir que aprovassem o financiamento, porque a Fundação não tinha crédito, por não ter lucro e viver com o balanço deficitário. Financiamos, então, o primeiro acelerador, que deveria ser pago em dois anos... um tempo curto, mas era muita gente esperando na fila da radioterapia e eu queria fazer tudo aquilo acontecer e funcionar. Então, o melhor jeito, já que do governo nada saía, foi financiar.

O Hospital tinha uma qualidade muito superior à da maioria dos serviços, não só pelo corpo médico, pela estrutura física ou pelos equipamentos. Lá na rua Vinte, no São Judas, se havia criado uma filosofia de humanização que foi determinante para essa superioridade. Acredito que a conduta do meu pai e de sua equipe, com calor humano e interesse verdadeiro, estabelecendo vínculos afetivos e até mesmo contato físico com os pacientes, fazia a diferença. O problema do paciente era também do médico; ele não estava sozinho; era um jogo de parceria e, mesmo com uma bomba de radioterapia limitada, se conseguiam mais resultados de cura do que com os aparelhos mais modernos que existiam em São Paulo ou em qualquer outro lugar. E seguíamos fazendo a diferença com uma medicina humanizada, verdadeira, que meu pai tinha desenvolvido como forma de gestão.

Ligado o aparelho, imediatamente o colocamos em funcionamento, mesmo sem ter construído o prédio – apenas a casamata. Foi um salto de qualidade que me deixou realizado e feliz por saber quantas pessoas mais estavam sendo beneficiadas. Foi extremamente compensador ter vencido minha própria resistência e encarado aquele financiamento.

O pavilhão Chitãozinho e Xororó estava sendo construído. Um espaço de quase 3 mil metros quadrados que abrigaria toda a radioterapia e toda a radiologia. Eu via aquele mundo de necessidade, tanta coisa ainda por fazer, e pensava: "Tenho que continuar fazendo a minha parte. As cons-

Acima de tudo o amor 81

truções estão em andamento, o primeiro aparelho eu financiei, o resto nós vamos conseguir pela fé". E a consistência da minha fé fazia com que eu acreditasse que iriam aparecer outros Lázaro Brandão, outras pessoas que, como o José Cutrale, tivessem a mesma visão e a mesma generosidade.

Às vezes meu pai me perguntava, duvidando: "Mas, Henrique, você acredita demais nas coisas, você vai fazendo... e se não tiver o equipamento?". Minha resposta era: "Pai, uma coisa não tem nada a ver com a outra. Eu faço a minha parte e espero que Deus me ilumine para que eu consiga o que precisamos. Olhe para trás e veja o que já foi realizado. Saímos de um hospital de 1,5 mil metros quadrados no centro da cidade, construímos outros 1,5 mil metros quadrados na periferia e já estamos construindo mais 2,8 mil. A nossa parte, a minha parte, eu sinto que estou fazendo e que fui abençoado por fazer. Uma coisa puxa a outra, e sou mesmo muito otimista".

A diferença exata do meu pai para mim era essa: eu sou daqueles que tendo uma lata de esterco já saía procurando o cavalo. Meu pai era o que, tendo uma lata de esterco, começava a questionar quem teria passado por ali, por que teria deixado a tal lata etc... E assim cada um de nós, com sua formação e personalidade às vezes tão desiguais, surpreendentemente partilhávamos o mesmo sonho.

- Capítulo 5

Muito ainda por fazer

A essa altura da história, com parte das coisas bem encaminhadas e muito ainda por fazer, aconteceu outro fato impressionante que introduziu o cantor sertanejo Sérgio Reis na trajetória do nosso Hospital e que foi, para mim, uma experiência ímpar.

Com relação à minha vida particular, havia algum tempo que eu vinha querendo trocar de avião, quando descobri um piloto que havia vendido e trazido dos Estados Unidos um avião para o cantor Sérgio Reis. Era um comerciante experiente, que conhecia o mercado de aviões e tinha vivência do mercado americano. Resolvi, então, procurá-lo, falando da minha necessidade. Quando ele me disse que iria voar com Sérgio Reis em seu novo avião para Cuiabá, eu lhe sugeri: "Por que você não dá uma parada aqui em Barretos, que está na rota São Paulo-Cuiabá, para eu ver esse avião, saber custo, conversar com você e aproveitar para conhecer o Sérgio Reis? Diga--lhe que eu estou pedindo para ele perder cinco minutos aqui e conhecer um projeto que tem tudo a ver com a imagem dele e do meio sertanejo".

Ajuda para carregar a bandeira

Passado algum tempo, o piloto me retornou, dizendo que o cantor Sérgio Reis tinha mesmo um compromisso agendado em Cuiabá – iria almoçar com o governador – mas teria uns quinze minutos para descer em Barretos; eu veria o avião e nós conversaríamos. Eu, que já sabia que o Sérgio Reis era um italiano muito generoso mas muito sistemático, fiquei eufórico com a concessão que ele me havia feito. Liguei para meu pai e pedi: "Pai, dê um jeito de amanhã me esperar lá na Fundação; vamos receber uma personalidade muito importante e muito séria, o Sérgio Reis, e preciso do senhor lá comigo".

Tenho que registrar aqui a coerência do meu pai e seu caráter ímpar. Nessa época, ele estava fazendo radioterapia por causa do câncer de próstata com a bomba de cobalto antiga que ele usava nos seus pacientes; mesmo com o equipamento supermoderno já instalado, ele achava que aquilo que servisse para seus pacientes, também serviria para ele, e era lá no antigo hospital, o velho São Judas, que ele se tratava.

Fui para o aeroporto buscar o Sérgio, e de lá liguei para o meu pai, avisando que iríamos encontrá-lo na Fundação. Era vital que ele falasse com o cantor sobre o seu projeto. Ele enxergava mais longe e tinha imensa credibilidade! No entanto, meu pai se atrasou e não conseguiu ir para a Fundação onde estava sendo erguido o novo Hospital, onde tudo era moderno e grandioso, e que, certamente, impressionaria muito mais, mas vejam como são os desígnios de Deus...

Fomos para o velho Hospital São Judas – o Sérgio foi o primeiro e único artista que levei lá. Fomos conversando, falando de negócios, de fazenda e, quando chegamos, eu me justifiquei por não levá-lo até às instalações novas – que era o que eu queria – porque meu pai ficara retido aqui no antigo Hospital. Enquanto subíamos a rampa, eu lhe disse: "Este é o Hospital do meu pai. Foi aqui que o sonho começou. É o Hospital São Judas". E ele, muito impressionado, sem hesitar me respondeu: "Então diga a seu pai que ele não tem nada a me pedir, nem a explicar! Tudo o que precisar de mim ele terá, porque São Judas é o santo de minha devoção e não posso deixar de ver nisso a mão de Deus! Não interessa o que quer de mim, estou à sua inteira disposição!".

Vi que ele ficou emocionado – aliás, todos nós ficamos – e quase caí de costas com sua adesão irrestrita à nossa causa. Ele, depois, ratificou:

Acima de tudo o amor 85

"Doutor Paulo, fique tranquilo, vamos fazer o que for necessário, deixe que eu vou levantar com o Henrique essa bandeira". E nesse curto espaço de tempo – de aproximadamente quinze minutos, pois logo voltamos para o aeroporto de onde ele seguiu viagem – ganhei um grande amigo e um colaborador incondicional. O atraso do meu pai, que poderia ter sido um erro, mostrou-se o caminho mais certo. É claro que havia a mão de Deus corrigindo as rotas.

Desse modo, antes mesmo de acabar o segundo pavilhão, eu já estava com dois shows do Sérgio Reis agendados e confiante de estar no caminho certo. Deus encontrara um modo de me dizer que as pessoas certas aparecem no lugar certo e na hora certa!

Isso sem dizer que São Judas é o santo das causas impossíveis. Ali no Hospital consagrado a ele é que eu fui seduzido pelo projeto do meu pai – nada mais improvável –, o Sérgio foi prontamente convencido, e meu pai sobreviveu com o São Judas, apesar das grandes dificuldades.

Inauguração do pavilhão Chitãozinho e Xororó

O pavilhão Chitãozinho e Xororó se tornou realidade porque entrou mais dinheiro de shows, de rifa, de doações, de leilões, e finalmente, em 1994, conseguimos inaugurá-lo. Foi uma grande festa, uma revolução, porque abrangia um serviço muito grande de radioterapia e de radiologia; era um anexo todo de imagem.

Construímos também a segunda casamata com dinheiro dos leilões e dos eventos. E aconteceu, em paralelo, um fato interessante: o Mario Covas assumiu o governo do estado de São Paulo em 1994 e em 1995, quando ele foi até Barretos, ganhamos dele outro acelerador, depois que lhe mostramos a importância do projeto. Ele era contemporâneo do meu pai, na época de estudo, lá em Santos. Não se conheciam bem, não foram amigos, mas foram colegas.

Na segunda visita do governador a Barretos, já fazia seis meses que o acelerador estava montado e não podia funcionar por falta de teto, que é o limite de dinheiro que o estado deve usar na saúde. Seu secretário de saúde, doutor José da Silva Guedes, trabalhava com o orçamento muito apertado, apesar de Covas ter dobrado esse valor. Quando fomos ao aeroporto recepcioná-lo, eu lhe pedi: "Governador, o senhor fez tudo certo, o senhor me ajudou, mas há uma fila de gente para ser irradiada, uma demanda absurda, e há seis meses aquilo está fechado. Está ficando ridículo, governador... Instalamos um aparelho caríssimo e fundamental, que, no entanto, não pode funcionar por falta de dinheiro!". Ele me disse: "Henrique, vamos por partes. Que político lhe deu, até agora, alguma coisa para o Hospital? Qual governador, qual presidente, qual ministro o ajudou?". Admiti: "Pois é, só o senhor". "Ora, então levante a mão para o céu". Ainda argumentei: "Mas fica ruim, não é, governador? De repente a imprensa, a revista *Veja* descobre que o estado nos deu um acelerador, mas sem condições para funcionar, e vai achar muito estranho." Ele não se abalou: "E aí você me defende; diz que, antes de mim, ninguém tinha lhe dado nada".

Não consegui convencê-lo. Ele era muito duro; mas tinha feito um gesto ímpar, porque até então nunca tínhamos recebido nada de governo nenhum. Eu fui "na garganta" dele e ele escapou "como um quiabo"! Realmente não levo jeito com político... Mesmo assim, ele teve uma atitude humana: o aparelho que ele nos deu custava em torno de 900 mil dólares. Pena que acabou ficando uns oito meses lá, parado. Foi muito difícil vê-lo instalado e não poder funcionar por causa do limite orçamentário. Eu via aqueles doentes, tanta gente necessitada tendo que esperar, quando se sabe que o câncer não espera. Um pecado aquilo! Depois de muita pressão, finalmente conseguimos, e aquele virou um serviço de grande abrangência, com os aceleradores trabalhando a todo vapor.

Mais celebridades

A necessidade de dinheiro, porém, era constante e depois da ajuda de Chitãozinho e Xororó, eles se tornaram quase embaixadores do projeto. Em uma oportunidade em que se apresentavam em um programa da Xuxa, comentaram com a Marlene Matos, empresária da apresentadora na época, sobre a seriedade do nosso projeto e a necessidade sem

Acima de tudo o amor 87

fim de verbas. Como a Xuxa iria a Barretos para um grande show na Festa do Peão, a Marlene pesquisou e, comprovada a nossa seriedade, abriu uma brecha para me atender, antes, no seu escritório no Rio de Janeiro.

Nunca pensei um dia chegar à Rede Globo, mas fui recebido pela Marlene Matos, que me pediu objetividade, porque seu tempo era curto. Ela disse que só estava me recebendo por causa das boas recomendações do Xororó. E ela era mesmo muito ocupada; enquanto me recebia, almoçou, ali mesmo no escritório, uma quentinha trazida de algum restaurante.

Eu expliquei: "Olhe, Marlene, eu preciso demais da Xuxa. A imagem dela tem tudo a ver com o tratamento de câncer infantil; ela é apaixonada por crianças e vice-versa; e eu queria lhe pedir que fosse a madrinha da ala infantil. Nós temos um projeto, um plano diretor, onde a Xuxa cabe direitinho como âncora, para despertar ainda mais a consciência do meio e contagiar outros tantos artistas. Uma das grandes receitas do Hospital vem realmente de artistas e, além disso, daríamos essa noção para o Brasil, de que pode haver coisa séria feita apenas pela sociedade, sem a colaboração do dinheiro público".

Então, a Marlene foi direta: "Está bem, vamos conhecer o projeto quando a Xuxa for fazer o show em Barretos. Prepare tudo porque vou levá-la até lá". Nesse momento, o meu lado "fã" se manifestou e foi interessante porque sempre achei a Xuxa linda (eu e a torcida do Corinthians, é verdade) e ficava imaginando: "Nossa! Quando aquela loira chegar, vai ser o máximo! Vou tirar uma fotografia ao seu lado, ficar bonito na foto". Assim, fiquei uns três, quatro meses ansioso à espera dela.

Quando a Xuxa chegou a Barretos para o evento, foi demais. Ela ficou muito sensibilizada com o projeto, e quis, além do show, me dar um cheque seu, para que o pavilhão infantil com o seu nome andasse mais rapidamente. Eu não aceitei; o que eu queria de cada um que nos ajudava era o comprometimento, a fidelidade. O dinheiro, o povo daria, comprando os ingressos dos shows. Foi bom que eu agisse assim, porque a Marlene viu que eu não estava explorando ninguém.

E a Xuxa foi especial, muito inteligente, falou do meu pai durante o show como se fosse sua filha e como se conhecesse a fundo o Hospital.

Ainda me entrevistou num daqueles seus programas globais de grande audiência, abrindo-me espaço na mídia. Para nós, foi uma coisa impressionante, ímpar, porque ela falava sobre o Hospital, seu conteúdo, enaltecendo demais a ideia e a realização do projeto. Assim, com sua credibilidade e seu exemplo, ela estimulou a adesão de muitos artistas. E o Hospital foi crescendo, tomando corpo, se agigantando, chegando a 8 mil metros quadrados.

O Sérgio Reis também tinha saído de Barretos totalmente contaminado pelo São Judas e pelo nosso projeto. E contou ao cantor Almir Sater – que estava fazendo sucesso na Rede Globo – o que tinha visto ali, pedindo-lhe que também ajudasse. O Almir, na mesma hora, me ligou, comunicando que iria ajudar e, logo em seguida, marcamos um show, um evento para encaixá-lo no projeto. Ele nem precisou ir conhecer o Hospital: foi contaminado pelo entusiasmo do Sérgio. Aí eu fui acreditando nesse processo, em que um chama o outro e deu no que deu. Hoje há mais de cinquenta artistas envolvidos no projeto.

E fomos caminhando, boca a boca, em um processo progressivo, que precisava, porém, ser disciplinado. Quem se comprometesse a dar um show anual teria o nome em um pavilhão, porque no decorrer de dez anos essa ajuda representaria pelo menos 1 milhão de dólares de cada um; todo artista faz 100 mil dólares brincando, em Barretos, na Festa do Peão.

Meu pai concordava: "Tudo bem, vamos pôr isso em ata, para que não aconteça de o artista fazer um show pequeno, uma única vez, e ficar achando que tem direitos como os outros que fizeram tantos shows. Vamos ver quem realmente está comprometido". Eu não sei se colocamos isso em ata, na época, mas estabelecemos que os pavilhões teriam o nome das pessoas que tivessem compromisso de colocar ali em torno de 1 milhão de dólares em dez anos.

As coisas foram se avolumando e, além dos artistas já citados, seguiram-se Sandy e Júnior, Zezé Di Camargo e Luciano, Leandro e Leonardo, e outros. E aí tudo ficou confuso, pois, com um volume de artistas muito maior que a previsão de pavilhões a serem construídos, não haveria como

Acima de tudo o amor 89

homenageá-los. Mas a ideia era boa, porque estava dando resultado. E foi ficando mais forte a adesão ao projeto.

Necessidade de ajuda

Fomos crescendo em área física e o corpo médico foi crescendo também, proporcionalmente. Tudo foi ganhando consistência, contando com dinheiro de leilões de gado, de shows, de rifas, de doações, mas ainda sem apoio governamental. Os médicos enxergaram essa adesão e foram contaminados pelo orgulho de também participar disso. Consequentemente, aumentava – e muito – a minha quantidade de trabalho, até que senti necessidade de ter alguém para me ajudar, com quem eu pudesse dividir funções. A decisão de contratar esse profissional foi tumultuada e se deveu exclusivamente ao meu bom senso, ao meu instinto. Todos foram contra; eu teimei e não me arrependi. Isso aconteceu em 1992.

O Luiz Antonio Zardini tivera sido padre, e na época atuava em um bairro muito pobre – o Bom Jesus – de Barretos. Era um homem extremamente culto, combativo, ideologicamente ligado à Teologia da Libertação, movimento de esquerda dentro da Igreja Católica. Ele, na década de 1980, criara muitos problemas para mim, porque eu era líder da União Democrática Ruralista (UDR) e forte produtor rural. Tínhamos, então, posições ideológicas antagônicas. Na cidade e na região, mais de trinta municípios dependiam da minha gestão para defender o direito da terra produtiva, como mandava a Constituição de 1988.

Naquela época, a Igreja Católica, por meio da Teologia da Libertação, se posicionou contra os produtores rurais; o Zardini fez intensa campanha contra mim, chegando a fazer passeata em frente à UDR e abaixo-assinado para me tirar do cargo de presidente da Cidade de Maria. A Cidade de Maria, que eu ajudara a construir e naquela época presidia, era um centro de formação religiosa, que abrigava em dez alqueires várias congregações, seminário, convento e a Casa Betânia para reuniões, com capacidade para oitenta pessoas. Tinha uma força imensa de oração em benefício da cidade e eu, também, me sentia amparado na minha luta, por essa corrente de orações. Como eu era muito querido em Barretos, de família tradicional e conhecida, ele teve de ir a Jaboticabal, coletar assinaturas dos migrantes cortadores de cana que trabalhavam na região, porque em Barretos, ele não conseguira nem mesmo cinquenta

Por sua atuação e por outros detalhes de sua vida pessoal, fecharam-se as portas da Cidade de Maria ao Zardini e ele, que deixara de ser padre, ficou desempregado. Eu continuava no Hospital a mil por hora, administrando a parte funcional e correndo atrás de recursos, inclusive com o marketing por minha conta. Sentia muita falta de ajuda mas, como o dinheiro era sempre curto, ia adiando a contratação de mais alguém.

Algumas pessoas insistiam para que eu, que era cristão, ajudasse o Zardini, oferecendo-lhe um emprego, uma oportunidade. No entanto, ele era um potencial de problema; muito difícil, muito polêmico, apesar de ter o dom da palavra e uma formação cristã consistente. Depois de muita insistência, marquei com ele, ao meio-dia, em meu escritório para conversarmos.

Minha surpresa foi encontrá-lo à minha espera já às sete e meia da manhã, bem antes da hora combinada, dizendo que esperaria por mim até o meio-dia, se fosse preciso. Aquela disponibilidade quase humilhante me deixou penalizado, e resolvi atendê-lo na mesma hora. Ele me contou toda sua história, inclusive que estava deprimido e sem perspectiva, que se sentia no fundo do poço.

Eu já estava me deixando convencer, pensando em usar o seu dom da palavra, mas disse a ele que, antes de me decidir, precisaria consultar as minhas bases – que eu suspeitava, pelo histórico do indivíduo, diriam *não*.

Falei primeiramente com meu pai, que me disse: "Henrique, ele é inteligente, mas muito polêmico. Acho que vai ser mais problema que solução para você. Pense melhor". Depois falei com minha mãe, que deu um salto da cadeira e radicalizou: "De jeito nenhum, filho! E o que esse homem já o ofendeu?". Só me restava o bispo, Dom Pedro Fré, que por sua vez não concordou.

À noite, pensando que ninguém se humilha tanto diante de outra pessoa se não estiver passando por muita dificuldade e que essa chance

Acima de tudo o amor 91

poderia ser para ele uma virada, uma mudança de vida, concluí: "Vou seguir meu instinto, eu lhe perdoei e não carrego mágoa". Então a despeito de tudo, eu me decidi: "Pai, vou dar um chance ao Zardini; ele me serve e acho que consigo colocá-lo nos trilhos". "Bem, você tem autonomia. É seu departamento. Você resolve".

Liguei para o Zardini na mesma hora: "Você está empregado. Sua função é ir às cidades da região, entrar em contato com as lideranças, formar novos núcleos de colaboradores interessados em vender rifas, em fazer leilões. Eu preciso descentralizar as ações. O leilão é muito forte aqui em Barretos. São mais de 1,5 mil cabeças de gado só aqui. Está errado! Temos que nos espalhar, motivar outras cidades. Vou lhe ensinar o que sei e você criará outras formas. Vamos trabalhar, experimentar esse processo juntos. E só temos um carro, uma ambulância, presente da UDR ao Hospital, disponível para o seu uso".

O Zardini começou, então, a trabalhar, e virou motivo de chacota. Tenho muitos amigos na região, inclusive padres, que conheciam a briga do Zardini com a UDR, comigo. E, ironicamente, ele viajava na ambulância com o símbolo enorme da UDR pintado na lataria. Cheguei a visitar várias cidades depois que ele passava de ambulância, e os padres não o poupavam. Quando já estava comigo há uns noventa dias, ele tomou a liberdade de me pedir: "Henrique, pelo amor de Deus, no próximo leilão ou evento, compre outro carro para mim. Não aguento mais tanta gozação". "Não, você vai aturar mais um pouco; esse dinheiro já está destinado para equipamentos. Nós vamos ganhar um carro de outro jeito. E, carro por carro, ofereça essa humilhação a Nossa Senhora, até podermos comprar outro". Confesso que também me diverti com essa ironia da vida.

De 1992 para frente, dividindo o trabalho com o Zardini, fiquei um pouco mais livre para planejar novas ações. Da parte artística eu cuidava, da parte de leilão o Zardini já estava cuidando. Eu tinha muitos amigos em cidades do interior, onde sempre comprei bois, e fui colocando também o Zardini em contato com esses amigos. Ele foi montando esse grupo de colaboradores com o mesmo discurso com o qual eu começara: "Você acredita que como leigo também pode salvar vidas?". Esse foi o meu refrão é o do Zardini. Continuamos a trabalhar juntos e nos demos muito bem. Eu ganhei um presente do céu; alguém que aliviava e facilitava muito a minha vida, que admirava meu pai e partilhava da sua filosofia humanista. Até hoje nos respeitamos e trabalhamos juntos muito bem.

A minha maior tristeza era o tratamento de próstata do meu pai que não andava bem. Em casa de ferreiro o espeto é de pau. Ele escolhera uma via de tratamento conservadora e, apesar de ser um câncer mais brando, eu o via triste, angustiado.

Tratamento humanizado

Tudo o que eu tinha como referência na vida era aquele modelo de hospital que a rua Vinte oferecia, de instalações humildes, mas com um calor humano que ultrapassava os limites da dedicação ao próximo, o que se devia definitivamente a meu pai, que assim pautava a sua conduta médica e a dos seus subordinados. E eu o admirava cada vez mais por isso.

Eu já criara, inclusive, o serviço que oferecia alimentação – uma sopa, um lanche – para as pessoas na sala de espera, porque, convivendo com elas, vi que algumas pessoas eram muito pobres e mal tinham dinheiro para chegar ao Hospital quando as prefeituras não davam conta desse serviço. Para ficar tranquilo, fui estabelecendo esse hábito que garantia o bem-estar das pessoas e o mesmo atendimento humano de quando éramos apenas o pequeno Hospital lá da rua Vinte.

Naquela época, meu pai preferia que não se operassem pessoas com mais de 80 anos porque, às vezes, o tratamento de radioterapia ou quimioterapia proporcionaria a mesma longevidade, sem mutilar. Lembro-me de uma vez em que ele interferiu diretamente em um caso assim. Foi com a Celina Rodrigues Pires, uma nossa funcionária, cujo marido, o Miranda, havia sido por cinquenta anos empregado do meu avô. Um dia, chegando de São Paulo, fomos lhe fazer uma visita e soubemos que a cirurgia dela já estava marcada. Conversando então com meu pai, ele confirmou que operá-la fugiria às normas; ela tinha mais de 80 anos e não se justificaria mutilá-la, pois a doença já havia se disseminado. Da palavra à ação, ele suspendeu a cirurgia, alegando que, assim, a preservaria, poupando-lhe muito sofrimento.

Lembro-me perfeitamente que aquilo foi um baque, porque a cirurgia, que era de grande porte (câncer no estômago), já estava marcada, mas meu pai tinha uma autoridade absoluta. Então Celina voltou para casa e viveu mais seis anos, sem nenhuma intercorrência, trauma ou debilidade maior. Ela era uma pessoa muito querida, do meu avô e minha também, e vários dos seus filhos haviam trabalhado conosco.

Aquilo foi uma lição para mim: meu pai via em primeiro lugar o ser humano e sua dignidade. Existem médicos assim, comprometidos com o juramento de Hipócrates, de tratar a todos da mesma forma, levando em conta o que o próprio médico desejaria para seus pais ou filhos. Acredito que erraríamos menos se nos pautássemos sempre por essa regra de ouro.

Eram lições pequenas e pontuais, que eu assimilava e que me fizeram entender que meu pai não raciocinava apenas como médico, mas acima de tudo como um cristão, um homem temente a Deus, fazendo o que era bom e o que gostaria que fosse feito a ele. Eu via aquele homem desprendido, abnegado, diferente de todos, meu pai! E me alegrava por ter uma vez mais um grande mestre, nessa outra profissão pela qual eu me apaixonara.

Ele se tornou o meu melhor amigo e, com o tempo, eu lhe confessava todas as minhas angústias, as minhas loucuras, os meus desejos, os meus problemas. Ele me conhecia, mas eu demorei a me abrir totalmente, querendo que ele me levasse a sério e me ajudasse nas decisões da minha vida pessoal.

■ Capítulo 6

De Barretos para o país todo

Se, por um lado, eu vivia muito bem com meu pai, as coisas desanda-
vam com minha mãe, por algumas de suas atitudes que me decep-
cionaram. Com ela, infelizmente, eu vivia em conflito, pois atuávamos
de formas muito diferentes, até mesmo opostas. E não partilharmos as
mesmas posições nessa área me foi muito frustrante, porque minha mãe
sempre fora uma luz na minha vida, uma pessoa que havia me ajudado
muito, me proporcionando esse meu lado otimista, vencedor. Quando eu
tinha algum desânimo, ela sempre estava do meu lado e eu tinha muita liberdade com ela, até porque tomava conta de todos os seus negócios e
ela me reconhecia como bom gestor.

Era realmente uma pena aquele nosso desacerto. Algumas vezes, o
meu diretor espiritual, Dom Antonio, interferia: "Henrique, como filho, se
humilhe e abra seu coração; peça para ela acabar com essa guerra entre
vocês. É de você que tem que partir essa atitude". E como eu achava que
o perdão estava acima de todas as coisas e queria viver de novo em paz
com a minha mãe, provoquei dois ou três encontros, só nós dois. Certa
vez, fomos para o Hospital no carro dela, paramos no estacionamento e
eu chorei muito, disse que tínhamos que acabar com aquela situação
de divergência, até mesmo pela saúde do meu pai. Ela, muito dura na
queda, resistia: "Não, você quer as coisas só do seu jeito e não respeita

que isso aqui tenha uma história, tenha um passado do qual eu faço parte". A retórica era dura, muito difícil, mas eu continuava convicto de que era fundamental persistir no meu trabalho, mesmo sem o seu apoio, porque os meus princípios não eram a vaidade, o individualismo; os meus princípios exigiam que fosse feito o melhor, independentemente de quem fosse a sugestão.

Minha mãe, naquela época, era ainda muito centralizadora, não admitia a interferência de ideias ou posições que não fossem as dela, as do Edmundo Carvalho Mauad, as do meu pai ou as minhas. E a briga que tivemos quando meu pai me deu autonomia para montar uma diretoria mais ampla e mais democrática ela não perdoou. Guardou aquela mágoa e se distanciou.

Mesmo aceitando os conselhos do meu diretor espiritual, Dom Antonio, eu não conseguia reverter aquela situação, ainda que me explicasse e me humilhasse. Vivi administrativamente uma angústia muito grande dentro do Hospital, porque várias vezes a Aurora Gonçalves Paim Dornelles recebia uma ordem minha e, de repente, recebia uma contraordem dela e ficava, obviamente, dividida. Aurora era uma grande administradora, uma pessoa de bem, que não tinha formação acadêmica, mas muita competência e um coração do tamanho do Hospital, humano e sensível.

Conflito que afeta a todos

O conflito com minha mãe gerou um desconforto muito grande, que afetou a todos. A Aurora estava doente; deixara de se tratar na hora certa, de fazer a prevenção e, quando descobriu, tinha um câncer de mama já avançado, que a matou.

Um dia, já perto de morrer, ela me chamou e disse: "Henrique, eu comparo a sua forma de ser com a da sua mãe. Estou doente, muito mal e preciso lhe pedir uma coisa: não mude sua conduta. A doutora Scylla foi assim a vida inteira, determinando muita coisa no Hospital, muitas vezes impondo ao seu pai a vontade dela. Ele, por amá-la e considerá-la parte integrante da sua vida, tanto pessoal quanto profissionalmente, sempre aceitou. Eu vejo que você não cede, que joga pesado, mas também que está sofrendo por se indispor com ela. No entanto você está certo e é a única pessoa que pode enfrentá-la, ninguém mais. Eu sei e você também, as coisas que ela fez à sua revelia e que você deixou passar para evitar confrontos! Continue assim: seja inteligente, não crie atritos, mas faça as coisas serem do seu jeito!".

Aurora me falou isso poucos dias antes de morrer. Segurando sua mão, eu acatei o conselho de uma pessoa que tinha uma experiência profunda daqueles anos e de tantas situações vividas dentro do Hospital. Ela reforçou a minha coragem, para continuar lutando, convicto de estar num bom caminho, mas me deixou uma enorme lacuna no RH e um problemão para encontrar um substituto à sua altura.

Os anos 1990 foram tristes para mim na parte administrativa, porque meu pai estava doente e eu em conflito com minha família. Até que chegou o momento em que não pude evitar desautorizar algumas outras atitudes pontuais deles. E as coisas foram se avolumando. Além de problemas na administração, surgiram também desavenças com minha mulher. Sentia que as pessoas mais íntimas não me conheciam nem me compreendiam! Eu nunca quis a política na minha vida e só queria fazer o máximo construindo um grande Hospital num projeto de gratidão, de amor absoluto a Deus, e bem que gostaria de ser valorizado e acolhido pela minha mulher quando, às vezes, a pressão se tornava quase insuportável e eu sentia uma angústia enorme dentro de mim...

Por várias vezes pensei que não era necessário suportar aquilo tudo, mas não podia desistir; lutava por um projeto de amor profundo às pessoas que sofriam discriminação e que, por serem pobres, não tinham reconhecido o seu direito a um tratamento digno.

O Evangelho deixa muito claro: "quem quer seguir a Jesus Cristo, não tem, nem mesmo, o direito de enterrar seus mortos, nem de se despedir dos pais, ou dos filhos". E certamente o meu caminho é esse. Não me interessa se minha mulher, meu pai ou minha mãe estão me valorizando; o que me norteia é, a cada dia, poder atender mais e mais pessoas, dando-lhes possibilidades concretas de cura e o conforto da dignidade durante o tratamento ou no momento da morte. Essa minha vontade, porém, era mal compreendida e criticada.

Chocava-me, às vezes, ver as pessoas me analisando friamente, dizendo: "O que mais você quer? Até que ponto quer ir? Qual é o seu limite? Você quer mais e mais, e mais?" Como se aquilo fosse um crime...

As pessoas que não compartilhavam do meu sentimento eram muito cruéis comigo, até mesmo dentro da minha casa. Eu nunca tive vontade de falar com minha mulher sobre meu trabalho, de levá-la ao Hospital para ver o que eu realizava – para mim, uma enorme conquista –, porque sentia que ela não me compreendia. Pode ter sido um erro não a ter envolvido no meu dia a dia, não lhe ter dado a oportunidade de conhecer melhor o meu pai e perceber que aquele não era um homem comum, porque realmente amava o próximo como a si mesmo. No entanto, aquilo tudo que eu sentia não contaminou minha mulher e serviu mesmo para nos afastar mais – e só o tempo dirá quem estava certo.

Aquela vontade que eu tinha aos 30 anos de estar mais perto de Deus eu concretizava nesse trabalho. Cada dia acordava com uma ideia diferente, um projeto novo, mas com o mesmo entusiasmo. E a cada dia recebia uma nova lição.

Eu tinha uma dificuldade imensa de provar que não fazia tudo aquilo por vaidade, que não era orgulhoso e que não estava me prevalecendo daquilo para me projetar, virar astro de televisão ou político, ou para ganhar dinheiro. Sofria punições muito duras. Em alguns momentos minha mãe influenciava sem querer a minha mulher, criando uma dificuldade ainda maior para mim dentro de casa, no meu casamento.

Não foi fácil administrar médicos, a vaidade das pessoas, e as diferenças de ponto de vista. Acho, porém, que foram anos de muito aprendizado, que me valeram demais, porque eu tinha ao meu lado uma âncora, que me dava segurança quanto à qualidade da medicina: meu pai, que tomava conta dessa área, e me dava a certeza de que ali se fazia o melhor.

Show dos amigos

Em meados de 1996 tive a oportunidade de estar, pela segunda vez, com os cantores Leandro e Leonardo e fazer com que eles fossem a Barretos e conhecessem o Hospital. Ambos se apaixonaram pelo projeto e lamentaram não terem tido tempo para conhecê-lo em 1990, 1991, quando a dupla estava no auge do sucesso.

Foi um momento histórico a adesão de Leandro e Leonardo à nossa causa. Depois da visita ao Hospital, fomos para o meu rancho, almoçamos, e tive uma afinidade tremenda com o Leandro, que era o responsável pela disciplina da dupla. O Leonardo era brincalhão, espontâneo, alegre, o avesso do irmão, que era mais sério. Ambos, porém, quando viram o projeto, disseram: "Ô, Henrique, vamos ajudá-lo de qualquer jeito e fazer o que for necessário". Além de fã, acabei ficando também muito amigo do Leandro, mais do que do Leonardo. Os dois eram ímpares, diferentes, carinhosos e muito profissionais.

Em 1997, eles estavam novamente em Barretos para fazer o show "Amigos", que reunia as três duplas sertanejas mais famosas do Brasil na época: Chitãozinho e Xororó, Leandro e Leonardo, Zezé Di Camargo e Luciano. Todos ficaram hospedados em minha casa. Uma apresentação normal de cada dupla rendia aproximadamente 100 mil dólares para o Hospital; a das três duplas juntas rendia em torno de 1 milhão, porque o público desses shows nunca era menor que 50 mil pessoas.

Na hora do show, saímos de ônibus da minha casa, todos juntos. Entraram no estádio 55 mil pessoas, ficando mais de 20 mil do lado de fora quando a polícia militar fechou os portões. Recorde de público, o show rendeu em torno de 2 milhões de dólares para o clube organizador "Os Independentes", do qual eu fazia parte.

Na volta, no ambiente descontraído do ônibus, Leonardo disse: "Depois que vimos o seu projeto, ficamos matutando uma forma mais eficiente de ajudar... Adivinhe qual?". Achei que eles iriam me dar um show deles, como já faziam os outros, mas o Leandro completou: "Ó, eu e o Leonardo conversamos com o Chitãozinho, o Xororó, o Zezé e o Luciano e decidimos, em lugar de um show de cada dupla, lhe dar o show 'Amigos' do ano que vem para que vocês tenham uma renda melhor".

Eu quase caí das pernas. E mais surpreso fiquei quando o Leonardo se preocupou por eu ter contraído uma dívida com os bancos para comprar o primeiro acelerador. Era uma dívida de mais ou menos um 1,2 milhão de reais, da qual eu já havia pago um ano de prestações mas faltavam ainda uns cinco anos mais de dinheiro, juros e muita preocupação. Imaginem se conseguisse saldá-la de uma vez! E justo o Leonardo, que nunca pensava em dinheiro, era quem tinha percebido a necessidade de quitar aquele financiamento, que eu tinha feito seguindo um impulso do meu coração, mas que, na realidade, não tinha como pagar e teria que diminuir a área de atendimento se não conseguisse nenhum socorro. Então aquele momento foi de grande euforia e, quando chegamos a minha casa, a festa continuou; e conversamos até as cinco horas da manhã. Quando não aguentei mais, fui dormir, retirando-me na surdina, e os deixei ainda rindo, contando "causos" e piadas. Um pouco mais tarde, o Leonardo me acordou para que eu voltasse para a festa. E ali ficaram cantando até o dia clarear. Esse Leonardo! Era uma figura extremamente brincalhona, divertida, cheia de carisma e com um enorme coração. A disciplina e a seriedade eram do Leandro, e os dois juntos formavam a dupla perfeita.

Enfim, com a adesão de todos e o compromisso verbalmente selado naquela noite, tive a certeza de que tudo iria dar certo. Se eu tivesse apenas a renda do show de Leandro e Leonardo, já seria uma luz, uma esperança de resolver meus problemas. Mas não, eles me deram a renda do show "Amigos"!

Seguindo pelo caminho que esse episódio abriu, tenho que narrar a luta inesperada que travei sem ter arma nenhuma...

Quando me foi prometida a renda do show "Amigos", o clube que organiza a apresentação dos artistas na Festa do Peão ficou eufórico. Como membro do clube, apesar de nem todos concordarem, eu havia convencido a maioria de que deveríamos ter também uma missão social. Estabelecemos, então, que no ano seguinte, 1998, o show aconte-

Acima de tudo o amor 101

ceria em um domingo em Barretos, e com certeza aquele seria o grande ano da Fundação Pio XII, porque quitaríamos a enorme dívida que tanto me atormentava.

A primeira grande batalha que travamos, a partir de então, foi com a doença do Leandro. Uns dois meses depois do nosso trato, em outubro, ele estava pescando, durante um feriado, quando teve uma forte dor no peito. O diagnóstico foi péssimo: câncer no pulmão. Como já éramos bem próximos, o Leonardo me ligou em pânico: "Henrique, estão querendo operar o Leandro aqui, no Hospital São Luís, em São Paulo, às pressas, amanhã às 9 horas. Eu achei melhor ligar para você. Vi sua estrutura aí e gostaria de ter outra opinião". "Claro, tenho um médico que, além de ser um dos melhores nessa área, é um ser humano diferenciado; o doutor Zé Elias Miziara. Espere para operar; amanhã bem cedo eu chego aí com o Zé Elias".

Se fosse em qualquer outro hospital especializado em câncer, eu não interferiria, mas o São Luís, apesar de excelente, é um hospital geral. No dia seguinte, decolamos no meu avião e antes das 7 horas da manhã já estávamos no hospital. Fui direto ver o Leandro que, apesar de assustado, estava em paz. O doutor Zé Elias acompanhou o médico e eu fui em seguida. Quando entrei, vi o Zé balançando a cabeça, olhando para os exames desanimado e lhe perguntei: "O que é?". Ele respondeu: "Isso não é o que eles estão pensando, Henrique; é muito pior. Se levarem o Leandro para a cirurgia, ele apaga lá mesmo. Isso aqui está entremeado a uma artéria e é um dos tumores mais raros do mundo; o caso não é cirúrgico e, com certeza, ele não deve ser operado".

A situação era delicada. Tínhamos de intervir com jeito, para não ficar a impressão que estávamos querendo tirar o paciente deles, mas enquanto no São Luís se operava um câncer de pulmão por mês, o Zé, lá em Barretos, operava vinte. Enfim, conversamos e ficou acertado, até para dar maior alento ao Leandro, que eles iriam consultar um especialista nos Estados Unidos.

Não foi fácil. Eu tinha me tornado muito amigo de ambos, e ver a angústia do Leonardo e o sofrimento do Leandro com a confirmação de que o caso era sério, raro e muito grave me afligia. Além disso, me vinha, inoportuno, o pensamento de que o fim da dupla seria o fim da minha esperança de fazer o show que salvaria o Hospital de Barretos de uma grande dívida.

Infelizmente, lá dos Estados Unidos, veio a confirmação do diagnóstico do doutor Zé Elias: tratava-se de um câncer gravíssimo, do qual, na história, só havia registro de seis casos semelhantes.

Quando Leandro voltou, começou a se tratar em São Paulo, e eu ia visitá-lo umas duas vezes por mês. Na primeira visita, já muito abatido, ele me pediu que, na próxima, eu lhe levasse o projeto das nossas futuras instalações, porque ele vivenciara a dinâmica da doença num hospital de primeiro mundo e queria trocar umas ideias comigo: "Agora sei como é essa doença. Vi as instalações lá nos Estados Unidos. A sua planta é pequena. Tem que ter laboratório, tem que ter isso e aquilo...".

Alguns dias depois, lá estava eu de novo, com o projeto. E foi justamente no dia em que ele aparecera na sacada do prédio, sem cabelo – efeito da quimioterapia – com a bandeira do Brasil nas costas. Eu estava lá e também uma centena de fãs que faziam vigília na rua. Eles eram mesmo muito queridos e até hoje o Leonardo, sozinho, levanta qualquer mídia. O povo o adora.

Quando o Leandro começou a dar palpites, insistindo, para que eu aumentasse a planta, fiquei pasmo. Nós já estávamos com 7 mil metros quadrados prontos, eu achava que estava no fim. As pessoas me criticavam, taxando-me de megalomaníaco, e ele querendo mais, enxergando além... Tão doente, magro, em uma situação terminal e querendo ajudar, fazendo planos, pensando nos outros. Era incrível! Com quanta grandeza humana eu já me deparei nesse projeto do Hospital!

Noventa dias após o diagnóstico, o Leandro morreu. Fui com o Rubiquinho Carvalho, um grande amigo, ao velório em um estádio de Goiânia. Foram decretados três dias de luto e, em todo o Brasil, houve uma comoção das maiores que eu já vi, que comprovou como Leandro e Leonardo eram queridos.

Desencontros

Com a morte precoce do Leandro, ficou a dúvida para mim: como fazer o show "Amigos" sem ele? E na esperança de que tudo se ajeitasse, fomos gravar um especial de final de ano, da Rede Globo, em novembro. O diretor artístico queria um grande show e me convidou para participar, levando os cavalos que apareceriam no espetáculo. Levei vinte cavalos de caminhão até São José dos Campos, onde seria o show.

Era fim de novembro, ou começo de dezembro. Quando o Leonardo subiu sozinho ao palco, o público – mais de 70 mil pessoas – ovacionou-o longamente, impedindo-o de cantar. Ele havia entrado cantando e chorando. Chitãozinho e Xororó, foram lhe entregar o palco e o abraçaram. Foi uma comoção geral aquele momento em que o Leonardo cantou sozinho, pela primeira vez, no show "Amigos" de final de ano.

Nessa ocasião sacramentamos o evento em Barretos; liguei para o diretor artístico; tudo estava certo, o show aconteceria. Fizemos 1 milhão de dólares em ingressos vendidos antecipadamente e, antes do espetáculo, fui ao banco e paguei o financiamento, integralmente.

Mas ainda não podia relaxar... Nas férias de julho de 1998 fui passar quinze dias na fazenda com as crianças e num domingo, assistindo ao programa do Faustão, escutei o anúncio de que, no dia 23 de agosto, – dia em que aconteceria o show "Amigos" –, o Faustão estaria fora do Rio de Janeiro e pela primeira vez em Barretos, realizando, lá, a final do concurso para eleger a substituta da Carla Peres, como "a loira do Tchan". Fiquei perplexo: "Mas como? Dia 23 é o dia do show "Amigos"! Como podem estar anunciando isso?".

Peguei o avião, fui para a cidade onde telefonei para meu amigo do clube, que era o diretor artístico da Festa do Peão: "O que está acontecendo aí? Eu vi hoje o Faustão anunciar que vai transmitir de Barretos a final do concurso que vai eleger 'a loira do Tchan'!". Ele disse: "É... vai. Acho que vão fazer as duas coisas, Henrique...". Desesperei-me: "Não! Eu já vendi 50 mil ingressos... como é que vão fazer na arena o concurso da 'loira do Tchan'? Não pode, não pode! Tem alguma coisa errada aí!" Ele respondeu: "A gente ajeita cada um de um lado... mas me ligue na semana que vem".

Na terça ou quarta-feira resolvi voltar da fazenda uma semana mais cedo porque não aguentei a angústia da incerteza. Chegando a Barretos, fui direto ao Parque do Peão para me encontrar com o presidente da festa, que disse: "Olhe, Henrique, não tenho nada para lhe dizer. Estou fazendo as minhas coisas e delas eu sei. Você, faça as suas". Ele foi meio ríspido comigo. Eu sabia que havia uma ala do clube que me achava meio aproveitador porque eu sugerira que o clube doasse parte da renda de algum dos shows para o Hospital, mas aquilo foi um choque para mim. Alguma coisa ali estava errada. Então lhe propus fazermos uma reunião no Rio de Janeiro com os diretores do programa do Faustão e do show "Amigos". Eu estava muito preocupado, pois já vendera todos os ingressos, pagara minha dívida e nem me passava pela cabeça devolver aquele dinheiro.

Marcamos, então, para terça-feira a reunião no Rio com o pessoal da produção do programa do Faustão. Saímos de Barretos juntos, eu pilotando o meu avião e ele sentado lá atrás, com alguns outros diretores do Clube. A reunião, porém, se mostrou inútil; o diretor do programa não esteve presente e voltei com a incômoda sensação de estar sendo enganado.

Pegamos o avião de volta para Barretos, eu ainda muito desconfiado e ansioso. No domingo seguinte, repetiram que o final do concurso para eleger a "loira do Tchan" seria em Barretos e na mesma data do show. Aí fiquei furioso, liguei para o diretor, e exigi que me desse uma resposta definitiva, porque eu teria que tomar algumas providências. Ele, então, me perguntou: "Você tem contrato, você tem algum documento?". "Eu não tenho nada. Até agora, tudo foi na palavra!". O diretor respondeu: "Então não tem jeito, Henrique, você vai ter que cancelar o seu show..." Eu me lembro bem da minha resposta: "Eu não tenho contrato, mas tenho a bênção de Deus e não vou perder isso!".

Desliguei o telefone, fui ao clube e vi o então presidente da festa sentado com seis diretores da TV. Faltavam dez dias para o evento e eles estavam tendo uma reunião! Meti o pé na porta e fui entrando. "Cara, olhe o que você está fazendo! Se tivesse assumido antes e jogado às claras, me daria uma chance de tomar outra atitude. Você deixou a situação chegar e esse ponto para eu não ter fôlego, não ter mais tempo!". "Olhe, Henrique, vá procurar seus direitos, que eu cuido dos meus. Vire-se!".

Então o caldo entornou. Parecia que a terra se abrira embaixo de mim ou que tudo desabava na minha cabeça. Eu não acreditava que tinha sido tão enganado e que aquilo estava mesmo acontecendo.

Aí de quem me lembro na hora? Fui para o meu escritório, passei a mão no telefone – em dez dias seria o show – e liguei para Marlene Matos: " Marlene, cadê a Xuxa? Eu preciso chegar até ela e contar o que está me acontecendo."

Eu já tinha vendido os ingressos e agora de verdade estava com medo. Eu não tinha documento, nenhum papel escrito, não tinha nada. Lembro--me do seu conselho: "Henrique, você sabe que o que apaga fogo é fogo de encontro?" "Sei, isso é um ditado da roça, da minha cultura." "Então, está bom. Pense sobre isso, pense grande, deixe de pensar pequeno."

Eu não atinei com o que ela queria dizer com isso mas ela continuou: "Daqui a pouco eu ligo para você. Se eu não ligar, alguém vai ligar por mim. Eu já havia comentado com a Xuxa, dia desses, que você estava angustiado; mas ninguém de nós acreditava que isso pudesse ser verdade." E repetiu: "Apague o fogo com fogo de encontro". Aquilo ficou na minha cabeça e algumas horas depois fui para o meu rancho onde o doutor José Carlos Zaparoli, um médico meu amigo, estava à minha espera e me obrigou a tomar um calmante, avisando: "Tome pelo menos a metade porque tem dez pessoas esperando você lá no escritório. O pessoal do clube está lá com um documento para você assinar; tome o remédio aqui para ir se acalmando um pouco."

Quando cheguei ao escritório, as coisas se definiram: "Henrique, fomos obrigados a trazer para você o cancelamento e a proibição do seu show nas dependências do clube Os Independentes, assinado pelo presidente como você queria." Olhei em volta e minha vista escureceu. "Então, agora é guerra!" A necessidade das guerras a gente entende nessas horas. "Vou perder 1 milhão de dólares por vaidade, por orgulho; não é possível! A única coisa que eu tenho é a minha fé e vou guerrear até o último segundo."

Meia hora depois, a telefonista me avisa que o Magrão (Roberto Manzoni), do SBT, queria falar comigo. Peguei o telefone: "Ô, Prata!" Ele fala desse jeito. "Ô Prata, você está bem? Sei que não, mas me ouça. Você tem material aí para apresentar um bloco de uns quinze, vinte minutos no Programa do Gugu (ainda no SBT) e abrir o jogo na mídia?" "Claro, o que não tenho eu arrumo." "Então, pegue tudo que tiver e se prepare; ouvi dizer que você gosta de falar e vamos lhe dar uma força aqui. Vamos entrar um domingo antes e escancarar que um concurso de bunda vale mais do que uma ação benemérita. Você vai ter vinte minutos de liberdade para dizer o que quiser." "Nossa Senhora! Eu tenho material demais, moço, nem acredito que vou ter essa oportunidade."

Procurei o diretor do show e não o encontrava. Finalmente, o localizaram em um hotel em Goiânia onde preparava um especial de fim de ano, também dos Amigos, um tributo ao Leandro; estavam lá todos os demais participantes do show. Aproveitei e contei tudo aos empresários de todos eles; o Leonardo não fugiu ao seu estilo e mandou me dizer que eu não medisse as consequências, que ele assinaria embaixo e mais, se não nos dessem o lugar para fazer o show, faríamos no parque, no aeroporto, no cemitério, onde eu quisesse. Se fosse preciso, ele cantaria sozinho por duas horas.

Então fui preparar o material e os depoimentos. "Deus sabe o que faz! Que me ajude para que eu não perca a cabeça agora; se isso acontecer antes desse dia ponho tudo a perder."

Bom, aí naquela angústia, naquele sofrimento, recebo às cinco horas da tarde um telefonema da rede Globo: "Olhe, sou da diretoria da Globo e precisamos que o senhor dê um pulo aqui ainda hoje, por favor. Pode ser? O senhor pode trazer também o presidente do clube?" Concordei apesar de tudo. "Então, está bem. Às sete horas eu os espero no Teatro Fênix com toda a diretoria."

Chegando lá, havia vinte diretores à mesa nos esperando; sem brincadeira, vinte! Aí levantou-se um dos diretores e me disse: "Senhor Prata, estamos aqui nos desculpando porque não sabíamos que a data combinada com o Faustão, já era do Hospital de Câncer, uma obra que tem muito merecimento. Por isso estamos reunidos em nome da rede Globo, querendo saber se lhe causamos algum prejuízo financeiro, e lhe avisando que cancelamos o concurso do Faustão em Barretos." Eu fiquei pasmo, sentei e até quis chorar. Em seguida, levantei-me, saí dali, procurei um boteco lá perto do aeroporto e enchi a cara. Sei que bebi – eu bebo um chope e já fico bêbado – o suficiente. O presidente foi para o aeroporto sozinho, sentado no saguão, de cabeça baixa.

Entramos no avião, eu imensamente feliz, aliviado por dentro, querendo estar de joelhos, agradecendo a bondade de Deus por tudo ter se ajeitado da melhor maneira e termos garantido aquela grande arrecadação que nos livraria de uma enorme dívida.

Se minha fé se fortalecia, minha responsabilidade aumentava. Eu devia fazer sempre mais e melhor para o Hospital e seus doentes. E a luta foi recompensada, porque o show foi um êxito – fizemos 1,1 mil dólares, e jamais esquecerei a alegria do Leonardo.

Em 1998, apesar dos percalços e das lutas, também aconteceram coisas muito boas. Conheci outras duas pessoas maravilhosas e importantíssimas para a vida do Hospital: Alexandre Pires e Ivete Sangalo.

Sempre que um artista estourava na mídia nacional, direta ou indiretamente ele vinha até nós e se tornava parceiro do nosso projeto. Foi assim que conheci o Mineirinho, Alexandre Pires, que fazia um grande sucesso com o grupo Só Pra Contrariar e que, num show, levara a Ivete Sangalo como convidada especial.

Conversando com a Ivete, eu lhe pedi um show em Jaguariúna. A cidade paulista tem, também, tradição em rodeio com a apresentação de cantores populares, e a renda de um dia de show seria doada ao Hospital de Câncer de Barretos. E quando contei ao Alexandre Pires a história do nosso projeto, ele, muito generoso, ficou sensibilizado e prometeu colaborar, mesmo sem conhecer o Hospital. Propôs, inclusive, dois shows – um em Campinas e outro em São Paulo – para me ajudar com o décimo terceiro salário. Era incrível e praticamente espontânea a adesão dos artistas ao nosso projeto, um contaminando o outro e todos reconhecendo a enorme importância daquele trabalho social.

Todos esses acontecimentos, difíceis ou felizes, só confirmavam que as únicas armas de que eu precisava na luta eram as bênçãos de Deus.

■ Capítulo 7

Hospital sem pai

Para continuar a história, tenho que me deter, agora, num aconteci-mento muito triste, que eu estava evitando, porque ainda me afeta.

O crescimento do Hospital era evidente: já tínhamos o pavilhão de radioterapia, o de radiologia e estava sendo finalizado o de quimioterapia com ala para adultos e ala infantil, que levaria o nome da Xuxa. Parecia um supermercado ou um shopping center de tantas galerias, tantos espaços.

Meu pai, embora fosse pouco expansivo, devia se sentir extrema-mente feliz, recompensado ao ver que a realidade suplantara o sonho. Um dia, ao inspecionarmos as obras que estavam sendo concluídas, ele se es-pantou: "Filho, acho que exageramos! Isto está enorme! Quando é que isto aqui vai encher?".

Era incrível a mudança! Se antes o espaço era pequeno e atendíamos os doentes na rua, tal a demanda, agora a preocupação era exatamente a oposta: conseguir preencher aquele espaço imenso. Mas, para nossa sur-presa, em torno do segundo mês, o espaço já estava de novo pequeno. A carência, a falta de hospitais, a falta de atendimento, a miséria do país, que foi tão desonesto com o dinheiro na área da saúde, não nos permi-tiam ter espaços ociosos.

As ações de prevenção cresciam, deixando meu pai eufórico, e sentía-mos que aquele era o caminho certo. Foi um período em que estivemos sempre muito próximos e eu cada vez mais encantado com meu pai. Nossa parceria no trabalho em prol do Hospital já tinha praticamente uns nove anos e eu era muito grato pela oportunidade de estar aprendendo e usufruindo de um convívio tão especial.

Realmente eu tinha a necessidade de ídolos. Quando criança, meu avô; já homem, na maturidade, meu pai. Eu precisava de ídolos ou tive o privilégio de conviver com homens tão incríveis, determinados, e não pude deixar de admirá-los e tentar seguir-lhes os exemplos... Eu fazia planos para o futuro com meu pai, para alegrá-lo e motivá-lo. Queria fazê-lo feliz; sabia que sua saúde estava comprometida e que talvez nosso tempo juntos não fosse tão longo.

Morte de meu pai

Numa ocasião, levei meu pai a São Paulo para experimentar um novo tratamento contra o câncer de próstata: a braquiterapia. O doutor Zé Elias Miziara tem um irmão, doutor Miguel Miziara, na Santa Casa de São Paulo, especialista no assunto, e papai foi internado lá. O tratamento era deprimente: colocavam-se agulhas na próstata e tinha-se que dormir com aquilo. Passei um dia e uma noite no Hospital com ele, e acompanhar seu sofrimento me angustiava muito.

Papai tivera aquele enfarto em 1985 e muitas vezes discutíamos porque ele não fazia os exercícios recomendados, a dieta e as revisões necessárias. Ele não aceitava controle. Adorava comer – uma das suas poucas paixões – e encontrava na neta Daniela Prata Amendola companhia para conhecer novos restaurantes quando ia a São Paulo. Dani, a primeira neta, filha da minha irmã Bia, era apaixonada por culinária e inteligentíssima. Cristina Prata Amendola, a segunda da Bia, também era uma companhia querida para meu pai. Não sei se na época ela já queria ser médica; hoje é a única da família a seguir o avô na profissão. Meu filho mais velho, o Henrique, já estudando em São Paulo, tinha com meu pai prosas intermináveis e também pôde aproveitar a companhia do avô, que esteve muito presente na vida dos netos mais velhos.

Numa manhã, 13 de maio de 1997, data da reunião dos curadores, cheguei ao Hospital e meu pai me vendo chegar acompanhado pelo Boian, veio até mim, pôs a mão no meu braço e, comovido, disse que passara muito mal durante a noite. Vi que seus olhos se encheram de lágrimas, o que me deixou extremamente preocupado. E, apesar de ter desavenças administrativas com minha mãe, fui procurá-la no velho Hospital São Judas.

Mamãe iria para a fazenda, coisa que sempre fazia quando desconfiava haver fruta madura por lá; mas aquele não seria um bom dia para ela viajar e lhe pedi que não fosse. A fazenda ficava no Paraná, a 420 quilômetros de Barretos, e aleguei que se o papai se queixara para mim, a coisa deveria ser realmente séria. Não consegui demovê-la da ideia, mas ela me garantiu que no dia seguinte estaria de volta.

Naquela noite ligaram-me do Hospital São Judas, avisando que papai passara mal e tinha ido para lá. Saí correndo de casa, o coração na boca, e assim que cheguei me disseram que ele estava morto. Tinha chegado sozinho e pedira que lhe medissem a pressão. Estava muito mal e teve uma parada cardíaca fulminante. Olhei o relógio, era meia-noite.

A minha sensação de desamparo foi enorme; por ele, que morrera sozinho, sem nenhum de nós perto e por mim, que pela segunda vez perdia alguém determinante na minha vida e me sentia completamente órfão. Em seguida, foram chegando meus irmãos, Caia, Paulinho e ficamos ali sofrendo juntos a perda do pai, um homem exemplar do qual sempre nos orgulharíamos.

Mandamos buscar a minha mãe, que mal havia chegado à fazenda, e velamos o papai em nossa casa. Estava previsto que fosse enterrado no jazigo da família, onde já estavam meu avô, minha avó e minha irmã, mas o Luiz Antonio Zardini me fez o seguinte pedido: "Henrique, nós aqui, os funcionários, ficamos pensando que seu pai deveria ficar no Hospital que ele tanto amou. Devíamos enterrá-lo no jardim!". Concordei imediatamente, sentindo que aquilo seria perfeito para ele e para nós, que sempre o teríamos por perto de uma certa maneira. Ligamos na hora para o doutor Uebe Rezek, o prefeito, que autorizou por telefone, e assim lá o enterramos.

Sou absolutamente convicto de que o doutor Paulo aprovaria o que fizemos porque ele descansa onde viveu e trabalhou. Recebemos mais de 150 coroas de flores e o Corpo de Bombeiros acompanhou o féretro. Foi uma comoção. A cidade parou. Nem mesmo uma brisa soprava e fez-se um silêncio absoluto na cidade.

Antes da missa de sétimo dia, minha mãe e eu fizemos um pacto de nos respeitar e honrar a memória do meu pai, acabando de vez com os desentendimentos. Pedi, também, que o Edmundo Carvalho Mauad voltasse às suas funções. Eu havia limitado seu raio de ação, mas as coisas deveriam voltar ao normal.

Com frequência, me via pensando no meu pai, que nunca esperei perder tão cedo, lembrando que um dia ele me elogiara muito para Dom Antonio: "Eu nunca acreditei que o Henrique tivesse capacidade para realizar tanto, Dom Antonio. Sempre duvidei, por ser uma atividade tão diferente da pecuária. Ele se mostrou, porém, um grande administrador, um grande gestor, um cara de visão". Isso Dom Antonio me contou; pois a mim mesmo papai nunca disse nada. Apenas uma vez, dando-me um beijo na testa, disse que estava muito orgulhoso por me ver tão motivado e que se sentia ainda mais eufórico vendo o seu sonho, que acabamos sonhando juntos, praticamente realizado. Relembrar isso tudo me deixava com a alma lavada, a consciência em paz.

Novo anjo em minha vida

Meses depois da morte do meu pai, surgiu na minha vida um verdadeiro anjo chamado padre André, que havia sido por 25 anos pároco da Igreja Nossa Senhora do Rosário, perto do Hospital. Ele não era como alguns padres que decoram o texto e falam bonito para agradar, não. Falava duro, falava sério, convicto do que era certo, e eu sempre admirei as pessoas que não fazem média com ninguém.

Um dia, padre André veio até mim e me comunicou: "Henrique, me aposentaram. Acho que só tenho um pouco mais de tempo de vida e, agora que não sou mais responsável pela paróquia, quero ajudá-lo. Quero fazer alguma coisa pelo alojamento, que está muito ruim". Espantei-me: "Ruim, como? Minha irmã é que toma conta, mantém tudo arrumadinho. Ali tem comida, roupa lavada..." Ele completou: "Sim, mas as pessoas têm o lado espiritual; também precisam de entretenimento..." Eu me deixei convencer prontamente: "Lógico! É ótimo saber que o senhor quer nos ajudar! O que o senhor quiser, faremos. O que vai ser?". Ele sugeriu: "Vamos pensar em alguma coisa melhor para quem precisa do alojamento; uma casa com conceito próprio para atendê-los. Vou fazer 80 anos e meus primos, da Itália, querem me dar um presente; vou lhes pedir ajuda para esse projeto".

Padre André me contagiou com seu entusiasmo e, desse modo, nos tornamos grandes amigos. Sempre foi muito importante para mim ter uma âncora de ajuda e referência. Sempre acreditei que ter pessoas assim ao meu redor era um privilégio. Entreguei-me de corpo e alma; começamos a trabalhar juntos e, mesmo com muitos problemas, me entusiasmava ver a energia daquele homem octogenário iniciando um novo projeto como se fosse um jovem! Ele motivou os primos italianos, as pessoas de Barretos da sua ex-paróquia, e os meus colaboradores, que se encantavam com ele e com a sua força.

A partir da doação de um terreno, em aproximadamente um ano ergueu-se um alojamento para cinquenta leitos, com entretenimento, aulas de corte e costura, refeitório e muita dignidade. Como ele tinha razão! E como ele me motivava! Com seus 80 anos, contaminava a muitos com sua energia. Quando finalizamos esse primeiro projeto, ele simplesmente me disse: "Vamos erguer outro, Henrique?". Como se tivéssemos ali uma linha de montagem...

Eu sei que nada o saciava, nada. E ele era um crítico muito severo, que sempre me dava uma cutucada cobrando melhorias: "Você pode melhorar isto, você pode melhorar aquilo". E eu pensava: "Mas nós somos melhores que a maioria, e ele ainda vem aqui, com a maior naturalidade, e nos manda melhorar?".

Desse modo, fui me apegando muito ao padre André. Meu diretor espiritual sempre fora Dom Antonio, mas como ele estava morando em

Botucatu, já não tínhamos mais a mesma proximidade; então aquele santo foi se tornando meu conselheiro, me orientando nos rumos a seguir, balizando as minhas atitudes, querendo sempre mais e melhor. Era uma pessoa que expandia os limites do que já era bom e queria, para todos, que o amanhã fosse melhor do que o hoje. Olhava para mim sempre sorrindo, brincava muito e me fazia rir; era, porém, extremamente enérgico e sabia exatamente o que queria. E, na falta do meu pai, ele, de repente, se tornou meu espelho. Era aquela força do amor, que transbordava por todos.

A história do padre André foi especial. Nosso convívio durou até 28 de outubro de 2010, e tenho ainda muito o que contar sobre ele para que todos saibam que Deus me deu um anjo como colaborador.

O Hospital sem doutor Paulo

Logo que meu pai morreu, senti-me inseguro em relação às questões médicas porque eu tinha confiança absoluta nas decisões do doutor Paulo Prata e, portanto, nunca me envolvera. E se eu podia contar, então, com a força de trabalho do padre André na área social, precisava também de alguém na área médica.

Assim se passaram alguns meses e, como em qualquer outra empresa, no Hospital se formaram duas alas para ocupar o vácuo que a morte de meu pai deixara. Uma das alas estava centralizada num médico mais velho, um grande líder, muito articulado, que era o doutor Miguel e, a outra, liderada por um jovem médico, o doutor Antoni Talvane Torres de Oliveira, um alagoano de muita personalidade, que estava fazendo uma bonita carreira dentro do Hospital. Mas ambos começaram a discordar em alguns pontos. Decidi, então, pôr em prática um velho conselho do vô Antenor: para liderar, comandar, é preciso conhecer. E me vi diante da necessidade de aprender o que fosse possível da área médica. Logo comuniquei lá em casa: "Vocês agora vão preparar as férias e os caminhos da família independentemente de mim. De agora em diante, vou ter que me inteirar da área médica, aprender protocolos, entender de oncologia, porque não vou deixar à deriva, sem um rumo claro, esse navio enorme que construímos com muita luta". Aí minha mulher ficou muito brava, e com razão. Se eu já trabalhava muito, me ausentando de casa, imagine com aquela nova meta! "Pois é, mas as coisas estão tomando um rumo que não me agrada, estou preocupado e tenho uma enorme responsabilidade. Não posso evitar, vou ter que interagir melhor com a medicina".

Comecei, então, a pensar em qual seria o melhor caminho para fazer isso e, trocando ideia com o Edmundo Carvalho Mauad, meu cunhado, eu lhe disse: "Edmundo, vamos procurar os muitos serviços de primeira linha no Brasil e no exterior que sejam referência em câncer, porque eu tenho que entender para poder opinar. Até hoje sempre falei que não era filho do Paulo Prata para fazer o que faço, mas agora estou me sentindo vulnerável, perdi a minha referência".

Em seguida, marcamos com o hospital A.C. Camargo, exemplo do tratamento de câncer no país; depois fomos ao Rio Grande do Sul, a Belo Horizonte; comecei a andar para ver como se fazia oncologia no Brasil, como se pensava, quais eram os objetivos, quais os projetos, os planos diretores. E fiquei um pouco decepcionado, porque era só assistencialismo, sem nenhuma perspectiva de prevenção e pesquisa até mesmo na medicina privada. Então decidi: "Edmundo, no Brasil já vimos tudo; me ajude a achar o caminho lá fora".

Em 1999 fomos aos Estados Unidos, ao M.D. Anderson, o maior centro de oncologia do mundo, onde entramos pelas portas laterais, não pela frente, e ficamos uns quinze dias só observando e aprendendo o máximo possível.

Melhor do mundo para Barretos

Daí por diante estabeleci uma rotina anual de visitas ao que houvesse de melhor no mundo, levando comigo a minha diretoria médica. E a equipe começou a ver que não era brincadeira, que eu saía para comparar serviços, obter referências, ter segurança para optar pelo melhor rumo. Eu já tinha uma diretoria bem mais profissional, um corpo clínico muito participativo, e começamos a andar pelo mundo. Depois do M.D. Anderson, fomos para a Inglaterra e, a partir daí, nunca fiquei um ano, de 1999 até hoje, sem viajar com pelo menos cinco ou seis médicos, meus diretores. Alguns serviços que ainda não tínhamos, mas queríamos ter no Hospital, como ortopedia e transplante de medula, eu não deixei que fossem implantados sem saber primeiro como era que funcionava o melhor do mundo. Sempre tive bem claro: "Ninguém precisa inventar a roda. Vamos copiar". Era preciso ter muita humildade para aprender e isso me vinha muito forte da escola do meu avô. Na hora do aperto, eu sabia como me sair e minha credibilidade junto à equipe médica foi aumentando; comecei a participar de tudo o que devia ser feito. E os médicos tinham contato com a melhor medicina do mundo na especialidade de cada um.

Esse caminho foi determinante, porque administrativamente as coisas começaram a dar muito certo. Eu não tinha obrigação nenhuma de conhecer medicina, tinha, porém, necessidade de saber se o que estava sendo feito era correto.

Desde o primeiro momento após a morte do meu pai, deixei muito claro aos médicos que o único caminho para terem crédito comigo era que trouxessem o melhor dos seus congressos e dos seus estudos para dento do Hospital. Nunca me interessou o que o governo paga ou pensa; interessava-me apenas dar o remédio certo e o melhor tratamento.

Alguns médicos ainda argumentaram que os gastos seriam imensos porque o melhor também é o mais caro. Contudo, buscar recursos era um problema meu. Eu tinha como política administrativa e médica usar com os pacientes o que pudesse ser usado com nossos próprios filhos. Isso era minha segurança, minha baliza. Aí eu poderia pôr a cabeça no travesseiro e dormir em paz, sabendo que estava oferecendo a Deus um trabalho honesto.

Mudanças na gestão

É claro que problemas nunca nos faltaram e, depois da morte do meu pai, houve no Hospital uma modificação interna, decidida pela minha

Acima de tudo o amor | 117

mãe e pelo diretor clínico: visitas só seriam permitidas em horário estipulado, das três às quatro da tarde. Regular isso sempre fora uma atribuição do meu pai que me passara despercebida.

Um dia alguém me ligou pedindo autorização para passar a noite com o pai que estava nas últimas e – é claro – autorizei, achando meio estranho porque nunca tinha sido assim. Não dei, porém, maior importância. Depois o fato se repetiu com outro paciente. Eu estava em Rondônia, na casa de um amigo, quando me ligaram. Mãe e filhos haviam sido impedidos de visitar, à noite, o pai das crianças, que estava muito doente. Eu levei um susto: "Como? Isso nunca aconteceu! Tem alguma coisa errada aí. Não é possível!" e autorizei, porque para mim as visitas deviam acontecer como aconteciam no tempo do meu pai. Contudo, quando a família enfim pôde entrar, por volta de onze da noite, o paciente já havia morrido. Soube que eles haviam tentado visitá-lo pela manhã, à tarde e à noite e haviam sido barrados. A força do Hospital, sua diferença marcante era a acolhida, a compreensão das carências, o calor humano, e eu não deixaria que isso se perdesse.

Antecipei a minha volta e entrei no Hospital pisando firme. Naquela época eu ainda era muito impulsivo, muito brigão, e questionei a nova regra. Ouvi: "Uai, seu Henrique, faz algum tempo que temos uma nova portaria, assinada pela sua mãe e pelo diretor clínico, regulando as visitas...". "Pois essa portaria está revogada agora! Quem determina as coisas aqui sou eu. Vamos continuar funcionando como no tempo do meu pai; a mesma filosofia, os mesmos princípios". Assinei a nova portaria, tremendo, e impulsivamente fui à casa da minha mãe, onde, infelizmente, perdi a cabeça: "Você ficou louca? Assinar um negócio desses! Isso foge aos princípios da instituição, que é uma obra de amor! Não se muda nada do que meu pai fazia e que reconheci como certo. Vamos crescer mantendo a essência; oferecer calor humano para o ente querido em fase terminal é parte importante dessa essência. E saiba que eu revoguei o que vocês assinaram".

Voltei para o Hospital por volta das duas horas da tarde. Os cirurgiões estavam operando; inclusive o diretor clínico. O papel que eu assinara, preguei lá no centro cirúrgico, na frente de todos, e comuniquei a mudança que desautorizava a portaria assinada por minha mãe: "Nunca mais resolvam nada sem me consultar. Querem mudar, me participem! Vamos para o campo das ideias, da discussão e nossos funcionários devem entender que, se não respeitarem a minha assinatura, vão perder o emprego".

Saí dali furioso, rasgando tudo o que eles tinham assinado, e, aproveitando a confusão, mostrei o peso da minha autoridade determinando que durante noventa dias os acompanhantes poderiam estar 24 horas com seus doentes. Se eu fosse médico, privilegiaria quem estivesse em estado mais grave, mas como não sou, e para não errar, dispensaríamos a todos o mesmo tratamento por esse período. Só pedi que me dessem o direito de errar e, se fosse o caso, corrigir o meu erro.

Aquilo ficou assim estabelecido por uns bons seis ou oito meses, como experiência, antes de normatizar. E tudo ia bem, até acontecer um incidente com um acompanhante bêbado que tirou o paciente da cama, deixando-o no chão, e dormiu no lugar dele. Quando a enfermeira chegou ao quarto de madrugada, quis tomar uma atitude e quase apanhou do bêbado. Chamaram até a polícia para resolver o problema. Aí os médicos me pegaram pela palavra e, cheios de moral, vieram exigir que eu revisse a norma, alegando que o acompanhante quase matara o doente que, já fragilizado, dormira no chão frio. Tive que aceitar rever a minha conduta, mas propus uma votação que envolvesse médicos, enfermeiros e funcionários. E pedi que todos refletissem, porque nenhuma exceção seria aberta; mesmo que fosse com qualquer um de nós.

Fizemos um modelo de cédula com a pergunta: "É positiva ou negativa a presença do acompanhante?". Chamei a Magdalena Akemi Rodrigues Carneiro, a enfermeira-padrão, e lhe disse: "Faça uma reunião com os funcionários, com todos os que participam do processo de internação e avise-os. Para mim, o acompanhante até ajuda, e não é humano restringir a presença dele a meras visitas, mas vamos votar, democraticamente".

Acima de tudo o amor | 119

A imensa maioria votou a favor da norma que eu assinara. Os médicos foram contra, mas tiveram que aceitar, pois os que passavam mais tempo com os pacientes achavam importante a presença do acompanhante.

E desde 1997 até hoje essa é a norma do Hospital; acompanhantes no quarto a qualquer hora e, no horário de visitas, quantos familiares forem necessários. Para meu pai, estar com a família na hora da dor era um direito absoluto e inalienável do paciente.

Achar o caminho do entendimento foi um processo doloroso. Eu perdia a cabeça com facilidade, motivado pela vontade de acertar, segundo a escola de Medicina que meu pai deixara. Fui aprimorando o que ele já fazia, conquistando o respeito dos médicos, que viam que eu estava no rumo certo: os investimentos, a expansão, a eficiência e os bons resultados atestavam isso.

Preciso salientar, ainda uma vez, as palavras do meu pai, vendo os nossos equipamentos modernos e nossa medicina de ponta: "Henrique, não pense que isso faz alguma diferença; isso todos os hospitais privados têm e até alguns do governo. A diferença está na conduta humana que eleva a autoestima e a resistência do paciente".

Uma vez, fizemos juntos uma visita e vimos uma enfermeira, já pronta para ir embora, cortando a unha de um paciente, um peão de rodeio, amigo meu, já em fase terminal. Meu pai virou-se para mim, dizendo: "Essa mulher talvez esteja agradando muito mais a Deus do que eu ou você, que concretizamos esse projeto e damos todo o nosso potencial a ele. Ela já fez o seu trabalho, mas o amor, a compaixão pelo ser humano, fazem com que fique um pouco mais e a aproximam de Deus, para quem não é apenas o tamanho da obra que conta; o importante é que cada um aja com amor, na proporção dos seus dons, dos seus talentos!" E não era só ela; vários funcionários faziam mais que sua obrigação, davam o seu melhor ao paciente necessitado. E fomos, assim, nos aperfeiçoando, chegando a oferecer seis refeições por dia ao paciente e também ao acompanhante. Isso fazia parte dos meus planos, porque o bem-estar do paciente está intimamente ligado ao do seu ente querido.

- Capítulo 8

Progressos e problemas

Dando continuidade à história, quero relatar a vinda até nós do Gugu Liberato, que havia me dado, por meio do Magrão, a chance de aparecer no seu programa. Tive nessa ocasião a oportunidade de falar do Hospital e da nossa luta, sabendo que o Gugu também seria um personagem muito importante para nós.

E ainda mais: a Márcia Maia, estilista que vestia o Gugu, teve câncer de mama e, quando o Chitãozinho e Xororó foram ao seu programa, ele lhes pediu se não poderiam intervir para que a Márcia tivesse uma segunda opinião lá no nosso Hospital. Ela morava no Rio e eram muito amigos. Xororó me ligou, e aquilo foi muito oportuno, porque eu já estava querendo mesmo alcançar mais espaço na mídia e me aproximar do Gugu. Faustão e Gugu eram e continuam sendo a grande força da televisão. Têm os melhores programas do domingo, com grande apelo popular.

A Márcia foi então para Barretos, em companhia do Gugu, e os dois gostaram muito da abordagem multidisciplinar do tratamento que oferecíamos e da explicação detalhada dos médicos. No Rio, ela havia consultado separadamente o radioterapeuta, o quimioterapeuta, o oncologista clínico e o cirurgião. Em Barretos, ela foi convencida pela consistência da nossa proposta, com todos os profissionais envolvidos falando a mesma língua.

Progressos e problemas

Ficamos logo amigos e muito me impressionou a conduta do Gugu, na primeira quimioterapia da Márcia. Ele esteve o tempo todo, quase três horas, de mãos dadas com ela, dando-lhe apoio, num gesto de amor e solidariedade. E vendo de perto as nossas enormes dificuldades, propôs-se a nos ajudar com o projeto de um CD sertanejo. Ele me abriria portas, pondo-me em contato com vários outros artistas.

Adesões do meio artístico

Ao mesmo tempo, o Aloysio Legey, diretor do show "Amigos", trouxe até nós uma dupla que vinha crescendo muito, João Paulo e Daniel, também pessoas ímpares, maravilhosas, que por sua vez trouxeram Rick e Renner. A adesão do meio artístico foi crescendo e se consolidando.

Nesta história aparentemente só de sucessos, houve, porém, alguns percalços e um deles eu mesmo procurei. Tínhamos já construído e acabado mais dois pavilhões – o Sérgio Reis e o Chitãozinho e Xororó –, e quando Zezé e Luciano fizeram seu primeiro show, eu lhes mostrei o terreno demarcado e lhes disse que em um ano teríamos ali o pavilhão com o nome deles. Mas, por ocasião da morte do Leandro, eu, que ficara muito amigo de dona Carmem Costa, sua mãe, me sensibilizei com sua tristeza. E quando ela me disse que gostaria de ajudar ainda mais o Hospital para ter alguma coisa com o nome do Leandro, nem pensei duas vezes e falei: "Dona Carmem, não fique triste... Daqui a um ano a senhora estará inaugurando o pavilhão com o nome de seus filhos".

Fiz aquilo me guiando pelo sentimento de compaixão, mas quando o Zezé ficou sabendo da troca de nomes, um ano depois, ficou indignado comigo e se afastou. Eu gostava muito do Zezé e não lhe tirava a razão. Fiquei muito triste e chateado comigo mesmo. E assim eu perdi muito. Foi um passo atrás. Perdi o contato, a proximidade, e fiquei uns dois anos sem conseguir reatar aquela amizade por mais que eu tentasse. Finalmente, quem proporcionou a reaproximação foi o Luciano, que me disse: "Olhe, Henrique, explique para o Zezé o que realmente aconteceu e vamos acabar com esse mal-entendido". De cabeça baixa, pedi desculpas ao Zezé, expliquei as minhas razões, e pusemos uma pedra sobre o assunto. No mesmo ano eles me deram um show e no ano seguinte inaugurávamos o pavilhão Zezé Di Camargo e Luciano, um enorme projeto, que era a internação. Foi um final feliz.

Reconhecimento de excelência

Em 1999, quando o ministro da Saúde era o José Serra, foi feita uma pesquisa que avaliou aproximadamente 7,5 mil hospitais no Brasil. A pesquisa evidenciou a diferença entre a medicina privada e a medicina pública, ambas avaliadas com notas de zero a dez. Os hospitais privados apareceram na pesquisa com notas muito superiores, e o objetivo do Serra era equipará-los, estimulando o crescimento dos hospitais públicos por meio de uma disputa sadia. Todo ano seriam premiados com injeção de recursos e renovação de acervo os que apresentassem melhoria na qualidade, na humanização e tivessem protocolos definidos.

Convocaram em Brasília os representantes de todos os hospitais, para anunciar o resultado de uma nova aferição. Em torno de 2 mil pessoas lotavam o anfiteatro, quando anunciaram: "Incrível, há uma coisa diferente aqui, a melhor média de grupo é dos hospitais privados, porém a maior média individual é a de um hospital público, cuja nota é superior à de todos os privados, ficando com o prêmio de melhor conceito em humanização do país. É o Hospital São Judas... – existiam vários São Judas, pensei – ... de Barretos!". Não havia dúvida: o prêmio era nosso!

Quase caí das pernas, tremi na base... Eu me levantei, fui receber o prêmio diante de centenas de gestores. O José Serra o entregou dizendo que os dez hospitais que tivessem o melhor conceito em humanização seriam beneficiados pelo Ministério. Ele queria, em cada estado, um grupo de hospitais públicos muito bem equipados, no nível dos privados. Uma ideia bem inteligente, que abriu uma disputa saudável em busca de qualidade.

Por maiores que fôssemos, estávamos crescendo continuamente e sempre necessitados de tudo, inclusive de mais dois aceleradores para a radiologia. O Serra liberou para o Hospital no mínimo uns 3 milhões de dólares, só para as necessidades pleiteadas naquele momento junto ao Ministério da Saúde. E aí, então, o Hospital se tornou referência. Eu achava que ele era diferente, melhor; sabia que a escola do meu pai era especial; sempre tive essa convicção, intuitivamente; mas agora era preto no branco, atestado por pesquisas objetivas. Eu me assustei realmente; era muita responsabilidade ser o número um em humanização.

Então, num domingo, o Serra foi ao programa do Gugu e comentou a história da pesquisa, e quando o Gugu lhe disse que era meu amigo, o Serra aproveitou: "Estou doido para conhecer esse projeto, que me chamou muito a atenção! Como é que atendendo só ao SUS – naquela época nosso atendimento era de 98% –, eles conseguem essa performance, essa organização, Gugu?" O Gugu rapidamente me ligou, para contar o desejo do ministro.

Lembrei-me então de que meu pai o admirava porque ele conseguira que aprovassem uma lei, no Congresso, que obrigava o governo a destinar uma porcentagem fixa do PIB para a saúde. Meu pai dizia, convicto: "Não se toca um país com a vontade de cada um; tem que haver a lei para determinar o que deve ser feito do orçamento, da arrecadação, para fazer justiça". E eu, que sempre detestei política, me vi pensando: "Não, esse homem é diferente; ele pode vir que o receberei com tapete vermelho".

Provocou uma mudança, até em meus preconceitos, a forma como as coisas aconteceram: em vez de ser convidado, o Serra se convidou para ir conhecer o projeto. Nesse meio-tempo já existia alguma participação, mas muito espontânea e muito pessoal, do deputado Vadão, mais como pessoa física do que como deputado. Ele criara o primeiro leilão fora de Barretos, agindo muito mais como cidadão do que como político. Eu o respeitava, fomos ficando mais próximos e sempre lhe agradeci muito pelo que fazia.

Grande transformação

Serra foi então visitar o Hospital e levou consigo uma grande transformação. Ele pôde conhecer a magnitude do projeto e dos seus

Acima de tudo o amor | 25

problemas. O governo sequer tinha códigos para cobrar coisas simples como próteses, que eram vitais para restabelecer a dignidade dos doentes.

Quero deixar registrado que, mesmo tão descrente da política, eu não me omitiria nunca e, governo após governo, pedi a todos – principalmente porque o Hospital já tinha presença e visibilidade na mídia, o que nos dava força e credibilidade para apresentá-lo. Bati à porta de todos os ministros da Saúde em início de mandato, mostrando a importância de se oferecer um tratamento mais amplo e mais honesto para quem dependia do serviço público. Mas nunca consegui nada. Conversei inclusive com o professor Adib Jatene, ministro da Saúde no governo Collor, que elogiou a ideia de medicina multidisciplinar e a visão do meu pai, mas aconselhou que não mantivéssemos somente o atendimento pelo SUS porque era fundamental criar uma receita proveniente do atendimento privado. Então, eu disse a ele: "Eu vim aqui para lhe pedir uma ajuda, não para ouvir que eu devo desistir de uma coisa que sei que posso, que sou capaz de fazer. Eu confio na providência divina, a minha fé não me permite pensar racionalmente. As instalações do SUS, se comparadas às instalações privadas, são péssimas; os medicamentos, infinitamente inferiores; os processos todos, desiguais; a diferença é muito grande. O senhor vai me desculpar, eu não concordo com isso".

Voltei para Barretos, mas, em vez de desanimado, saíra de lá mais forte: "A fé pode mais que a razão".

Três dias depois, num domingo de manhã, o seu Rubico Carvalho, um grande amigo, tocou a campainha da minha casa: "Henrique, eu vim porque o ministro está muito preocupado, pede encarecidamente para você cancelar esse projeto e só realizá-lo se fizer medicina privada para lhe dar sustentação". Respondi: "Seu Rubico, ele tem o direito de pensar assim e eu o respeito; o cargo que ele ocupa é muito importante e com certeza foi conquistado por mérito. Mas minha competência não vem da matemática nem da razão; vem do meu coração, da minha fé. Eu penso de outro modo e nada tenho a ver com essa medicina de ganho financeiro; isso não faz parte do meu currículo. Minha medicina é dar a um paciente pobre, que espera na fila, o direito a tratamento trinta dias depois do primeiro diagnóstico de câncer e com a mesma qualidade".

E quando o José Serra nos visitou, fui muito sincero com ele e lhe contei todas as decepções que eu havia tido com os políticos. Ele me disse: "Henrique, mas você está errado. Pensando dessa maneira, você só vai deixar espaço para os maus projetos serem vitoriosos. O seu é excelente; vamos levá-lo a Brasília e derrubar esse preconceito. Temos as emendas da bancada, o dinheiro do orçamento e os recursos obrigatórios do estado e dos municípios". E, para não ser omisso, resolvi tentar mais uma vez.

A ideia era reunir os deputados de São Paulo em um jantar para fazer a apresentação do projeto. Em um mês, reunimos o deputado Vadão, o Serra e mais uns sessenta e cinco deputados. Levei também comigo o Sérgio Reis. O Serra discursou durante o jantar, depois o Sérgio Reis, e boa parte da plateia de deputados chorou.

No dia da votação, foi como tirar doce da mão de criança. Foi a emenda mais votada. Antes era só o Incor que garantia dinheiro das emendas, mas daquela vez conseguimos entrar no jogo e me lembro perfeitamente que o Hospital deu um show de bola e eu tirei o chapéu para o Serra. Esse homem enxergou, na visita ao Hospital, a necessidade de códigos de câncer que ainda não havia na saúde e que eram fundamentais. Nós atendíamos, mas não havia jeito de cobrar... Ele teve atitude! Em quinze ou vinte dias os códigos já estavam publicados no *Diário Oficial*. Ele agiu rapidamente, beneficiando o Brasil todo.

Depois que Serra avalizou, recebemos 5 milhões de reais – que naquele tempo era muito dinheiro. O projeto que englobaria a cirurgia, a UTI e a internação demandaria no total uns 15 milhões. Eu já vinha fazendo as campanhas de praxe e com mais aquele dinheiro faríamos os três pavilhões ao mesmo tempo. E eu pensava: "Onde é que estão nossos governantes que não enxergam isso? Sempre conseguimos dinheiro para fazer um de cada vez, e agora, com uma simples decisão política do ministro, nasce uma força absoluta, que nos permite erguer juntos os três pavilhões!".

Era muito grande, muito audaciosa aquela obra e o Boian me perguntou: "Henrique, e se no ano que vem nós não conseguirmos, como vai ser?". Era uma dúvida cabível, mas não para mim, que estava cheio de confiança. "Vamos lá Boian, abra o leque aí e faça a fundação dos três pavilhões; um só não adianta. Depois fica emperrado, vira um elefante branco e não funciona, porque um depende do outro. Boian, observe bem até aqui a generosidade, a bondade de Deus, e vamos confiar. Nunca tivemos dinheiro para fazer mais que um por vez, demorando dois anos. Agora, de uma hora para outra, ficou tudo mais fácil com a vinda do Serra". Ele pensava, como eu, que o SUS deveria ter qualidade e espelhar-se na iniciativa privada para atender em igualdade de condições a população carente que necessitasse de tratamento na doença, na velhice e no fim da vida. O Serra tinha um grande coração.

Fiquei muito amigo de um assessor dele, que era o doutor Nico Otero, cujo apelido era Tota. Todo mês eu estava à porta do Tota, contando-lhe as novidades, dando-lhe satisfação... e pedindo ajuda, é claro. As coisas haviam mudado muito, para melhor, e sei que existem outros homens assim, mas o primeiro que eu vi, o primeiro que me convenceu foi realmente o José Serra, que abriu o Hospital para esse grande crescimento, quando chegamos a ter a capacidade dobrada do dia para a noite.

Expansão

Em dois anos e meio, estava pronta a expansão, tornando imenso o nosso Hospital. Havia lugar onde pôr o nome do Gugu, do Daniel, do Gian e do Giovani, que também haviam entrado naquela época, Zezé e Luciano, Sandy e Júnior... Havia tantos pavilhões que sobrou lugar para os nomes. Ter feito aquela obra gigantesca me deixou eufórico. Se proporcionasse tratamento de câncer para uma pessoa a mais, já me satisfazia, que dizer de ter o atendimento dobrado!

Eu estava no céu! "Agora essa fila vai encolher. Podem vir pacientes do Brasil inteiro para cá, porque vamos ter capacidade de atender". Naquela época, porém, tínhamos 800 mil reais de prejuízo por mês. O Hospital gastava 2,8 milhões de reais e o SUS pagava apenas 2 milhões de reais; uma parte dos recursos sempre faltava. Eu, tão eufórico, contratava médicos e funcionários, pensando em crescer e crescer, porque o câncer tem pressa.

Antes da inauguração, fiz uma viagem com a família e, quando voltei, havia no Hospital uma armadilha preparada para mim. Eu olhei e não entendi direito. O diretor clínico era o doutor Miguel Aboriham Gonçalves, companheiro do meu pai, um dos primeiros médicos que abraçaram a causa, profissional extremamente competente, chefe da radiologia. Cheguei eufórico, porque faltava apenas um mês para inaugurarmos os três novos pavilhões, e ele foi à minha sala: "Ô, Henrique, eu tenho um negócio aqui...". E, muito habilidoso, articulado, negociador: "Temos uma oportunidade ímpar, e como você não estava, tomei a frente para não perdermos o negócio, que agora só depende da sua assinatura. Eu e sua mãe fizemos uma reunião com os médicos e assinamos um convênio para usar 30% das novas instalações no atendimento à Unimed do interior do estado de São Paulo".

Eu o olhei firme e diretamente e disse: "Não acredito! Quero ver se você assinou esse documento, se minha mãe também assinou, porque só acredito vendo." Ele não entendeu: "Por quê?" Respondi: "Porque só pertence a mim essa decisão! Tenho esse direito porque corri atrás, construí e viabilizei esse projeto. Então, se vamos dobrar o atendimento do SUS, o problema é meu; se o déficit vai aumentar, o problema é meu." Ele ponderou: "Henrique, entenda uma coisa: nós fizemos a reunião e chegamos a um consenso. Todos, inclusive o Zé Elias, que é seu guru, concordaram... E a nossa ideia qual foi? Atendemos a mil pessoas por dia. Se fôssemos reduzir o atendimento, você poderia achar ruim, mas não; nós vamos atender a duas mil: 600 conveniados e 1.400 do SUS, portanto até o SUS aumentaria. Nós só nos antecipamos porque é um negócio extraordinário e, se não pegarmos, outros vão pegar. É uma chance única, porque se por acaso perdêssemos você, o que faríamos? Não teríamos condições de continuar, não temos a sua fé, nem a disposição que você tem de pedir,

Acima de tudo o amor   129

de se humilhar todo dia. Nós somos médicos, profissionais, não há ninguém aqui capaz de fazer o que você faz".

Com certeza era voz do bom senso, mas eu não ouvi. "Miguel, você ficou louco, perdeu a noção das coisas? Preste bem atenção no que você está falando. Pela primeira vez conseguimos dinheiro público para ajudar os pobres e vocês me assinam isso para ganhar dinheiro para o Hospital? Vocês tinham que saber, pois nunca menti a ninguém, muito menos a vocês, que só estou trabalhando aqui para tocar do jeito que eu acho que funciona para agradar a Deus. É dele que vem a minha força e, com certeza, as nossas conquistas. Eu peguei o Hospital com 90% de SUS; hoje estamos com 99%, e fiquem certos que assim vai continuar!". Aí eu fiquei muito bravo e fui até minha mãe: "Mãe, você assinou o documento junto com os médicos?" Ela explicou: "Filho, todo mundo ficou preocupado, porque dobrando o atendimento, vai dobrar o déficit e você pode ter um enfarto, como seu pai teve, porque vai ficar inviável administrar essa dívida". Eu estava inconformado: "Mãe! A senhora é uma mulher de fé. Quantas provas mais serão necessárias para se convencer de que só chegamos até aqui pela ajuda de Deus? De uma hora para outra nós, que não tínhamos dinheiro para fazer um pavilhão, fizemos três! A senhora sabe do que eu estou falando". Mas eu não tinha como fazê-los sentir o que eu tinha no coração, a intimidade que eu estabelecera com Deus, a minha certeza de que com fé se transportam montanhas! Infelizmente, eles, como a maioria, se guiavam apenas pela razão.

Batalha

Foi uma batalha muito triste aquela. As coisas pioraram e eu sofri na pele. Passados alguns dias – era fim de julho, faltavam cinco dias para o mês acabar –, recebemos um telefonema do secretário da Saúde do estado: "Ô, Prata! Tudo bem, Prata?". Ele parecia meio seco ao telefone. "Olhe, Prata, você vive aqui me amolando com negócio de teto e antes que você ponha em funcionamento o seu novo serviço, estou lhe avisando que, por escassez de recursos do Estado, estou diminuindo 30% do seu teto". "Como assim? Explique aí, porque eu ia falar com o senhor e com o governador justamente a respeito disso: meu movimento vai aumentar daqui a dois meses; eu preciso ampliar o teto e o senhor me vem com essa conversa?" Ele continuou: "É, você sempre está por aqui fazendo pressão, mas agora precisa aceitar que para tudo há um limite". Comentei: "Olhe, secretário, isso não está me cheirando bem. Acabo de recusar, não sem briga, uma proposta dos médicos para atendimento conveniado... No mínimo é muito estranha esta coincidência". Ele continuou: "Não tem nada a ver com médico. É uma decisão técnica." Para se ter uma ideia, se o meu contrato fosse de 1 milhão, ele estava me dizendo que naquele mês eu só receberia 700 mil; diminuindo, em vez de aumentar.

Perdi a cabeça naquela hora; xinguei, bati o telefone na cara dele, fiquei como um louco. Logo em seguida, porém, me peguei pensando: "Eu nunca estou sozinho, Deus sempre me abençoou. Vou achar um caminho".

Fui à rádio, fui à televisão, fui a tudo quanto é lado; me reuni com as entidades de classe em Barretos, pedi, implorei: "Me ajudem a conseguir 50 mil assinaturas aí, para derrubar o secretário da Saúde, que entrou na barca dos médicos e mandou reduzir nosso atendimento, quando a demanda já é dez vezes maior que a nossa capacidade". O Luiz Antonio Zardini foi para um lado, eu para outro, pegamos uns vinte, trinta municípios ali em volta, sexta, sábado e domingo.

Eu me lembro que o Geraldo Alckmin havia assumido o governo fazia uns quatro meses, porque o Mario Covas havia morrido de câncer. Herdara todo esse processo com um secretário de saúde burocrático, aquele mesmo que nos deixara onze meses com o acelerador fechado... E quantas pessoas morreram com dor e sofrimento por causa daquilo? Mas Deus sabe o que faz.

Aquele secretário já não me engolia, a coisa ferveu e eu fiquei acuado. Então, lembrei que o Gugu Liberato era membro solidário da ação social do governo e liguei para lhe perguntar se ele ainda tinha o tal cargo. Ele estava saindo de casa naquela hora. Eu nunca havia ligado para ele no seu celular privado. Fui direto: "Gugu, você é membro daquele conselho do governo ainda?" Ele respondeu: "Sou... Quer dizer, era do Covas, agora

Acima de tudo o amor | 31 |

não sei se continuo... Por quê?" Ele logo percebeu que era problema. "Porque estou precisando urgente de uma reunião com o governador. Esse secretário da Saúde..." e contei-lhe tudo. E não era só o problema do dinheiro; ele nos mandara reduzir em 30% o nosso atendimento; seriam trezentos pacientes por dia sem cobertura. Para onde iriam, se nunca houve sobra em lugar nenhum? O Gugu então me garantiu: "Henrique, eu tenho essa força de abrir as portas para você; eu consigo pedir ao governador para atendê-lo." "Então, por favor, aja rápido, porque eu vou levar mais de 50 mil assinaturas para derrubar esse secretário da Saúde."

O Gugu conseguiu a audiência para terça-feira. Nesse meio-tempo, eu já tinha feito um punhado de reuniões em Barretos e região, com a Igreja Católica, com evangélicos, espíritas; andei por tudo quanto era lado proclamando a ação daquele homem e, até o domingo, conseguimos 35 mil assinaturas.

Além disso, fui a São Paulo com o bispo da minha cidade, muito amigo de Dom Paulo Evaristo Arns, que, por sua vez, adiantou o assunto para o governador. E ainda levei Dom Antonio, presidente da Rede Vida, e o arcebispo de São Paulo. E fomos – o clero todo – lá para a audiência. Na sala de espera já estava o secretário, de cara fechada, nem conversamos. Em seguida, fomos chamados pelo governador, que nos recebeu gentilmente.

Aí Dom Antonio contou a história do Hospital, me elogiando como gestor, falando de nossas dificuldades e conquistas. E foi uma avalanche de argumentos, com todos falando, enquanto eu abaixei a cabeça, porque estava muito emotivo. Chegou, porém, a minha vez e, de frente para o governador, comecei a falar, movido pela indignação e pela verdade: "A primeira coisa que quero lhe dizer, governador, é que eu não tenho medo do senhor, não tenho medo do secretário, porque eu tenho a bênção de Deus. Nessa obra, não pedi um saco de cimento a nenhum político, nem ao senhor, nem ao Mario Covas ou ao secretário Nenhum tijolo! Então, não admito que ninguém atravesse o meu caminho me impedindo de continuar ou dizendo o que eu devo fazer".

Depois de me pedir calma e me sugerir que fizesse acupuntura para me prevenir de um enfarto, o governador disse: "Eu comungo com as suas ideias e, daqui por diante, você vai ter o meu respaldo; o mínimo que o governo deve fazer é prestigiar esse projeto. Seu teto vai ser sempre do seu tamanho, do tamanho que você conseguir através do apoio da sociedade. Eu lhe garanto!" Aí fiquei emocionado, chorei e lhe disse que a luta tinha sido brava e desigual; todos preocupados com dinheiro, mas havia provas de que aquilo tinha a bênção de Deus, que era um milagre tudo o que havíamos conseguido e, portanto, eu não admitiria mesmo que alguém barrasse o caminho daquele projeto.

A reunião, porém, não estava terminada; havia a questão do secretário de saúde. Eu disse ao governador que seria impossível que o secretário continuasse a ser nosso mediador; que tínhamos 50 mil assinaturas pedindo seu afastamento. O governador ouviu, mas pediu para deixarmos o secretário no lugar dele, sugerindo outra pessoa para ser o nosso contato. "A pessoa ideal!", garantiu ele.

Passou a mão no telefone, chamou a secretária e pediu que ligasse para o doutor Barradas, que era o secretário adjunto. E o incrível é que, no momento em que eu estava sem nenhuma arma na mão, achando que havia perdido a batalha, as coisas mudaram radicalmente. O governador falou: "Barradas, eu quero que você cuide pessoalmente do projeto de Barretos, o projeto que o Henrique Prata está desenvolvendo com a sociedade, com o povo". Aí eu senti que o governador era um homem de muito peso, de muito caráter, porque ele teve a coragem de achar uma alternativa.

Tempos depois, o doutor Barradas foi efetivado no cargo. E, como se não bastasse o apoio do ministro da Saúde, José Serra, um homem que me abriu muitas portas e me ensinou o caminho dos grandes saltos, entrou na história o Secretário da Saúde, doutor Barradas.

Daí em diante, tornamo-nos amigos, o governador Geraldo Alckmin e eu. No começo, com certa diplomacia, mas, com o passar dos meses, fomos alicerçando uma amizade de irmãos. Tive o privilégio de conhecer um político íntegro, um grande médico, um grande ser humano! Simples, extremamente versado em gestão de saúde, ajudara a formular o plano do SUS. E cumpriu com os compromissos assumidos, dando-nos condições de crescer e ter o tamanho que o povo nos ajudasse a ter. Três, quatro meses depois, deixamos de atender a mil pessoas por dia para atender a duas mil – o dobro! E assim nos tornamos um dos maiores serviços do país, já em 2001-2002.

As minhas batalhas foram sempre assim: eu sempre desarmado, sem condições de pensar em vencer, e sempre saindo vitorioso porque brigava com quem quer que fosse para não prejudicar o Hospital ou para preservar a dignidade e o direito ao melhor atendimento dos nossos pacientes.

Dom Antonio, que me conhecia intimamente, me aconselhava: "Henrique, é muito difícil existir uma pessoa que consiga ter mais argumentos que você quando defende suas causas em nome dos seus pacientes. Você se perde, porém, quando fica nervoso e age por impulso; depois fica difícil reencontrar a razão. Agindo com serenidade, você sempre acertará, porque sua obra é de amor...". Dom Antonio foi uma pessoa que julgo santa, um apóstolo que tem a vocação e a vida no amor a Deus como poucos. Assim como padre André, padre Antônio Borges de Souza, primo da minha mãe, lá de Goiás... Eu os via como anjos, uma presença de Deus, homens de bem e de boa vontade, que realmente vivenciavam o amor fraterno. Foi em homens assim que meu pai nos ensinou a confiar.

O Bom Samaritano

Tínhamos uma publicação, um jornal chamado *O Bom Samaritano* – nome dado pelo Zardini –, que saía a cada sessenta dias com agradecimentos aos colaboradores e também dando conta dos nossos passos e das nossas carências. Na última edição de *O Bom Samaritano*, havíamos comunicado que cresceríamos, dobraríamos de tamanho e, por isso, pedíamos aos colaboradores que aumentassem as doações, o que foi automaticamente acontecendo. Nosso déficit, porém, dobrara de uma hora para outra; se faltavam 800 mil reais por mês no final dos anos 1990, no início da década de 2000 o déficit já era de 1,6 milhão. Faltava, todo mês, muito dinheiro.

Progressos e problemas

Segundo o padre Nazareno, as coisas com Deus eram todas possíveis, mas nem sempre fáceis e eu concordava plenamente.

No episódio da Unimed, a tentação de aceitar era grande, porque, em vez de prejuízo de 800 mil, teríamos lucro de 1 milhão e o problema resolvido de modo muito mais fácil para a administração.

E o argumento do doutor Zé Elias, a quem eu respeitava demais, era muito convincente: "Com esse lucro, você poderia construir outro hospital e fazer muito mais do que já é feito; na questão das salas de espera, faça uma para SUS, outra para convênio, e assim o pessoal pobre não será preterido".

Assim ele quase me nocauteou, mas pensei bem... "Você esqueceu de uma coisa, Zé. Seu raciocínio fura num só ponto. Não é tão simples como você diz, só uma questão de salas de espera; a coisa é muito mais séria. Eu tenho, hoje, uma certeza absoluta, apesar de não ser médico, de que vocês estão atendendo a todos igualmente. No momento em que eu fizer o que vocês sugerem, eu, que não sou médico, não sou o doutor Paulo Prata que podia interferir na conduta médica, como vou ficar? Vamos ter duas salas de espera diferentes, mas na hora em que o meu paciente do SUS for para a UTI e der 5 mil reais de prejuízo e o seu paciente do convênio der 5 mil reais de lucro, qual dos dois você acha que os médicos vão privilegiar? Qual dos dois vai ficar mais tempo na UTI? Então, Zé, não subestime aquilo que Deus me deu. Eu não estudei, mas meu coração enxerga longe, sente tudo e eu me ponho no lugar do paciente, o que é um bom critério. Não adiantam tais sugestões, não adianta, você vir agora como embaixador final dessa ideia. Infelizmente só eu enxergo as coisas dessa maneira. Eu, que um dia disse ao meu pai que a segurança de um atendimento justo era não existir convênio. Se meu pai fosse vivo, Zé, talvez conseguisse fazer uma administração mista numa certa medida, porque até ele, você sabe, não conseguiu vencer todas as batalhas com os médicos. E se eu não puder priorizar o tratamento dos mais pobres, não estarei sendo fiel às minhas convicções, nem honesto perante Deus. E assim não quero lutar. Se você agora veio com o último argumento, valendo-se da admiração e do respeito que eu lhe tenho, entenda, por favor, que é inútil, desista e avise aos seus colegas. Eu sei o que estou fazendo, sei onde está o meu compromisso e sei de onde vem a minha força".

Esse foi outro episódio muito triste e de grande envergadura, que ilustra claramente, para que todos entendam, o tamanho das divergências e dos problemas que envolvem a gestão de um hospital. Tive que passar por essas angústias e esses problemas, me indispus com todos, enfrentei minha mãe... A certeza, porém, de andar em conformidade com Deus, não por ser mais ou menos cristão, mas por ser honesto no trato com os mais pobres, me mantinha convicto das minhas opções.

E tudo o que aconteceu não foi mérito meu. Eu sempre fui um fazendeiro, um negociador, sabia ganhar dinheiro, mas não tinha sequer 1% dos dons necessários para tocar aquela obra. Deus me permitiu, apenas, continuar o sonho do meu pai, de quem foram os méritos e os dons. Aquele, certamente, foi um homem de Deus.

Sempre tivemos limitações de orçamento, de dinheiro, mas eu criei um caminho para buscar apoio, dividir minhas angústias e trocar ideias. Estava andando pelo mundo como louco, desesperado, querendo entender de Medicina. Eu nunca gostei de ler, nem tive preparo suficiente para isso, porque sempre trabalhei desde muito jovem uma média de catorze ou quinze horas por dia. E o tempo que me sobrava dava apenas para descansar o corpo, porque na verdade eu queria engolir o sol e a lua. Meu avô ficava horrorizado ao ver a minha disposição quase animal para trabalhar. Eu dificilmente me cansava.

Às vezes, quando jovem, chegava da boate às quatro horas da manhã e ia dormir na casa dele para sairmos juntos às cinco. Ele chamava os outros netos, que sempre se atrasavam. O único que estava sempre pronto, mesmo insone, era eu. Às vezes, eu ia dormindo em cima do cavalo atrás dele, mas não dava o braço a torcer. Essa minha força de trabalho sempre me deu muita certeza de chegar aonde eu quisesse.

Quando comecei a viajar pelo mundo buscando conhecimento médico, meus negócios particulares estavam ficando em segundo plano e meu filho caçula felizmente começara a me ajudar. Ele tinha voltado dos

Estados Unidos, onde fizera um curso de piloto, e dividia comigo a responsabilidade das fazendas. Então eu pude ficar muito mais focado nos negócios do Hospital. E foi providencial essa ajuda, porque problemas e conflitos não me faltavam nessa trajetória.

- Capítulo 9

Tristezas e alegrias

Muitas coisas aconteciam ao mesmo tempo. Enquanto eu planejava algumas, ia realizando outras. Como já mencionado, o Gugu tinha sido o autor da ideia de lançarmos um CD sertanejo, cuja renda seria revertida para o Hospital. Ele também me pusera em contato com vários cantores, que aderiram ao projeto. Nada mais justo, então, que lançássemos o CD no seu programa. E foi um sucesso.

Música sertaneja para o Hospital

Entregamos o CD pronto para a gravadora fazer apenas a mixagem e, no frigir dos ovos, percebi que ela havia ficado com mais dinheiro do que nós, que o havíamos realizado e financiado. Mesmo assim, vendemos em torno de 80 mil discos, e o Hospital recebeu um bom dinheiro.

Resolvi, então, mudar de tática no ano seguinte; fizemos um segundo CD, mas rompi com a gravadora, pensando em não dar dinheiro nenhum para intermediário. Preparamos as músicas, mandei fazer 40 mil cópias e conseguimos permissão para colocar no varejo em três lugares. No entanto, quando fizeram o pedido, achavam que o produto iria com selo de gravadora... E aí criou-se o problema: as grandes lojas, as grandes redes precisavam de um código de barras para comercializá-lo.

Lembro de ter chegado a explicar aos varejistas que rompera com a gravadora, mas falei apenas para o comprador. Quando o assunto chegou à diretoria, eles recuaram. Eu aprontei o CD, mandei para eles, que disseram: "Não, sem o código de barras, sem o selo da gravadora, não entra nada aqui". Aí, fiquei a ver navios, com os 40 mil CDs na mão. Não xinguei, nem briguei. Quis ser muito esperto e acabei nos prejudicando, mas concluí que era no aperto que eu deveria ser criativo para consertar o que fosse possível...

Eu tinha feito toda a cadeia, sabia como era, mas foi uma surpresa muito grande esse esquema, que privilegiava as gravadoras. Não teríamos chance no mercado, no varejo, sem o selo de uma delas. E foi nesse aperto que, finalmente, tive uma ideia. Procurei um amigo, José Furian Filho, diretor dos Correios de Bauru, casado com uma moça de Barretos, e disse-lhe que estava com dificuldades. Contei-lhe a história dos CDs, comentando: "Eu vejo os Correios vendendo algumas coisas, será que não venderiam os CDs nas agências?". Ele respondeu: "Acho que sua ideia é viável, sim, Henrique!".

Furian me abriu uma porta e fui à presidência dos Correios em Brasília levar o meu problema e pedir ajuda. O presidente dos Correios fez, então, o seguinte comentário: "A ideia é muito boa, os Correios têm esse compromisso social, mas vamos correr um grande risco pela falta do código de barras. Há o risco de se perder o controle dentro dos Correios e você ficar no prejuízo. Acho que não temos como operacionalizar isso". Insisti: "Presidente, eu confio muito nos carteiros, na filosofia dos Correios; permita-me correr o risco; é por minha conta. Eu assino um termo, um documento, e assumo. Se perder, perde o Hospital, não os Correios". Eu me humilhei mesmo, pedi pelo amor de Deus, quase de joelhos, e finalmente ouvi o que queria: "Está bem, então faça o documento". Foi o que fiz. Conhecia muito bem essa instituição que tanto orgulha o Brasil. São todos muito sérios, muito unidos, uma família. Mandamos, então a primeira leva de CDs para os Correios.

Avon

Em seguida, consegui ajuda de outra instituição que tinha catálogo de venda no varejo, a Avon, por intermédio da sua presidente. Eu havia ido até a empresa para falar sobre o CD e sobre o nosso projeto, e ela se comprometeu a ir conhecer o Hospital. E quando isso aconteceu, ela também me abriu as portas. Assim, mandamos 20 mil CDs aos Correios e 20 mil à Avon.

A presidente da Avon tinha muito interesse na prevenção do câncer de mama e nós estávamos começando a desenvolver um projeto nesse sentido, porque já éramos bastante fortes na prevenção do câncer de colo de útero. Aí nasceu uma aliança do bem, entre a Fundação Pio XII e a empresa, que virou nossa parceira constante. Um dos maiores saltos de qualidade na prevenção de câncer de mama demos com a parceria da Avon.

Finalizando, e mostrando como as coisas aconteceram, vendemos não só os 40 mil CDs naquele ano, que já estava no fim; conseguimos mais: vendemos umas 120 mil cópias. Os Correios criaram uma forma simples e inteligente de distribuir: "Doe 13 reais para o Hospital de Câncer e ganhe um CD". Não era venda. Como não havia nota fiscal, tinha que ser doação. Conseguimos mais dinheiro do que se os CDs fossem realmente vendidos e eu continuei convicto de que tudo o que fizéssemos para aumentar a quantidade e a qualidade do nosso atendimento teria, certamente, a ajuda de Deus.

Então aprendi, na dor, como é que se fazia essa operação, como se saía desse esquema que era muito blindado e não dava chance a um projeto social. E o Hospital ganhou projeção na mídia, forte apoio do meio artístico, espaço no meio empresarial, e começou a ficar muito conhecido.

As histórias dos caminhos que foram surgindo são muito importantes porque o Hospital percorreu uma estrada paralela às convencionais, quebrou muitas barreiras, venceu muitas batalhas, sem perder a essência, crescendo também em calor humano. Essa era a diferença. E a forma como as coisas aconteciam só fazia multiplicar a minha fé e sempre me comoveu muito, mas me enchia de responsabilidade, porque estávamos conquistando um espaço muito grande, muito importante, além do que podíamos ter imaginado. Tudo isso foi me amadurecendo e continuei trabalhando, fortemente estimulado, em todas essas campanhas internas, que já eram tradicionais: os leilões, os shows, o mercado de CDs, a mídia. E foi um espetáculo. Foi o lado bom, altamente compensador.

Dificuldades pessoais

O lado duro, difícil, foi o pessoal. Meu casamento ia mal; minha mulher, talvez por culpa minha, permanecia ausente desse aspecto da minha vida, apesar de algumas vezes ter tido uma pequena participação. Eu estava constantemente na mídia, às vezes com a Xuxa, outras no programa do Gugu e outras tantas nos bastidores de inúmeros shows...

As férias familiares, que eram de um mês, continuaram assim, no entanto, a minha presença ficou restrita a uma semana. Eles iam antes e eu ia encontrá-los depois, onde estivessem. O tempo de convívio diminuiu e a qualidade também. Eu ficava irritado, quando nos poucos contatos, era cobrado e censurado.

Eu, de fato, mudara. Estava me doando muito menos à família, e paguei caro por isso, pois nunca tinha imaginado estar correndo um risco real de romper meu casamento, pois me casara por amor. Pena que só percebemos isso quando não há mais volta.

Eu trabalhava feito louco. Problemas e turbulências não me faltavam e cada vez mais me ocupava do Hospital, negligenciando o casamento – nunca os filhos; o que eu podia lhes dar de atenção era de muita qualidade, recebendo deles também. Apesar de o tempo de convívio ser menor, havia muito amor e uma base sólida alicerçando nosso relacionamento. O mesmo não acontecia, porém, com relação a ela. E assim a nossa separação foi inevitável. Nosso relacionamento entrara num círculo vicioso; o Hospital me absorvia demais; eu me distanciava da família e era muito cobrado por isso, o que me aborrecia e me afastava ainda mais de casa, tornando-me vulnerável a quem me compreendesse.

Permeando a minha história profissional, havia a minha vida pessoal. Conforme já comentei, para dar conta das inúmeras atividades eu não tinha horário de trabalho definido, muito menos hora para sair, e o meu casamento foi se ressentindo. Eu trabalhava demais e minha mulher tinha um ritmo de vida incompatível com o meu. Não partilhávamos mais nada; a nossa parceria se acabara... Por isso, eu quis me separar. Achei melhor tomar a iniciativa, e saí de casa, por volta de 1998, quando vi que nossos filhos já eram crescidos o suficiente para entender a situação e sofrer menos – nessa ocasião, o caçula tinha 17 anos e ia para os Estados Unidos fazer aviação comercial, buscando o próprio caminho; a Adriana encaminhada e o Henrique, o mais velho, estava se formando.

Fiquei sessenta dias fora de casa, caí no mundo, mas confesso que me arrependi, pedi perdão e voltei. A coisa, porém, não melhorou: foram três anos muito ruins, porque não havia mais assunto entre nós.

Tinha, então, minhas crises de consciência... Em 2006, veio a separação definitiva quando minha mulher tomou a decisão de me mandar para fora de casa. Foi, porém, um preço muito alto que tive que pagar e me doeu muito.

Diretoria ativa

Voltando à parte administrativa do Hospital, a experiência que fui adquirindo, com o passar do tempo e com a escola da vida, me proporcionou uma disciplina e uma transparência de gestão que deixava nítido para os médicos o que eu aceitava ou não. Não só na condução da parte financeira, que era uma coisa de minha inteira responsabilidade, como também na forma como seriam tratados os pacientes.

Na medida do possível, montei uma diretoria ativa. Eu percebia que o corporativismo dos médicos impedia de chegar até mim qualquer problema de relacionamento entre eles ou entre médico e paciente. Eu não contemporizava e a decisão era rápida. Se fosse uma falta leve, advertia verbalmente; a segunda advertência era escrita e documentada, e a terceira, via de regra, era a expulsão.

Incomodava, porém, a morosidade com que a diretoria levava os problemas até mim. Eu me perguntava: "Será que é porque sou muito duro?". Depois me lembrava: "Não, meu pai era médico, muito mais afável, e eles agiam com ele da mesma forma: escondiam tudo, escondiam o máximo possível". Essa era e é uma atitude comum em hospitais.

Criei, então, um corpo de trabalho com a função única de me informar o que acontecia. Esses, digamos, "olheiros" circulavam por todos os departamentos e antes mesmo de existir a ouvidoria, muitos anos antes, eu tinha esse serviço, porque era fundamental saber – e rapidamente – tudo o que acontecia nos quatro cantos do Hospital.

Uma vez o doutor Raphael Luiz Haikel chegou até mim e falou: "Henrique, o que você quer, pelo amor de Deus? Arrume um jeito diferente... mude isso. Parece até que há um fiscal atrás de nós o dia inteiro". "Raphael, que preocupação é essa? Você é um discípulo do meu pai e tem o mesmo procedimento dele! Ninguém, nunca, vai ter o que falar de você! Deixe, então, que eu enxergue o Hospital do meu jeito, coisa que vocês infelizmente não me ajudam a fazer".

Assim, adverti, por escrito e por duas vezes, um cirurgião muito competente, o doutor Antonio Talvane Torres de Oliveira. Ele sabia que na terceira vez estaria fora. Então, numa conversa franca comigo, fez um *mea-culpa*, admitindo seus erros, se dizendo intempestivo, mas que procuraria se corrigir. E isso foi decisivo para ele, porque, cumprindo o que se propôs, credenciou-se para assumir o cargo de vice-diretor clínico e, quatro anos depois, a direção clínica, com uma gestão de sucesso, uma das melhores que já tivemos.

Tristezas e alegrias

Estou sempre pedindo a Deus que me ajude a ser justo, que me dê lucidez de julgamento e firmeza de decisão, porque eu não administro uma fábrica de tintas ou de bebidas, e sim uma instituição que lida com vidas humanas. Não posso, de forma nenhuma, me acovardar ou me

Acima de tudo o amor 143

omitir, porque a disciplina dentro do Hospital foi e será sempre uma coisa vital.

Foram batalhas muito duras, mas é lógico que coisas boas também existiram – inúmeras, intensas, altamente compensadoras, e que me encheram de alegria. Foram tantas vitórias; encontrei tanta gente boa, tantas almas parecidas com a do meu pai! Quantos Paulos Prata apareceram no Hospital, médicos incríveis! Quantas histórias de grandeza humana eu tenho para contar.

Alguns profissionais me impressionavam muito. Eu fazia a entrevista para admitir o médico e pensava: "Mas esse cara caiu do céu, tem o perfil que eu preciso!". Eu sempre tive um instinto para reconhecer as pessoas e o que lhes vai no coração; sempre enxerguei, na primeira entrevista, lendo-lhes nos olhos, a qualidade humana e a seriedade profissional. Não só dos médicos como também dos paramédicos ou demais servidores, e isso muito me envaidecia.

Sei, também, que inúmeras alegrias me marcaram muito. E faço questão de narrar, aqui, um fato relacionado a um médico que teve um desempenho muito interessante no Hospital. O departamento de cabeça e pescoço estava na mão do doutor Domingos Boldrini, e tínhamos uma demanda absurda, dez vezes maior que a capacidade clínica. Um dia a diretoria me trouxe a notícia de que um médico, um craque da área, com habilidade manual acima da média, estava deixando o A.C. Camargo, insatisfeito com a nova dinâmica de atendimento. Antes, naquele hospital, atendiam majoritariamente o SUS; agora as coisas haviam se invertido e passaram a atender muito mais os convênios particulares. Ele, comprometido com o juramento de Hipócrates, sentiu que ali não teria mais chance de se dedicar aos pobres. Então o contratamos, doutor Carlos Bueno, uma pessoa determinada, de personalidade muito forte, que nos contou a sua história. Ele cursara a faculdade vendendo banana, pois era muito pobre; mas em São Paulo ganhara bastante dinheiro com a medicina, comprara fazendas e agora tinha condições até de se aposentar. Estava insatisfeito em São Paulo, só atendendo convênios e também desgostoso com a nova diretriz do A.C. Camargo, de exigir dos médicos mestrado e doutorado. Ele era um especialista prático e não queria virar cientista; só queria continuar fazendo aquilo de que gostava e que sabia fazer tão bem.

Doutor Carlos chegou para a entrevista, falando comigo da maneira que eu gosto: olho no olho. Eu lhe perguntei: "E daí, o que vai ser preciso para que venha trabalhar conosco?". "Ah, que me deixem operar; eu tenho capacidade de realizar até trinta cirurgias por mês, uma por dia.Cada cirurgia dá em média de 4 a 5 mil reais de prejuízo. E se precisar, eu faço até quarenta, por mês. Então calcule o gasto. Eu gostaria de vir para cá, porque não quero me aposentar e aqui continuaria trabalhando no que eu gosto". Certifiquei-me: "Você disse que chega a fazer quarenta cirurgias por mês, que até trinta é normal..." E ele completou: "Mas dou despesa". Expliquei: "Você ainda não me conhece, então eu vou lhe explicar: aqui você vai realizar o número de cirurgias que for capaz, e o prejuízo é problema meu. Eu tenho demanda e está me faltando mão de obra; não entre no meu mérito; se você quer fazer justiça com uma medicina igual para todos, então você chegou ao lugar certo". E na mesma hora a franqueza mútua selou nosso acordo.

Foi incrível, porque ele é um grande cirurgião, ágil e competente, na área de cabeça e pescoço. Algum tempo depois, mais uma vez confirmei que meu pai tinha muita razão, quando dizia: "Henrique, sempre que for possível, coloque no Hospital 50% de médicos acadêmicos e 50% de médicos práticos, o ponto de equilíbrio de uma instituição é esse: nem só práticos, nem só acadêmicos".

Houve, então, um *workshop* no Hospital, e, de Ribeirão Preto, que tinha naquela época o melhor serviço privado de oncologia do interior do estado de São Paulo, veio um oncologista clínico que era, sem dúvida, um dos médicos mais bem preparados do país: o doutor Sérgio Serrano. Na ocasião, ele aproveitou para conhecer o Hospital e, no fim da visita, levaram-no até minha sala, que sempre está de portas abertas para quem precisar, numa aparente bagunça. O Edmundo o apresentou assim: "Henrique, este é um grande oncologista de Ribeirão, que nunca fez medicina pública, só privada; ele é estudioso, competente como poucos, e seria ótimo tê-lo conosco".

No momento em que eu estava pensando em como fazer para persuadi-lo a aceitar, entrou na sala a minha secretária, dizendo: "Seu Henrique, está aí um pessoa querendo se despedir do senhor, pode ser?". Concordei: "Claro, mande entrar!" E desculpei-me: "É só um minuto, doutor Sérgio".

Eu não tinha ideia de quem seria. Entraram, então, mãe e filha, de quem eu não mais me lembrava. "Seu Henrique, viemos com o senhor, de Rondônia a Barretos, no seu avião, há cinco anos, quando minha filha iniciou aqui um tratamento. Agora, que acabou e ela está curada, estamos voltando para Rondônia e não podíamos ir sem lhe agradecer. Já estivemos com o senhor algumas vezes, mas é tanta gente que o senhor não deve se recordar..." Perguntei: "Nossa! E vocês ficaram aqui no alojamento?". A mãe concordou: "Sim, ficamos aí no Madre Paulina, e somos muito gratas". ("Madre Paulina" era o nome de uma de nossas casas de apoio.) A menina me deu um beijo e a mãe me abraçou. Eram pessoas muito pobres. Aquilo que ela contou, que viera no meu avião, cinco anos antes, com a filha doente (na época com uns 2 ou 3 anos), mexeu com o coração do doutor Sérgio: "É aqui mesmo que quero trabalhar; onde tem tudo o que procuro".

Doutor Sérgio levou consigo alguns colegas, transformando a oncologia clínica no departamento "ouro" do Hospital e modificando as coisas da água para o vinho. Nós, que não tínhamos residentes naquele departamento (era a última escolha dos médicos recém-formados), passamos, no ano seguinte, a ser a primeira opção de residência, pelo alto nível, transparência e qualidade da quimioterapia que ele implementara. E tive a certeza da sua competência, opinião compartilhada até mesmo pelo secretário da Saúde do Estado São Paulo.

■ Capítulo 10

Ajuda do céu

Fim de ano para o Hospital é sempre um trauma, porque ao déficit normal de cada mês junta-se o do décimo terceiro salário. E isso gera uma certa tensão e a necessidade de correr atrás de mais receita. Em 1998, por exemplo, organizamos um show do cantor Alexandre Pires, que ele próprio acabou pagando, porque a chuva atrapalhou os nossos planos. Ele foi extremamente correto, porque sabia que precisávamos daquela receita para pagar o décimo terceiro.

Cai do céu a solução

Entre 2001 e 2002 ocorreu um fato inédito. Eu tinha uma conta garantida para sustentar o fluxo de caixa por quinze ou vinte dias. No início de cada mês começavam a chegar as notas de despesa, como acontece naturalmente em qualquer empresa. O Boian, porém, estava surpreso com os gastos muito elevados do início de 2002, porque tínhamos comprado os equipamentos para o centro cirúrgico e para a UTI e, na pressa em pôr tudo para funcionar, eu tinha avançado o sinal. Não era a primeira vez, mas, de certa maneira, naquela ocasião eu havia ido muito além do que deveria.

Como no final de 2001 os eventos não tinham sido de grande ajuda, no início do ano tive que usar todo o limite da conta garantida para conseguir gerir o Hospital e dar-lhe fôlego. Nossa despesa mensal, por exemplo, de 15 milhões por mês, tinha uma receita, do SUS, de 9,5 milhões, mas, com a conta garantida, se houvesse atraso, conseguiríamos nos segurar. Pagavam-se juros, mas honrávamos os compromissos em relação a médicos, remédios, fornecedores... tudo, enfim. Aquela vez, porém, não havia como resolver, e pela primeira vez as minhas pernas bambearam porque nem dinheiro meu, eu tinha para emprestar, pois o montante era muito grande. Então o Boian veio me cobrando equilíbrio, dizendo que eu estava contando com o ovo ainda na galinha... Ele não deixava de ter razão, mas eu, que confiava em Deus e sempre fui muito otimista, acreditava que algum dinheiro fosse entrar, ou que eu faria um empréstimo pessoal, qualquer coisa. Tudo acontecera de uma forma surpreendente até para mim. "Boian, eu acho que você tem razão, mas agora não é hora de ver quem é o culpado na história. Já aconteceu. Então vamos ligar para os fornecedores e pedir que prorroguem o prazo das duplicatas; vamos nos adiantar e falar, inclusive, com os bancos, para que esperem também". Aquela não seria uma negociação fácil. Era muita gente com quem teríamos que lidar.

No dia seguinte, por volta das nove da manhã, me telefonou uma pessoa em cuja casa eu estivera fazia uns dez anos e que fazia parte da lista daqueles fazendeiros – os primeiros – a quem havíamos pedido contribuição para o nosso projeto. Dona Eunice Carvalho Diniz, viúva do senhor Zico Diniz, uma grande pecuarista, de muito dinheiro, de grande patrimônio, uma das pessoas mais dignas que conheci. Naquela ocasião, anos atrás, ela me dissera: "Olhe, meu filho, eu costumo esperar para ver. Se as coisas realmente derem certo, eu vou ajudá-lo. No começo, vou lhe ser muito franca, não ajudo, não".

Era realmente incrível! Depois de dez anos daquele encontro, e de uns cinco em que não nos víamos, exatamente no dia em que eu estava sem horizonte, sem perspectiva, ela me procura: "Henrique, como vai? Estou sabendo que o seu projeto andou bem e queria lhe fazer uma visita amanhã. Gostaria de passar por aí e conhecer o Hospital. Você já me convidou outras vezes, mas eu não pude aceitar. Amanhã eu posso ir. Estou indo de São Paulo para a fazenda e gostaria de passar por aí". Fui franco: "Nossa, dona Eunice! A senhora nem vai acreditar, mas a sua visita agora está me caindo do céu".

Imediatamente liguei para minha mãe que iria à fazenda, no Paraná. "Fique, mãe, porque preciso da sua ajuda aqui. A dona Eunice Diniz vem nos visitar e preciso do seu apoio para recebê-la". No dia seguinte, pela manhã, quando ela chegou, foi recebida por nós – minha mãe e eu – e pôde conhecer boa parte do Hospital. De volta ao meu escritório, sentou-se a nossa mesa de reunião e me disse: "Sabe, Henrique, eu sou assim mesmo; desconfio de tudo, mas depois que vejo as coisas acontecendo realmente, tenho certeza de que faz todo o sentido ajudar. E vim lhe trazer minha contribuição".

Umas horas antes de ela chegar, eu havia comentado com o Boian que, pelo tempo que levara para ela nos dar aqueles primeiros 10 mil dólares, ela bem poderia nos trazer 100 mil. Então imaginei que seriam uns 200 mil reais, mais ou menos, e já fiquei eufórico, porque com isso poderíamos pagar, em dia, muitos pequenos fornecedores.

Estávamos esperando, em suspense, até que ela tirou da bolsa um cheque dobrado, e me entregou. Era uma quantia inacreditável; 2 milhões de reais! Aquilo era impressionante, mas tão real, tão justo, tão necessário: naquela hora ímpar, num momento vital, apareceu aquele cheque do tamanho da dívida que eu contraíra. O Boian e eu ficamos com os olhos cheios de lágrimas. Emocionado, agradeci: "Dona Eunice, a senhora acredita que hoje o Hospital está parado, sem poder pagar a fornecedores, porque nos faltavam exatamente 2 milhões de reais?! Eu nunca fiquei devendo tanto! Nunca fiz isso, antes; nunca errei desse jeito. Mas o meu otimismo, a vontade de pôr em funcionamento os três pavilhões de uma vez, para atender a tantos que não podem esperar, me levaram ao erro. E foi um erro grave, porque não tínhamos saída. Seria a primeira vez que enfrentaríamos esse tipo de situação. A senhora é um anjo que caiu do céu, porque esse dinheiro vai ser de enorme valia. O Hospital agora tem capital de giro, pode esperar, vai ter um fôlego tremendo, e o mais cético dos ateus vai entender que isso foi um milagre".

E como pensar diferente? Como duvidar? Eu sempre achei que trazer as pessoas até o Hospital seria o melhor caminho para sensibilizá-las, pois viam os sonhos se concretizando num projeto honesto, de enorme envergadura. Mas no caso dela foi diferente: ela chegou com o cheque pronto na bolsa. Tinha vendido uma fazenda e estava recebendo a última parcela. O valor exato.

O amor transgride a lógica, a razão, a matemática. Quem diria? Quem diria? E o Boian, rindo da minha euforia, perguntava: "Quem segura o Henrique agora, gente? Quem vai frear essa alegria? Quando ele estava abaixando o facho, acontece uma dessas! Ninguém segura mais este homem, nem vai conseguir impedi-lo de ir tão rápido!".

Passei, então, por uma igreja e, de joelhos, agradeci muito a Deus pela maneira como tinha intervindo e prometi a mim mesmo que nunca mais abusaria daquele jeito, mesmo acreditando que a fé move montanhas e que isso havia acontecido naquele dia.

Aquele fato foi crucial. Todos se sentiram tocados; até mesmo os descrentes, os ateus, porque ficou evidente que ali acontecera um milagre. Não tinha como ser diferente. Nem nos meus sonhos mais otimistas eu poderia imaginar receber aquele montante de uma pessoa física. E mais uma vez ficou patente a verdade: quando a obra é de amor e de fé, a providência divina sempre surge para ajudar.

O doutor Luiz Roberto Barradas Barata, secretário da Saúde, ficou também muito eufórico ao saber que eu conseguira um alento com uma doação daquela magnitude. Isso não é comum por aqui. Nos países de primeiro mundo, como os Estados Unidos, sim, existe uma cultura de responsabilidade civil muito mais forte e concreta. No Brasil, não; mas lentamente isso vem mudando. É que, por aqui, muitas obras têm começo e meio, mas não têm fim, e isso tira a credibilidade, prejudica a todos, inclusive aos honestos que são jogados na vala comum da safadeza, da busca por ganho pessoal.

Leilões

Todos os anos, e há muito tempo, faço questão de me reunir com os coordenadores dos leilões, nossos colaboradores, para lhes dar satisfação dos nossos atos, mesmo que isso já fosse feito periodicamente, através do nosso jornal. Queria que soubessem claramente onde estava sendo aplicado o dinheiro e que conhecessem o porquê das nossas opções por este ou aquele serviço: transplante de medula, algum novo serviço de ortopedia ou qualquer outro que ainda não tivéssemos e de que necessitássemos no momento. E eu estava convencido de que esse era o melhor jeito de promover a integração e a transparência.

Um fato muito problemático para mim é que nos leilões da década de 1990 e mesmo nos primeiros da década de 2000, todas as cidades-sede de leilão solicitavam a minha presença. E isso foi se tornando quase impossível, porque se abriam um ou dois leilões novos por mês. Quando meu pai era vivo, eu tirava os finais de semana para cuidar da minha vida privada e a cada sessenta dias eu tinha uma semana para isso. Depois que meu pai morreu, as coisas se complicaram ainda mais, porque só a cada oitenta ou noventa dias eu conseguia essa folga.

Nossos amigos de Nova Andradina, de Naviraí, de Jauru, de Rondônia, todos me solicitavam nos leilões. Por mais que o Luiz Antonio Zardini me representasse – e muito bem –, eles faziam muita questão da minha presença. Então, fiquei muito tempo, acumulando afazeres e múltiplas funções – e, de segunda a sexta, a vida dentro do Hospital era muito tumultuada e muito me absorvia.

Além disso, como já relatei, tornara-se um hábito, principalmente na década de 2000, viajar com alguns médicos, para o Canadá, para os Estados Unidos, para o Japão ou para qualquer outro país que nos oferecesse aprendizado, novidades. Conseguíamos, às vezes, passagens de graça, com algum empresário... Lembro que para o Canadá, além das passagens gratuitas, fomos e voltamos de primeira classe, como prêmio pela quantidade e qualidade do serviço que o Hospital prestava, e pelo seu cunho social.

O trabalho foi crescendo num volume absurdo de responsabilidades, de prestações de contas, de afazeres, que me surpreendia e assustava, mas eu queria levar adiante aquele projeto com a visão clara de que cada etapa vencida proporcionava um volume muito grande de benefícios para muitas pessoas.

Mudança de cultura

Comecei a observar, porém, que no exterior, nos países do chamado primeiro mundo, ninguém nos valorizava quando sabiam que éramos um grande serviço exclusivamente assistencial. Aquilo foi me incomodando e certa vez, quando fizemos uma viagem para a Inglaterra, caiu a ficha. Meu pai sempre disse que o nosso Hospital só seria levado a sério quando, além de assistencialismo, fizéssemos também prevenção e pesquisa. Nos países de primeiro mundo, tudo é feito na base da publicação do que se faz, do porquê de tal ou qual resultado, havendo para isso revistas de impacto, publicações de alto nível. E o Hospital naquela avalanche exclusivamente assistencialista! Então, entendi que precisava mudar aquela cultura; afinal não estávamos brincando; tudo o que fazíamos, desde a planta física até os processos médicos, era em busca do melhor.

As viagens para o exterior foram me abrindo os horizontes, mostrando como devíamos pensar, que meta perseguir, o que alcançar, e foi nascendo, muito forte, a vontade de fazer pesquisa. Todos os serviços que visitávamos nos países de primeiro mundo atrelavam a pesquisa ao assistencialismo. Não havia lá, como no Brasil, assistencialismo puro e simples. Aqui, as plantas físicas de hospitais universitários ainda mostram a visão de que pesquisa e estudo são para as universidades, e nos hospitais assistencialistas há uma cultura muito pobre. Eu ficava encantado ao ver países como Inglaterra, Estados Unidos, em que os hospitais não eram exclusivamente para tratar pacientes. E foi se tornando cada vez mais forte a necessidade de enveredar por esse caminho, levando a medicina que praticávamos para o rumo certo.

Acima de tudo o amor 153

Como eram importantes as coisas que meu pai dizia! Ele falava muito pouco, mas era tudo muito sério, muito consistente. Com as viagens, fui entendendo o que ele queria dizer. Ele sempre estivera anos à frente do seu tempo, principalmente num Brasil onde eram ainda muito precárias as coisas da saúde.

Eu pensava: "Puxa vida! Fora do Brasil os hospitais têm outra mentalidade; o médico trabalha rápido no assistencialismo, executa sua missão objetivamente e depois vai estudar, vai para a pesquisa". Ninguém precisava me dizer isso; era perceptível. Tomei, então uma decisão: "Vou começar a preparar o Hospital para essa mudança. Vamos tomar um rumo diferente. Ele é SUS, sim, voltado aos mais pobres, mas vai fazer medicina séria, porque é a busca pela excelência o meu compromisso com Deus. Vamos fazer 'medicina de gente grande'. O que fazemos está bom no Brasil, mas medicina não é só isso".

Então as viagens foram me enriquecendo muito; fui formando opinião, procurando um método, uma maneira de colocar o Hospital nesse rumo. Havia ainda tanta coisa por fazer na área do assistencialismo, que se eu falasse alto o que pensava, iriam mandar me internar... Mas eu sabia aonde queria chegar. E fui me preparando, buscando informação, novos conceitos, enxergando que tipo de caminho teríamos que trilhar até à medicina clínica com pesquisa. Eu uniria o que meu pai ensinara com o que eu começava a ver. O Hospital crescendo apenas no tamanho, nas instalações, na estrutura física não me satisfazia... No meu íntimo havia a necessidade premente de seguir a rota do primeiro mundo. O desafio seria enorme, e o dinheiro para isso... como e onde buscar mais?

Essa história de viajar pelo mundo para ver o que havia de melhor na área de oncologia gerou até uma brincadeira entre os médicos. "Vamos passear com o Henrique?", diziam. No entanto, essas viagens foram da maior importância, porque me fizeram entender a cultura de um hospital de câncer: nenhum deles fatiava o serviço; ao contrário, faziam um serviço global, que não estávamos fazendo, mandando, por exemplo, a ortopedia para Ribeirão Preto. E mais: o tratamento e a prevenção tinham necessariamente de estar relacionados com a pesquisa.

Um fato gerador de estresse foi quando, seguindo a filosofia de não fatiar o serviço, eu quis contratar um novo médico para a ortopedia e tive que ser firme, impor a minha vontade, porque, como havia poucos casos, os médicos não queriam dividir com mais um o dinheiro de todos. Mas as instalações novas eram enormes, completas e nenhum setor deveria ficar ocioso. Eu tinha argumentos fortes e ganhei a parada.

Esses fatos, porém, eram no mínimo geradores de desconforto. A cada acontecimento havia uma queda de braço com a equipe médica e, antes de qualquer decisão definitiva, eu fazia questão de ampliar o debate e só encerrar a discussão quando percebia que alguns defendiam seu posicionamento pessoal. Todos tinham enorme capacidade profissional, eram pessoas espetaculares, que me convenciam quando a argumentação era desinteressada e pertinente.

- Capítulo 11

Olhando para o mundo

A Fundação Pio XII englobava as novas construções, os vários pavilhões em funcionamento e também o antigo Hospital São Judas da rua Vinte, construído em 1950, onde tudo começou. Meu pai havia feito nele uma reforma modernizadora em 1960 e em 1967 ele se tornara especializado em oncologia. E é importante ressaltar que foi desse pequeno Hospital que tiramos estímulo e cacife para as enormes e modernas instalações. E embora se tratasse de uma só instituição, eu tinha um carinho todo especial pelo São Judas, que se tornara especializado na área de dor, nos cuidados paliativos, além de ser, também, uma escola de humanização, multidisciplinar e diferenciada. Os pacientes, porém, se assustavam e resistiam quando tinham que ser transferidos – achavam que ir para lá era um sinal claro de que não lhes restava mais nenhum recurso.

De fato, a porcentagem de óbitos lá era bem maior, e isso me contrariava. Aí, um pessoal de marketing sugeriu que o chamássemos de Unidade II, mas de nada adiantou. Além disso, as pessoas não queriam sair da Fundação, que era nova, moderna e bonita. Todas as que aceitavam, no entanto, gostavam, porque o calor humano, a atenção, o carinho, os cuidados especiais suplantavam tudo. Era e é um Hospital mágico, merecedor de todos os méritos que as pesquisas oficiais lhe atribuíam.

A atividade hospitalar não parava, girando em *moto continuo*, necessitando sempre de novos parceiros para impulsionar, na Fundação Pio XII, o nosso trabalho. Era incrível! Pipocavam leilões, festas pequenas também, quermesses e eventos pelos quatro cantos. Era uma coisa que me impressionava o crescimento vertical dos leilões de gado. Se num ano tínhamos cinco cidades juntas fazendo leilão, já no outro cada cidade fazia o seu.

De 2005 em diante, contávamos com mais de 250 leilões de grande porte, e em 2010, tínhamos mais de trezentos municípios nessa atividade. E quando fazíamos trezentos leilões em um ano, normalmente havia a participação de oitocentos municípios, envolvendo pessoas que, majoritariamente, haviam conhecido o Hospital pelo amor ou pela dor.

Do mundo para Barretos

Por volta de 2005 ou 2006, os médicos me provocaram dizendo que para o Hospital ficar completo só nos faltava realizar transplantes. E como sabiam que eu só me satisfazia com o melhor e aceitaria a provocação, logo me avisaram que aquele procedimento, tão avançado, demandaria muito mais verba. Eu os avisei, então, de que a mim caberia essa preocupação e que eles deveriam correr atrás da viabilização daquela ideia.

Havia, em Ribeirão Preto, um médico com enorme experiência na área, doutor Eduardo Paton e me sugeriram, então, levá-lo para Barretos. Eu fui além, querendo também saber em qual lugar do mundo encontraríamos excelência nesse setor – estava claro que o visitaríamos, de acordo com a minha vontade de compreender e trazer para cá o que houvesse de melhor. Esse lugar era Seattle, nos Estados Unidos. Então com o doutor Eduardo Paton e, com o Edmundo Carvalho Mauad, que o indicara, iríamos até lá.

Paralelamente, o doutor José Elias, meu guru, chegara de uma viagem me contando: "Henrique, tem outra coisa acontecendo aí no mundo; você sempre quer novidades e o mercado hoje tem medicamentos que não es-

Acima de tudo o amor 157

tão ainda à venda, mas em fase de experiência: é a pesquisa clínica, um processo revolucionário em que se dá a um doente sem chances de cura acesso a novos medicamentos. Na minha área então, tem muita coisa acontecendo; novas drogas sendo testadas, e justamente Seattle é um dos maiores centros desse processo". "E aqui no Brasil. quem faz isso benfeito?", perguntei. "No Brasil, o melhor lugar é Porto Alegre, onde há um especialista chamado Gilberto Schwartzman, oncologista clínico competente que realiza um volume enorme desse procedimento". "Zé, mas isso não significa usar nossos pacientes como cobaias, não?". "Henrique, você sempre nos pede objetividade. Então, se os tratamentos se esgotassem e não houvesse mais nada a fazer e me sugerissem uma droga experimental como uma chance a mais, eu, se fosse o doente, a usaria, e também agiria assim com relação a um filho meu". Eu me convenci: "Bom, você me respondeu e irei atrás disso".

Assim, antes de ir a Seattle, fomos a Porto Alegre para conhecer o doutor Gilberto Schwartzman – hoje um grande amigo – e seu trabalho em pesquisa clínica. Saímos de lá, o Edmundo e eu, bastante interessados e convencidos, até porque, o que vimos correspondia perfeitamente ao que o Zé Elias nos contara.

Então eram dois os motivos da viagem a Seattle. Um, o principal, era que já estávamos montando o serviço de transplante e eu queria entendê-lo melhor; o outro era centrado em novas drogas, que ainda não existiam no mercado mas, que em fase de experiência, deveriam ser administradas com hora e minuto cronometrados para serem reaplicadas e terem seu efeito medido. O que muito me espantou nos Estados Unidos foi que a ala do Hospital destinada àquela pesquisa tinha, exclusivamente para si, os aparelhos necessários. Aí eu perguntei a uma médica brasileira, assistente do médico responsável, que recebera o Nobel de Medicina, por que as salas de radiografia, de tomografia, de ressonância ficavam fechadas, sem pacientes. "Porque as máquinas devem estar muito bem aferidas, calibradas e as aplicações dos medicamentos são feitas rigorosamente em hora, minutos e segundos exatos. Então, temos um departamento fechado para isso". Eu pensava: "Lá em Barretos usamos um único equipamento para fazer tudo; ele trabalha metade do tempo na radioterapia e a outra metade na tomografia; sem disponibilidade de equipamentos não vamos conseguir cumprir o protocolo com o rigor necessário...". Lembro-me da reação dos médicos: "Não, Henrique, lá, por trabalharmos em período integral, com dedicação exclusiva, temos mais união e mais facilidade para excluir determinado horário do uso da máquina com pacientes, dando margem para a pesquisa". Preocupei-me: "Mas isso não vai prejudicar o tratamento dos doentes?" "Não, não vai. A gente consegue com planejamento prévio.

Naquela viagem, fomos também visitar a parte de transplante de medula, e isso foi bastante produtivo, porque se mais nada aprendêssemos, havíamos conhecido os dois processos, a organização, a disciplina americana, a complexidade, a higiene; duas grandes chances de enriquecer o trabalho do Hospital, que já oferecia tanto.

Alemanha e Suécia

Fomos também para a Suécia e Alemanha o doutor Valter Penna, o doutor José Carlos Zaparoli, o doutor Edmundo Mauad Carvalho e eu. Havia entrevistado anteriormente o doutor Valter Penna, grande oncologista com doutorado na melhor universidade da Alemanha, que, durante a entrevista, comentara: "Lá, tudo o que há de melhor, o ideal em termos de solução são as próteses definitivas de titânio, coisas de primeiro mundo". "Então, Penna, marque a viagem para dois lugares, Alemanha e Suécia, porque vamos fazer coisa de 'gente grande'. Vamos fazer o 'menu completo'".

Na Alemanha, etapa da viagem em que tivemos a companhia do Henrique, meu filho mais velho, que lá morava, nos deparamos com o melhor serviço de cuidados paliativos que eu já vira no mundo. Eu já tinha andado por mais de quinze países e não presenciara nada tão benfeito, tão humano, tão bem pensado. Para dar, aqui, uma ideia, os pacientes na fase terminal podiam levar para o quarto o gato, o cachorro, ou o que tivessem de mais querido. Até fumar se permitia, desde que na ala dos fumantes.

Um respeito enorme à dignidade das pessoas; apesar de ser proibido fumar, especificamente naqueles casos quase tudo era permitido. Como nos haviam recebido no ministério da saúde da Alemanha, onde nos liberaram a visita, eu pedi nova autorização para conhecer outro hospital e confirmar se o primeiro era a regra ou a exceção. E, nesse outro, era a mesma logística. Aí me caiu a ficha: "Temos muito o que melhorar! Dizem que em terra de cego quem tem um olho é rei, e se no Brasil somos muito bons, podemos ser ainda melhores quando copiarmos a logística deles".

No segundo hospital que visitamos, estava havendo uma festa, num centro de convivência, como se fosse a Copa do Mundo, à qual tinham comparecido todos os pacientes – de cadeira de rodas, de maca, como pudessem. Fiquei bobo de ver aquilo; achei que valera muito a pena ter presenciado aquela realidade.

Na Suécia, onde a medicina é 100% socializada, a parte de prótese e ortopedia estava nas mãos de um homem extremamente gentil. Aliás, nessas viagens, muito interessantes e enriquecedoras, sempre fomos muito bem recebidos e tratados com muita educação; recebiam-nos para almoçar, para jantar e nos abriam as portas.

O lugar mais caloroso e humano em que estivemos foi a Suécia, onde – é importante salientar –, eu me senti em família. O chefe da ortopedia e sua mulher, radiologista, foram nos buscar no aeroporto, distante 40 quilômetros da cidade, e nos recepcionaram como amigos. Uma coisa incrível, um calor humano absoluto no tratamento com a visita. Foi muito importante e muito rica a nossa ida para a Suécia, e, também, muito divertida, num clima de franca camaradagem.

Hospital Saint Jude

Retomando a viagem a Seattle, tive uma decepção naquela ocasião. Sabia que Bill Gates morava lá e, de posse do nosso portfólio, pensei em visitá-lo. Esqueci, porém, que eu não falo inglês, e não passei da recepção. Ah, se eu conseguisse cooptar o Bill Gates! Mas não, as minhas vitórias eram sempre mais sofridas. Uma das coisas que me frustravam muito,

160   Olhando para o mundo

depois que eu me pus a viajar sem a família, era não falar inglês. Com a família eu não sentia falta porque minha mulher era professora de inglês, falava perfeitamente, e eu não pedia nem o café da manhã. Mas, sem ela, eu me impacientava, preso na minha incapacidade. Eu urrava, mas não conseguia falar. Porém eu me dava bem, porque gesticulava e conhecia as pessoas olhando-as nos olhos; sempre consegui reconhecer pelo olhar as pessoas interessadas em ajudar, em conversar, e as não motivadas.

As viagens me enriqueceram muito, abriram novas perspectivas e me permitiram enxergar ainda mais longe. Viajamos em 2005, 2006, 2007 e uma dessas viagens foi para desenvolver o departamento de pediatria, re-cém-criado por nós. Na época, propiciamos à doutora Érica Boldrini, filha do doutor Domingos Boldrini, uma residência na melhor escola de pedia-tria do Brasil, com a doutora Silvia Brandalise, de Campinas, referência em pediatria, um dos melhores nomes da área. Depois da residência, a dou-tora Érica capacitou-se para tocar a pediatria. Contudo, eu a cobrava con-tinuamente: "Érica, você tem boa formação, você é uma pessoa séria, mas precisamos de novidades. Se você quiser, eu lhe consigo uma visita ao melhor lugar do mundo na sua área, o Saint Jude, em Memphis, nos Esta-dos Unidos". De fato não havia nada que se comparasse ao Saint Jude, porque de lá saíram todos os protocolos existentes no tratamento de crianças com câncer. Ela concordou e marcamos a nossa ida para lá.

Desde 1999, sabíamos que o nosso São Judas era o "número um" em atendimento humano, e sobre ele eu construíra o sonho do meu pai, sem depender de financiamento, sem depender de dinheiro de governo, quase exclusivamente com dinheiro do povo, de doações, e sempre tive a cer-teza absoluta de que a um projeto de amor não poderiam faltar as bên-çãos de Deus. E para merecê-las eu não me acomodava, era muito rastreador, muito ansioso na busca constante pelo melhor. Além disso, eu tinha um santo para me cutucar ou me criticar a toda hora, e sempre que eu achava que já estava bom, ele exigia que fosse ainda melhor. Era o pa-dre André, ministrando a minha pós-graduação.

Quando cheguei ao Saint Jude, já havia conhecido vários hospitais e ido várias vezes aos Estados Unidos. Fiquei, no entanto, muito surpreso quando vi que ele era mais que um hospital; era um sonho dos deuses. E havia ainda os abrigos, que fui conhecer, me lembrando do padre André, porque, na verdade, eram hotéis seis estrelas. As crianças tinham tudo de bom que se possa imaginar e ainda recebiam 80 dólares por semana para ir ao supermercado comprar chocolate, bolacha ou qualquer outra coisa que quisessem. E as instalações eram as mais lindas que eu já vira, proporcionando amparo e conforto para a criança e sua família, além de um tratamento individualizado, o melhor possível. Ali eu vi alguém com mais fé, mais abusado, mais audacioso que eu, com um profundo senso de humanização – e esse homem era um leigo.

A história do Saint Jude é muito parecida com a história do São Judas da minha família, e não precisei de muito para perceber isso e me emocionar; porque quem criou o Saint Jude teve a mesma concepção de fé que eu tive, a mesma do meu pai, a mesma determinação, a mesma visão. Era um homem de profundo amor a Deus, absolutamente honesto em seu ideal, que enxergava muito mais longe que o normal. Esse homem se chama Danny Thomas, descende de uma família imigrante libanesa e, inicialmente por ser vendedor de roupas nos Estados Unidos, não parava em casa. O pai dele – outra coincidência –, profundamente católico, também lhe pedira para buscar o apoio de um diretor espiritual, no seu caso, o bispo de Memphis. Danny Thomas, um dia, lhe confessou: "Bispo, Deus precisa interceder por mim; meus filhos estão crescendo e eu não tenho participado da vida deles; preciso conseguir um emprego mais perto de casa, para lhes dar assistência e trazer minha vida para junto deles".

E um dia – vejam mais uma coincidência – promoveram um concurso para a televisão, do qual o Danny Thomas participara, ganhando um emprego fixo, num único lugar. Então ele foi até o seu diretor espiritual, dizendo: "Bispo, aquilo que eu pedi a vida toda me foi dado, e preciso fazer alguma coisa para agradecer a Deus. O que o senhor me sugere?" O bispo respondeu: "Procure ver de que maneira as crianças doentes estão sendo tratadas por aqui e o que você pode fazer para melhorar a situação delas". O bispo o alertava com razão, porque naquela época, 1955, o índice de cura das dez leucemias mais importantes e mais comuns em crianças era de apenas 4%. Então aquilo era um desafio imenso, que ele aceitou na hora. Sabiamente, convocou cientistas, médicos, paramédicos, toda a cadeia da medicina e, ouvindo um por um, formou sua opinião e decidiu o caminho a seguir: iria buscar a qualquer preço, a qualquer custo, a melhor forma de tratar as crianças e consagrar aquela obra a São Judas.

Em 1960, ele conseguiu um terreno – eu vi a fotografia antes da construção –, um sítio longe da cidade, e deu início à sua luta para buscar a excelência no tratamento de crianças com câncer. E o santo das causas impossíveis, São Judas, dá o nome ao Hospital e, certamente, ampara as crianças.

Naquele terreno vazio ele ergueu uma estátua de cinco metros do santo e convocou a sociedade: "Aqui vai ser feita a diferença no tratamento de crianças com câncer". Daí por diante, cercou-se de tudo o que havia de melhor, buscando profissionais excelentes e começou a rastrear a melhor maneira de conduzir o processo. E qual foi a sua posição? "Não importa o quanto custe" – mais uma similaridade de posturas – "o que tem que ser, será feito. E dinheiro eu vou buscar a cada dia; vou me humilhar e vou pedir". Da mesma forma, eu me posicionara, do mesmo modo, meu pai sempre pensou e agiu. Um dia eu havia dito a meu pai que não começaria a obra se não tivesse o melhor arquiteto, o "número um". O Danny Thomas também se posicionara assim, ouvindo dos médicos o mesmo argumento – "Mas o que é isso? É muito caro!" – e lhes deu a mesma resposta: "Não se preocupem. Vou pedir todos os dias, vou lutar por esse dinheiro, porque a minha busca é por excelência; é a única atitude que me legitima para pedir as coisas a Deus e em Seu nome". Nunca imaginei ser possível duas posturas tão similares; agradar a Deus é a nossa meta e amar ao próximo, a única exigência real que Ele nos faz. E essa convicção certamente veio da condição de sermos ancorados por pessoas muito próximas de Deus. Tudo era muito parecido nas nossas histórias, e foi um dos maiores milagres que eu vivenciei: a coincidência dos fatos, a coincidência da fé, a percepção das coisas, o mesmo sentimento, o mesmo nível de exigência, tudo praticamente igual. E ele, mais audacioso ainda, rejeitou qualquer ajuda de governo; queria que tudo fosse doado, numa atitude absolutamente coerente com os ensinamentos de Jesus Cristo, num exercício puro de amor ao próximo – pessoas que tinham amparando as que não tinham! E aquilo me enriquecia demais!

Quando estivemos lá, nos informaram que as mesmas leucemias que antes tinham em média 4% a 5% de cura, agora tinham 96%. Essas mesmas leucemias no Brasil, até 2007, não alcançavam 80% de cura nos melhores centros, como, por exemplo, o Graac em São Paulo, ou o Boldrini em Campinas, serviços eficientes e muito sérios. Constatar tudo isso foi, para mim, um banho de adrenalina; aquilo foi de arrasar, mas o que me tocou profundamente foi ver o Saint Jude de Memphis com a mesma filosofia, a mesma trajetória do São Judas de Barretos, o nosso Hospital. E conheci muita coisa que me estimulava ainda mais; obras da Igreja Católica, no exterior, extremamente humanas, como a que fomos conhecer no ano seguinte em Nashville, também nos Estados Unidos.

Um milionário católico erguera um hospital em que as crianças se imaginavam num shopping ou num hotel seis estrelas. E o indivíduo o fizera, com o próprio dinheiro. Um hospital geral, que não atendia exclusivamente câncer. Era surpreendente e intrigante ver homens que se dedicavam ali, dando o seu melhor para melhorar a vida do próximo.

Pela primeira vez na vida, eu tive um choque com tudo o que conhecera. Tantas obras consagradas a Deus, fosse por meio de Nossa Senhora ou de qualquer outro santo. E muita seriedade, muita determinação! Principalmente na Europa e nos Estados Unidos. O que me impressionou demais foi constatar que as melhores obras eram de católicos que fizeram uma enorme diferença com projetos realmente incríveis. E quando voltei a Barretos, foi natural a reflexão: "Aqui, no Hospital São Judas, aceitei administrar o sonho do meu pai, o que para mim, a princípio, era absolutamente impensável. Aqui, o meu pai teve a luz e combateu o bom combate; aqui ele se doou de corpo e alma à mais nobre das causas. Quando lhe parecia impossível continuar, eu, seu filho, que detestava aquilo, aceitei dar continuidade ao seu projeto de vida, assumindo-o como meu". Essa análise, essa constatação me fortalecia e determinava definitivamente a minha trajetória.

164 Olhando para o mundo

O que vivenciei no Saint Jude ultrapassou o limite do que era espe-rado; foi muito além. E voltei completamente embevecido, em estado de graça. Fiz uma autocrítica e concluí que era fundamental melhorar o meu São Judas, que tinha uma estrutura pobre, arcaica e mesmo assim era o melhor... Imaginava como seria se eu aplicasse nele um pouco do que vira lá fora. E assim permaneci, sonhando e esperando que Deus me desse uma luz.

Milagre real

Passo agora a relatar mais uma história que demonstra, de forma viva, um milagre real. Ela fala da pessoa mais radical em suas condutas e expe-riências, e que é muito parecida comigo na essência de sempre querer fa-zer o melhor.

Depois de eu ter trabalhado com mais de duzentos especialistas em câncer, sonhando em fazer um projeto que se tornou a menina dos meus olhos, consegui um filho de São Judas para comungar com minhas ideias sobre a qualidade da medicina praticada, principalmente no tratamento de câncer infantil. Ele foi um grande presente: não conheci até hoje um mé-dico que fosse tão perfeccionista.

Em 2009, quando começamos a construir um hospital exclusivamente especializado em tratamento de câncer infantojuvenil, trazendo toda a qualidade que vi nos Estados Unidos e na Alemanha, não consegui persu-adir o hospital Saint Jude a ser nosso parceiro. Mesmo oferecendo uma excelente estrutura de hotelaria e todos os tipos de equipamentos necessá-rios, se eu não tivesse um profissional com alta capacitação científica, al-guém de peso, não haveria a mínima chance de se fazer uma parceria de hospital-irmão.

Estava construindo tudo de melhor, mas até então sem uma pessoa séria e respeitada. Qual não foi minha surpresa quando, ao procurar o nome de alguns cientistas com credibilidade internacional, apareceu o nome de um brasileiro que estava decepcionado com a medicina no Brasil, por ela seguir preceitos de só fazer o que é melhor para quem tem dinheiro. Ele tinha se mudado para a Inglaterra e já estava lá havia mais de quatro anos.

Quando fui atrás desse cientista, o doutor Luiz Fernando Lopes, ele foi extremamente honesto em dizer que sua atuação se restringiria a uma consultoria, porque a mãe estava doente e ele viria uma semana por mês ao Brasil ficar com ela. Já tinha, também, um compromisso de assessorar um projeto de um novo hospital em São José dos Campos, também voltado para a oncologia infantojuvenil. Ele foi taxativo, dizendo que, por motivo nenhum, ele assumiria a gestão de qualquer serviço no Brasil.

Contudo, vendo que ele era o único nome que me daria chances de, pelo menos, tentar uma parceria com o hospital Saint Jude nos Estados Unidos, celebramos um contrato de assessoria de apenas um ano. Depois de uns dez meses, tempo em que ele frequentou, durante uma semana por mês, nosso serviço, fomos juntos apresentar a nossa proposta de parceria.

Marcamos de nos encontrar na entrada do Saint Jude no dia 4 de novembro de 2011, em Memphis. Eu vindo de Nova York, ele de Houston. Para a minha surpresa, ele me comunicou que, em vez de figurar como assessor, permitiria que constasse do documento que ele se comprometeria a assumir o projeto, uma vez que nunca imaginara poder existir no Brasil um hospital que oferecesse tamanha dignidade e amor no tratamento do câncer de criança. Quase caí das pernas, de tão surpreso e feliz! Teria, agora, por inteiro, aquele grande cientista. Aí sim, poderíamos concretizar o grande sonho de ser irmão do hospital Saint Jude.

Naquela hora, disse a ele: "Luiz Fernando, vamos até a entrada do Hospital para tirar uma foto e selar nosso acordo". Lá na frente havia uma estátua de São Judas na qual estava escrito "Inaugurado em 4 de fevereiro de 1962". Ele supreendeu-se, e emocionado me disse: "Fiz residência aqui e nunca tinha notado que essa havia sido a data do início deste projeto". E me contou a seguinte história: "Nasci em 4 de fevereiro, depois de minha mãe ter perdido dois filhos prematuros no berçário. Quando ela soube que estava grávida de mim, contra a opinião de alguns, foi à igreja de São Judas com uma medalhinha e consagrou seu terceiro filho a ele. Eu, apesar de ter nascido mais prematuro até que os outros, sobrevivi milagrosamente. Até os 4 anos, carreguei aquela medalhinha que me consagrava a São Judas. É incrível constatar agora essa série de coincidências. Deixei para lhe dar a notícia aqui porque sei que podemos juntos fazer muito para melhorar o índice de cura de crianças com câncer, no Brasil".

Eu fiquei fora de órbita por um momento; senti claramente que tinha comigo o xeque-mate para conversar com toda a diretoria do hospital Saint Jude sem dar a menor chance para que esse meu grande sonho não se realizasse. O diretor da área internacional, doutor Raul, que é um brasileiro e está há trinta anos trabalhando lá, me disse: "Agora, Henrique, você vai ser ouvido". Uma semana depois, ele, acompanhado de outro diretor, vieram ao Brasil para conferir *in loco* nosso projeto e pôde ter a confirmação de tudo o que havíamos falado nos Estados Unidos. E disse mais: "Seu São Judas, de fato, é o mesmo São Judas do Danny Thomas nos Estados Unidos, pois sem esse médico, não conseguiria seu sonho de fazer um hospital-irmão conosco".

Depois de um mês, já em dezembro, recebemos a confirmação de que no dia 9 de março iríamos assinar o convênio de hospital-irmão com o centro mais importante do mundo na área. Para mostrar a importância maior disso, cito um exemplo: das dez leucemias mais comuns no Brasil, o índice de cura na medicina privada é de cerca de 64%, e na medicina pública é abaixo de 50%. No centro com o qual fizemos o convênio é simplesmente de 94%. Esse fato, para mim, significa o maior salto de qualidade que podemos dar, depois de tudo o que já fizemos, porque vamos ter uma chance de melhorar muito nosso próprio serviço e ajudar muito o Brasil.

Mas vejam as coincidências: meu pai e minha mãe sempre foram devotos de São Judas e consagraram sua obra a ele. A Xuxa tem sua Fundação Xuxa Meneghel para a recuperação de meninos de rua consagrada a São Judas. Sérgio Reis é um dos maiores devotos de São Judas. A televisão que adotou o projeto do Hospital para a vida toda tem como dono o Amilcare Dallevo Jr., um devoto de São Judas. Um dos parceiros mais importantes no avanço da qualidade da oncologia, o doutor Domingo Braile, um dos maiores gênios da medicina no Brasil, é devoto de São Judas.

Padre André era um santo vivo, de carne e osso, que eu chamava de meu São Judas. E agora, o doutor Luiz Fernando, com sua história.

De volta ao Brasil

N esse meio-tempo, o Serra ganhou as eleições para o governo de São Paulo. Eu já o conhecia como alguém profundamente comprometido, que aplicava corretamente o dinheiro da saúde onde houvesse resultados, onde existisse a comprovação de que as coisas eram honestas. E o secretário dele, quase um irmão, o doutor Luiz Roberto Barradas Barata, já fora um eficiente secretário do Alckmin, que também havia sido um bom governador.

O governador Serra chegou dando apoio maciço aos projetos comprovadamente sérios. Escalou um competente secretário da Fazenda, que trouxe um enorme aporte de receita para o estado, e saíram realizando barbaridades, copiando e multiplicando os bons projetos que davam resultado. Uma grande parte da gestão hospitalar foi entregue a outro grande amigo, substituto do padre André, para mim, frei Francisco das Chagas.

O Serra e o Barradas me incentivaram, trouxeram-me novo ânimo. Eu pedia: "Barradas, como agora o Serra é governador, vamos pensar grande e ver o que pode ser melhorado". E ele: "Vamos. Faça os projetos e nos traga". O que de fato aconteceu: fui idealizando novas coisas e o Barradas foi dando gás.

Na primeira oportunidade, o que lhes mostrei foi o projeto para melhorar o São Judas, fazendo dele um hospital de excelente logística, porque já tínhamos um corpo médico de grande competência e nos faltava a contrapartida do espaço físico. E ele: "Está bem. Vá fazendo, aí... No que puder, vou ajudá-lo". Esse sinal amarelo eu tomei como verde e, em 2008, resolvi partir para a ação, convocando a arquiteta que havia feito um projeto muito grande para o nosso Hospital, com o qual ganharíamos um prêmio da Avon: "Carla, veja o conceito; quero um centro de convivência com apartamentos e uma varanda muito grande, para a qual darão os quartos".

Esse tipo de varanda era pequena na Alemanha, mas eu queria uma bem ampla, para acomodar inclusive as famílias maiores, e aprofundei a minha ideia, espelhando-me no Danny Thomas. Realizamos um projeto que, sem dúvida nenhuma, é um dos maiores orgulhos do país, hoje. Um projeto completo de logística e de gestão, com profunda ênfase na humanização – no qual a família de pacientes terminais tem direito a um quarto individual, com duas camas, para acompanhantes. Em se tratando de medicina pública, isso realmente não existe por aqui. Além disso, disponibilizamos uma varanda com cinco poltronas por paciente – resultado da junção do que eu vira na Alemanha com o que meu pai priorizava, reunindo a família em torno do seu ente querido.

A Carla Vilhena Darahem, então, desenhou o projeto, que logo aprovei, e que foi simplesmente um arraso, superando qualquer conceito de medicina privada existente na América Latina. Esse projeto, que rascunhei e comecei realizando com muita dificuldade, com muita falta de dinheiro, tornou-se o meu maior orgulho. Tive uma realização íntima, que excedeu a qualquer outra, quando percebi sua real abrangência: proporcionar aos pacientes o ambiente e o lugar apropriado para estarem com a família até a hora da morte, rodeados de cuidado e amor.

Reforma do São Judas

Paralelamente às construções da Fundação Pio XII, conseguimos proporcionar grandeza e dignidade ao velho São Judas, um hospital da década de 1950. E, num terreno limitado, com espaço físico restrito, reduzindo de setenta para sessenta o número de leitos, pudemos oferecer uma logística muito mais humanizada por causa das varandas, das salas de convivência, do conforto oferecido. Quem for conhecê-lo, vai perceber de imediato que é um hospital diferenciado, extremamente interessante, porque a dignidade e os valores que ali se praticam e que são propostos no tratamento lhe conferem um nível de excelência sem igual no Brasil, nem mesmo na medicina privada. Para isso, contei, certamente, com São

Judas, um intercessor absoluto, de força perante Deus, um grande apóstolo de Jesus, tão relevante em todo esse processo!

E tive a felicidade de interferir no primeiro prédio, no primeiro Hospital do meu pai, muito malfeito, na época, por falta de dinheiro, e depois reformado. Para isso, contratei também outra arquiteta acostumada a repaginar prédios velhos. Devo confessar que sou meio insaciável quando se trata de arquitetos – devo ter uns cinco, cada um com determinada característica e com disposição para viajar comigo a fim de conhecer novas propostas. Vi a reforma de um prédio antigo da Santa Casa de Votuporanga, feita por uma arquiteta chamada Ana Angélica Megiani de Paula Santos, que me agradou muito, e resolvi lhe pedir ajuda para a reforma da parte velha do São Judas, que ficou à altura das novas instalações construídas.

Fui muito feliz com essas duas arquitetas. É esse o meu jeito de ser; sou muito transparente, mas crio muitas polêmicas também, porque determinada parte da obra é de um arquiteto e outra parte de outro. Qualquer profissional sofre com isso, eu reconheço.

A reforma do São Judas me mostrou que mesmo o que está degradado é passível de renovação, e que isso vale a pena. A prova foi que o velho prédio, sem dúvida nenhuma, tornou-se muito mais humano do que o novo, da Fundação. Em cada um dos dois andares das antigas instalações fizemos uma sala de convivência; uma onde era o centro cirúrgico, outra onde era a velha cozinha – ambientes aconchegantes nos quais as pessoas se reúnem para o café da manhã ou o chá da tarde.

Relembro a euforia que senti ao conseguir aprimorar o projeto inicial, tornando-o muito mais coeso e verdadeiramente integrado. Antes da reforma, os nossos funcionários reclamavam por não terem uma sala de convivência como a da Fundação nem o conforto de internet, refeitório bonito, sala de descanso... E tudo isso tivemos que adequar ao número de funcionários da rua Vinte, cujo terreno, no centro da cidade, era limitado, caro, rodeado de boas casas, sem chance de ampliação.

Vínhamos também num processo de melhorar as casas de apoio, principalmente as maiores – Vovô Antônio e Madre Paulina –, dotando-as de serviços como alimentação e enfermagem para os pacientes que não necessitavam de internação. Para isso, eu tinha o apoio de uma pessoa sempre atenta e estimulante, o padre André. Ele apregoava sempre que a quantidade fosse proporcional à qualidade e que, atrelado ao cuidado do corpo, estivesse o cuidado da alma.

Quando terminamos a reforma, com os trezentos e poucos leitos do Madre Paulina, avisei ao padre André que erguríamos uma capela para oitenta pessoas. Ele, então, subiu até minha sala e, incisivo, me disse: "Escute, há tanto tempo estamos juntos e você ainda não aprendeu? Como é que você quer fazer uma capela onde caberá apenas um terço das pessoas que ficam no alojamento?".

Na verdade, eu recomendara ao engenheiro que não fizesse mesmo uma capela muito grande, mas tive que mudar de ideia, depois do sermão do padre André, que disse que eu estava sempre muito preocupado com os cuidados do corpo, que defendeu a necessidade de uma instalação proporcional à quantidade de pessoas atendidas que gostariam de participar da missa, dos cultos, buscando estar em comunhão com Deus.

Assim, o novo São Judas com capacidade para sessenta pacientes e seus acompanhantes, deveria ter uma capela para, no mínimo, 150 pessoas – não menos do que isso. Mas eu tinha inventado de fazer varandas e jardins, o que reduzira ainda mais o espaço.

Realmente eu estava numa encrenca e muito triste por esse erro de cálculo. O que poderia fazer? No dia seguinte, depois da bronca do padre André, recebi a ligação de um corretor para me avisar que a casa do doutor Hirdonvay Batista, vizinha ao Hospital, estava à venda. Era uma casa com um terreno enorme, espaço de sobra. Mal pude acreditar. Minhas pernas bambearam. João Lopes Filho, o corretor, me confirmou: "Henrique, estou com a opção de venda. A casa vale uns 350 mil, mas ele pede 400".

Só o que me interessava ali, porém, era o terreno imenso, necessário para terminar o nosso projeto com a construção da capela. Fomos então até lá – o corretor, o engenheiro e eu – e quando o proprietário me perguntou se eu queria ver a casa e eu lhe respondi: "Não, doutor Batista, eu não vim ver a casa; vim ver o terreno". Olhei ao redor e era exatamente aquilo de que precisávamos. Pensei: "Incrível! Esse São Judas não está brincando, não. E está me salvando de ter um problema sério com a minha consciência e com o padre André". Perguntei: "Doutor Batista, quanto o senhor quer pela casa?". A resposta veio rápida: "Quatrocentos mil, Henrique". "Posso pagar metade agora e metade daqui a trinta dias?". Nessa hora, o Boian quase caiu da cadeira, e o João olhou para mim assustado; todos achando que eu iria negociar. Continuei: "Dê a mão aqui, doutor Batista, a casa é minha". Ele perguntou: "E como eu faço? Você espera eu me mudar?". "O senhor pode até ficar morando aqui na frente. Eu não quero a casa, quero só o terreno lá atrás. Mude quando o senhor quiser. Não tem prazo. Só o terreno é que eu quero agora, para completar a minha obra. A exigência do padre André é a mesma de São Judas e ambos gostam das coisas como devem ser. A única forma de resolver o meu impasse é este seu terreno. O senhor vai me permitir pôr um tapume aí amanhã? Porque eu vou iniciar a construção...".

Esse foi um momento emblemático, muito significativo. Cheguei a não acreditar que aquilo fosse verdade. Eu, mesmo com toda a minha fé, muitas vezes me perguntei como aquilo fora possível e com tal rapidez! E como eu via a presença de Deus nessas horas! Chamei, então, o padre André, já lhe dizendo: "Fui salvo por São Judas! Erga as mãos para os céus e agradeça a ele, que evitou uma briga entre nós". Ele ria, feliz, me ouvindo: "Nem lhe conto! Não havia sobrado terreno nenhum por aqui, nada; mas inacreditavelmente o jogo virou e daqui a noventa dias vamos inaugurar a capela, como o senhor exigiu, para acolher o lado espiritual de quem vem tratar do corpo. Eu já estava frustrado porque iria decepcioná-lo, mas o senhor é forte demais! Sei que São Judas fez isso, principalmente pelo senhor, que tem muito prestígio com Deus. Esse terreno veio bem na hora em que eu estava me sentindo derrotado". Ele ria e eu continuava brincando. Estávamos, os dois, bem felizes por tudo ter acabado bem.

Esse episódio foi uma das divergências, no bom sentido, que tive com o padre André e, até chegarmos a esse final feliz, enfrentei, como sempre, dificuldades e obstáculos quase intransponíveis.

172   Olhando para o mundo

Ampliações

Eu havia aprendido com o Jarbas Karman, um dos arquitetos, que como um hospital é uma coisa indefinida, uma obra aberta, qualquer oportunidade de comprar um terreno próximo, deveria ser aproveitada. E já fizera exatamente isso, comprando dois quarteirões e deixando a esquina em frente à praça para a construção de uma capela.

Outro anseio do meu pai era construir um abrigo para motoristas de ambulâncias, ônibus ou vans. Mas como isso parecia ser uma coisa secundária, fui protelando, até que houve um acidente com um ônibus cujo motorista dormira ao volante e matara algumas pessoas. Então, naquele terreno, erguemos um alojamento para 120 motoristas, com banheiro, lavanderia, café da manhã. Além disso, ali eles eram informados da rotina dos seus doentes dentro do Hospital, sem a necessidade de irem até lá e atrapalhar os trabalhos.

O cantor Chorão, do grupo Charlie Brown Jr., que já naquela época fazia enorme sucesso, ajudou-me a pôr em pé esse alojamento, e assim começamos a preencher o terreno. Construímos também uma creche, que funcionava de dezoito a vinte horas por dia, cuidando de 150 crianças de 0 a 6 anos, filhas de nossos funcionários, que eram atendidas com conforto e recebiam educação de qualidade. Construímos também um prédio de três andares, inspirado no Saint Jude, para abrigar o departamento de captação de recursos. O Luiz Antonio Zardini, responsável por isso, trabalhava até então dentro do Hospital e precisávamos de mais esse projeto que agregaria dinamismo e criatividade na busca de verbas. Aí, o espaço para a capela minguou, e mais uma vez São Judas precisou vir em meu socorro.

Presente para padre André

Bem, nem tudo é como planejamos. Eu fui até o pároco do bairro perto do alojamento para lhe comunicar que ergueríamos a capela para o padre André e dizer que não precisaríamos da colaboração da comunidade. Avisei também ao nosso bispo que construiríamos por conta própria, com o dinheiro de nossos doadores habituais, e que aquilo seria uma espécie de presente para o padre André, que com 88 anos, lúcido e forte, adoraria poder rezar lá a sua missa diária.

Prometi ao padre André mandar levá-lo e trazê-lo sempre que precisasse. Nós o pajeávamos em tudo e para mim era como se fosse da família. Padre André estava feliz e ansioso como uma criança.

Quase às vésperas da inauguração, porém, o bispo Dom Edmilson Amador Caetano me chamou para informar: "Henrique, aquela capela pertence à paróquia São Luís, quem vai se encarregar da administração é o padre Cláudio Beraba, que será o pároco". Levei um susto e tentei reverter aquela situação: "Escute, eu não pedi nada à paróquia São Luís e avisei com antecedência a minha intenção de presentear o padre André, e agora o senhor me vem... É muito estranho tudo isso!". Ele disse: "Não, Henrique... Há uma hierarquia e um processo que devem ser respeitados". E não houve como convencê-lo a mudar de ideia.

Informado do acontecido e sabendo como eu reagia quando ficava totalmente indignado, o padre André foi a primeira pessoa que apareceu no dia seguinte bem cedo, antes mesmo que eu chegasse à minha sala, acompanhado da Cecília Fernandes, que cuidava dele: "Uai, o que o senhor está fazendo aqui tão cedo, padre André?" Ele disse: "Estou aqui porque o conheço. Você não vai abrir a boca para dizer uma palavra sobre o que fizeram comigo. Apesar da minha decepção, conheço a hierarquia da Igreja e tenho que obedecer. Eles querem assim, assim será; mas eu agradeço a sua intenção, Henrique. Deus, porém, vê tudo o que estão fazendo comigo e a Ele ofereço a minha decepção, como um gesto de humildade".

Abaixei a cabeça porque, se ele aceitava dessa maneira, quem seria eu para me levantar contra? Tive muita vontade de brigar e só recuei porque entendi que aquele homem era ainda maior do que eu imaginava. A euforia brilhava em seus olhos com a simples ideia de poder rezar a missa todos os dias na capela pela qual lutara, mas se resignava, impedido que fora pela hierarquia. Aquilo gerou um desconforto tremendo, uma frustração, mas, como lhe prometera, também aceitei a decisão, apesar de aborrecido e decepcionado.

De fato, sou mandão, mas nas minhas coisas. Fui o primeiro a recusar um real sequer da paróquia para erguer a capela; queria fazer do meu jeito, com a disciplina do padre André, para que fosse a casa dele em seus últimos anos. E a desculpa que arranjaram, de que seria um peso para ele se encarregar dos cuidados com a capela, era completamente equivocada; ele estava pleno de saúde, com o raciocínio afiado, melhor do que qualquer um, muito melhor até do que eu. Era um santo. E a cidade sabia; todos sabiam.

Quero ilustrar com fatos a sabedoria do padre André ao dizer que cuidar da alma é tão ou mais importante que cuidar do corpo. Tínhamos instituído no Hospital São Judas, por influência dele, a comemoração de aniversários dos pacientes, com cafés da manhã e da tarde comunitários, para a integração das suas famílias num projeto humanitário de amor e espiritualidade.

Esse espaço é tão importante para mim, que duas vezes por mês, e sempre no final de semana, nas noites de sábado ou domingo faço uma visita ao São Judas, porque durante a semana a Fundação me ocupa demais. E vou sem avisar, para ver realmente o comportamento do Hospital, e se ele se mantém à altura da minha expectativa.

Comemorações e congratulações

Depois de um mês da inauguração da capela e das novas instalações do São Judas, eu andava pelos corredores quando veio até mim uma senhora que me perguntou se eu era o senhor Henrique e disse: "Olhe, minha filha quer falar com o senhor". "Como? Eu não sou médico, não faço visitas; sou apenas o administrador aqui". A mulher continuou: "Ela sabe, nós sabemos, e é com o senhor mesmo que ela precisa falar". Segui, então, aquela senhora até um quarto onde uma jovem muito magra, afundada no leito, pegou minha mão e disse: "Queria ter a chance de lhe agradecer, seu Henrique. Tenho 26 anos e só aqui no Hospital, pela primeira vez na vida, tive um bolo de aniversário e apaguei velinhas. Não sabia que era tão bom. Moro na roça, em Frutal, e nunca antes alguém cantou "Parabéns" para mim ou me fez um bolo de aniversário".

Dias depois, soube que ela morrera, e me pus a avaliar uma vez mais a importância dessa logística humanitária que proporciona comemorações, pequenas alegrias e integração familiar. Aquela jovem, uma única vez na vida, teve uma comemoração de aniversário, o que lhe trouxe um pouco de alegria antes de morrer.

Em outra ocasião, recebi de um paciente pernambucano o convite para ser seu padrinho de casamento. Na capela nova já haviam sido realizados alguns casamentos (antes, o Hospital pagava para eles serem feitos em outras igrejas, até mesmo em outras cidades). Aquele deve ter sido o sexto ou sétimo a ser realizado ali e eu aceitei o convite com muito gosto.

Na hora da cerimônia, ele de terno, eu de terno, sua mulher e dois filhos, me veio a curiosidade: "Por que o senhor está se casando?". "Sabe, Henrique, esse convite foi para lhe agradecer, porque além de tratamento, vocês me deram a oportunidade de me reconciliar com Deus. Eu vivo com a mãe dos meus filhos há quase dezenove anos, e me dá muita paz saber que vou morrer deixando as coisas aqui acertadas com Deus. Estou muito mal, mas vamos comemorar até com bolo, nesta capela tão bonita, com minha família unida e com as bênçãos de Nosso Senhor".

E quantos casamentos ainda seriam realizados, quantos reencontros com Deus aconteceram, fortalecendo a minha convicção de que o padre André enxergava longe, vivendo em intensa comunhão com o Divino. Comunhão essa que presenciei ser estendida a muitos doentes que, antes de morrer, estreitavam seu contato com Deus.

Quanto a mim, posso afirmar que o padre André foi uma das coisas mais espetaculares que me aconteceram. Eu me sentia no céu quando estávamos juntos, e só o fato de vê-lo já me fazia sorrir. Era impressionante como ele me cativava. Antes dele, o meu avô e também meu pai. Eu sempre fui muito apegado a pessoas mais velhas, talvez por causa da amizade que desde criança tivera com meu avô. O simples olhar do padre André me condenava ou me acariciava com amor, e sua história de vida é uma das mais edificantes que conheci. Aquele homem, com quase 90 anos, era o maior guerreiro e o maior discípulo da causa do amor ao próximo. Foi um privilégio tê-lo por perto me apoiando, me aconselhando, me pedindo paciência, me alertando.

Gestão complexa

É perceptível que o modo como se trabalha no Hospital é mais ou menos como um casamento, uma união estável. As pessoas estão lá porque têm os mesmo objetivos, os mesmos valores, os mesmos sentimentos de amor ao próximo – isso é indiscutível. Mas não posso deixar de chamar a atenção novamente para o corporativismo dentro da classe médica, que dificulta ao gestor uma visão clara do que se passa nos bastidores, no dia a dia.

Grande parte dos médicos veio para o Hospital quando meu pai ainda estava vivo. Eu jamais teria tido a competência de encontrá-los sozinho. Os vários caminhos pelos quais chegaram até o Hospital são muito bonitos, como atestam algumas das histórias que contei.

A complexidade da administração de um hospital exige gestores competentes, honestos, justos e que saibam realmente o que se passa em cada canto. De nada adianta um gestor de gabinete, alheio aos bastidores, porque a maior parte dos problemas vai chegar filtrada, suavizada, às vezes até distorcida – essa é a minha experiência.

Eu tive um diretor de quem sempre gostei muito, atuante, crítico e observador, o doutor Gilberto Colli, um médico que trouxe para o Hospital o primeiro selo de qualidade com o laboratório de hematologia montado por ele. Era uma pessoa de temperamento forte, mas extremamente honesto e competente. No início o departamento era ele; depois, finalmente, chegaram à equipe o doutor Eduardo Paton, para fazer transplantes de medula, e outra médica também especialista.

A hematologia era um departamento importantíssimo, que tinha, então, três médicos muito bem formados e de excelente caráter. Quando, porém, a médica ficou grávida, os dois colegas lhe deram certa flexibilidade de horário e, nos últimos meses de gravidez, ela andou trabalhando menos do que deveria. Depois da licença-maternidade, manteve o hábito da liberdade conquistada, entrando e saindo como lhe aprouvesse. Eu via que o doutor Gilberto e o doutor Eduardo Paton estavam trabalhando demais; enquanto os outros entravam às sete e saíam às sete, eles entravam às sete e saíam às nove. Não cabia, porém, a mim interferir, porque o departamento vinha redondo, com o trabalho em dia e, apesar de os dois estarem se matando de trabalhar, não me traziam o problema. E o doutor Gilberto era uma pessoa extremamente íntima da diretoria, que trabalhava comigo fazia mais de quinze anos...

Os dois tentaram contornar aquele problema, conversando com jeito com a médica, mas não adiantou. E o interessante é que ela conhecia a minha forma implacável de monitorar tudo, conferindo o nível de produção de cada profissional, porque eles são sócios, ganham 30% do faturamento, repartidos igualmente entre eles. Assim, ninguém pode trabalhar menos, nem se esforçar menos. Eu estou relatando isto para dar uma ideia mais clara do que é o corporativismo.

E as coisas passaram do limite, com os dois médicos já à beira da exaustão. É bem verdade que eles já poderiam ter me trazido o fato um ano antes, porque era uma questão administrativa; era alguém exercendo um regime disciplinar diferente dos outros, mas só o denunciaram quando já não tinham mais domínio da situação. Comentei: "Eu fico até feliz ao vê-los se arrebentando de trabalhar para que sintam na pele o que é o corporativismo, que não só afeta a vocês, como também à própria dinâmica do Hospital. Vejo, porém, que ninguém entrega ninguém, ninguém me diz nada e só quando não há mais jeito é que vocês vêm a mim!"

Chamei a profissional em questão, filha de um dos nossos médicos, para ser advertida por aquela falta séria. Era difícil ter que repreender a filha de um amigo, um dos fundadores do Hospital, mas o meu dever ali era ser imparcial. Não agiria como as pessoas da classe médica, que, por consideração e amizade, não enfrentavam o problema. Ali, produtividade e seriedade devem ser sempre inquestionáveis. Mas, obviamente, o pai da moça não ficou satisfeito. Quando chamo a atenção de alguém, estou, contudo, tão convicto, que fica difícil contra-argumentar. E eu estava! Mesmo assim, foi um episódio muito desagradável.

Em paralelo, nessa função polivalente que é administrar, eu estava monitorando com todo o rigor o consumo do Hospital; várias vezes, apenas pelas oscilações repentinas dos gráficos que apontavam o comportamento do consumo, detectamos roubos na farmácia e no centro cirúrgico. Ainda bem que tínhamos esse recurso, porque a nossa cultura não é a da denúncia. Chegamos a detectar três, quatro roubos, alguns bem sérios, como o de medicamentos caríssimos, que qualquer um punha no bolso. Hoje, com o advento dos códigos de barras, otimizamos a farmácia e o controle, então, quando acontecem desvios, sabe-se no dia seguinte. Além disso, temos uma gestora de consumo, mas nem assim tudo é perfeito ou extremamente exato. Sou um bom gestor, tenho bons resultados, mas existem também muitos problemas e dificuldades próprios a qualquer hospital.

Em uma ocasião, contratamos um médico muito competente para a área de urologia. Tinha doutorado e era exímio cirurgião. A urologia deu um salto de qualidade com um profissional de tão alto nível. Ele passou a ser também o meu médico, e nos tornamos muito amigos. Como meu pai teve câncer de próstata, comecei precocemente a fazer a prevenção, como ele indicava para quem tivesse tido algum caso na família. Embora com qualidades profissionais inquestionáveis, o doutor tinha temperamento difícil. Com o tempo, começou a se sentir em casa, deixou a educação de lado e entrava em conflito com os médicos, dentro do centro cirúrgico, por direitos que achava que tinha. E criou-se uma zona de atrito – não ocasional, como em alguns outros casos, mas constante, com troca mútua de ofensas. Chamei-o, então, para alertá-lo: "Você precisa se conter. O trabalho aqui é de equipe e a instituição sobrepõe-se ao indivíduo; não parta para o confronto porque você vai ter problemas".

Do mesmo modo como ele estrilava com os médicos, estrilou um dia com um paciente. A ouvidoria flagrou a cena e o advertiu. Ele contestou, mas apresentaram-se as testemunhas e o fato era relevante. Eu o adverti mais uma vez: "Cuide-se, porque não conheço ninguém aqui que tenha passado por três advertências. Ninguém! E há até quem não passe da primeira. Você é um excelente médico, mas precisa conter esse seu gênio porque não aceito que você parta para cima dos meus pacientes".

Meses depois, os problemas se repetiram, com médicos e também com pacientes, tudo provado e documentado pela ouvidoria. E eu, fugindo às minhas características, ainda lhe dei mais um aviso: "Doutor, você já está aqui há alguns anos e trouxe um benefício imenso para o Hospital. Eu gosto muito de você, respeito a sua competência, mas trate meus pacientes como foi combinado; não erre com eles. Temos aqui meia dúzia de médicos que, advertidos, se modificaram, porque sabem que a filosofia de amor da instituição não tolera isso. Se você quer continuar aqui, pense bem". E, é claro, houve comentários. "Ah, o Henrique, com esse médico, não é a mesma pessoa". Infelizmente nem tinham se passado noventa dias, quando ele foi rude com outro paciente, e aí tive que ser definitivo: "Doutor, acabou sua jornada aqui. Você tem o perfil para uma clínica privada, em que as pessoas pagam bem e você precisa ser moderado ou perde o cliente. Num hospital público, acho difícil; se houver ouvidoria, você não fica, por causa do seu temperamento". Ele assentiu: "É, infelizmente eu pago caro por isso." E foi embora...

É inadmissível para mim que tratem com rudeza pessoas em situação de fragilidade. Esse, para mim, é o lado difícil da minha função, e me doía, também, perder um grande médico. Certa vez, ele havia operado com sucesso a alça do intestino de uma garotinha de 1 ano e meio, de quem eu gostava muito – cheguei a cogitar mandá-la para os Estados Unidos; mas ele realizou com competência uma cirurgia raríssima. Fez tudo para me agradar. Era um bom médico. Demiti-lo me doeu, mas... fazer o quê?

Em outra ocasião, despedi quatro médicos num mesmo dia porque achavam que o departamento era deles e tratavam a todos como queriam, asperamente. É assim que administro, que penso, e assim tem que ser. Assim eu comungo com Deus e ponho a cabeça no travesseiro todos os dias tranquilamente. Não permito que ninguém ofenda ou maltrate quem não teve chance na vida, ainda mais na dor, na doença. Mas nem por isso deixo de sofrer...

180   Olhando para o mundo

Bom relacionamento com minha mãe

Felizmente, as minhas relações com minha mãe haviam melhorado e estavam praticamente voltando ao normal. Ela, aos poucos, foi reconhecendo minha competência, o meu esforço, e isso me aliviava, porque os problemas eram incessantes. Como o de uma médica que negligenciou um paciente e receitava sem vê-lo, até que os pais vieram me avisar – só assim fiquei sabendo. Certamente todas as enfermeiras tinham ciência daquilo e não a denunciavam, embora no café da manhã que tomava já fazia mais de quinze anos com os funcionários eu sempre lhes falasse da dificuldade para os problemas chegarem até mim.

Entendo perfeitamente a superioridade dos médicos, conhecedores maiores do assunto, que às vezes, muito autoritários, os intimidavam. No entanto, eu pedia a todos: "Quando virem uma coisa errada, avisem logo, porque o pecado da omissão é o pior deles. Aqui nossa responsabilidade é com vidas e não podemos protelar a solução. O erro é humano, mas na área médica persistir no erro ou se omitir é crime".

Marquei, então, um café da manhã, com toda a equipe que cuidava daquela ala da internação, e disse: "Vocês se lembram que tomamos outros cafés da manhã juntos? Onde está a responsabilidade de vocês em permitir ou aceitar que se repita a falta de atendimento? E vocês sabem, qualquer um sabe, que é errado receitar sem realizar um exame clínico do paciente com dor, com febre, não sabem?". Ninguém se manifestou e continuei: "Por que se omitiram? Por que não tiveram a coragem de levar isso para a ouvidoria ou para mim?". Era muito frustrante! Quem eram eles para chamar a atenção de um médico? Era difícil – eu sei –, mas fiquei muito decepcionado. Para a médica, eu disse: "Agora você vai assinar a segunda advertência e lembre bem o que estou lhe dizendo: pisque o olho para ver se permanece aqui na instituição".

Essa é a parte mais difícil da gestão hospitalar. Eu falando ali, com autoridade máxima, para um médico, por trás de quem há um grupo muito grande de profissionais que às vezes não aceita que seja assim, não aceita que alguém lhes seja superior. Precisam entender, porém, que construímos juntos esse imenso Hospital, que são parte intrínseca dele e que temos como filosofia, inquestionável, que o doente é prioridade e deve ser tratado, no mínimo, com absoluto respeito. Mas na banalidade do dia a dia, no cotidiano da vida concreta e imediatista, acabam esquecendo-se da grandeza dessa proposta. E como é uma classe um tanto agnóstica, fica ainda mais difícil sentir que as nossas imensas conquistas têm a intercessão divina. Há mais de 30 milhões de dólares em equipamento dentro do Hospital; só isso seria suficiente para todos os que lá trabalham reconhecerem que aquele é um lugar abençoado. Alguns até sentem isso, mas é minoria.

O meu recado para os funcionários era o seguinte: "Aqui, portão adentro, todos, para mim, são médicos". Muitas vezes um médico fica vinte minutos com um paciente, enquanto a enfermagem fica oito horas. O funcionário que carrega um prontuário para mim é médico, porque se ele perder aquilo ou o puser no lugar errado, compromete. Quem faz a limpeza, para mim, é médico, porque a higiene na saúde é fundamental. O vigia da entrada também é médico, porque se sorrir e acolher o paciente, levanta sua autoestima. O jardineiro é médico... Todos, enfim, que trabalham no Hospital e que participam dessa cadeia que cura e salva, cada um a seu modo. Um leigo, por fazer as coisas acontecerem, também salva vidas. Também os erros às vezes fazem parte dessa cadeia. Eu tenho o direito de errar como todos os demais, e erro; nunca, porém, com o paciente que está numa situação de fragilidade. E peço a Deus cotidianamente que me dê discernimento para errar menos.

■ Capítulo 12

Prevenção, tratamento e pesquisa

No final de 2007, resolvi fazer uma viagem ao Japão. Já tínhamos varrido Europa, Estados Unidos, Canadá, e persistiam na minha cabeça as palavras do meu pai; uma instituição como a nossa seria levada a sério apenas quando associasse três fatores: prevenção, tratamento e pesquisa.

Nessa peregrinação eu já tinha visto um punhado de coisas mundo afora. Vira uma vez, em Barcelona, um *screening* para prevenção, que funcionava dentro do hospital e ao lado do que seria um centro de pesquisa. As coisas se encaixavam, se complementavam como meu pai dizia.

Eu mesmo não sabia como harmonizar uma coisa com a outra, e vivia perguntando aos médicos como seria esse negócio de pesquisa; mas não conseguia uma resposta satisfatória, ninguém que me explicasse por que no Brasil inexistia essa cultura de atrelar uma coisa à outra, como eu vira em tantas viagens.

Japão

Eu, sempre muito observador, e lembrando das palavras do meu pai e das coisas que meu avô me ensinara, resolvi ousar, pondo em prática

Prevenção, tratamento e pesquisa

essa visão da medicina que congrega as três frentes. Um dia perguntei ao Edmundo: "Onde existe o melhor serviço de prevenção geral de câncer, não especificamente de mama?" Sua resposta foi: "O Japão tem muita coisa avançada, muito equipamento, tecnologia de ponta, muita cultura e educação de berço". "Então, marque para este ano a nossa visita. Já conhecemos quase o mundo inteiro. Vamos agora para o Japão".

E fomos. Numa viagem incrivelmente longa. Quando finalmente aterrissamos em Tóquio fomos diretamente para o hospital de câncer, onde havia um grande projeto de *screening*: rastreio (teste de objetos ou pessoas a fim de identificar aqueles com características particulares). Lá, pessoas que tivessem histórico familiar de determinado tipo de câncer procuravam fazer a prevenção sistematicamente.

Um japonês enorme era o professor, o chefe, que nos levou para conhecer os vários projetos do hospital. Surpreendeu-me constatar que a área de prevenção era completamente isolada da área de tratamento. Eram justapostas, mas independentes e lhe perguntei a razão daquilo. Ele me explicou: "É importante evitar o contato entre os que vêm fazer prevenção e os doentes. Os primeiros têm que encontrar aqui um serviço de hotelaria cinco estrelas, um ambiente mais leve, porque se vêm fazer, por exemplo, uma colonoscopia preventiva, e encontram pacientes operados, com a bolsa colostomial, apavoram-se e não voltam. A mesma coisa ocorre com relação ao câncer de mama: evitamos que quem venha por prevenção veja uma paciente mutilada".

Em todos os grandes hospitais do mundo que eu conhecera essas coisas eram misturadas; lá, porém, vimos uma clara divisão.

A rotina dos japoneses era tão impressionante, tão diferente, que nos pareceu uma linha de produção em série. Lembrava uma indústria: os pacientes deitados lado a lado, um aparelho para cada maca e apenas um médico realizando os exames. Nos dez primeiros pacientes, os exames foram feitos em quinze minutos, marcados no relógio, sem nenhum sedativo; um minuto e meio por paciente, fosse endoscopia ou colonoscopia. Não dava nem para comparar com o resto do mundo... Todos os equipamentos eram de última geração e os médicos, de alta performance, incrivelmente treinados.

Acima de tudo o amor | 85

Naquela noite, durante o jantar, expressei a minha incredulidade. "Que habilidade é essa? Não dá nem tempo de piscar, já acabou, e com o paciente inteiramente lúcido?" E um deles brincou: "Ah, desde criança a gente mexe com estes pauzinhos aqui, daí a nossa habilidade com a colonoscopia".

De Tóquio fomos para Hiroshima. Num outro hospital, a mesma dinâmica, ainda mais rápida, com a mesma separação entre as áreas. Pessoas que vão fazer prevenção, não se comunicam com as que estão em tratamento – um conceito extremamente inteligente.

No M.D. Anderson, eu tinha visto alguma coisa parecida, mas nada em série, nem na medicina pública. No Japão era um conceito empresarial, de indústria... dez pacientes deitados na maca e só um médico fazendo o trabalho em quinze minutos! Fiquei impressionado com aquilo. Os espaços eram pequenos, mas com utilização e logística perfeitas; um negócio humano, digno e produtivo – altamente produtivo! Era até humilhante para nós. O paciente tinha um banheiro privativo enquanto se preparava, e direito a acompanhante, tudo num espaço apertadinho. Registrei bem aquilo para copiar, um dia.

Cheguei ao Brasil expondo a ideia para a diretoria: "Boian, vamos pedir aos nossos arquitetos que desenhem, num anteprojeto, o que vimos no Japão. Daqui a alguns anos, na hora de executar, podemos ter esquecido como é que funciona aquele negócio extremamente dinâmico, mas a parte de endoscopia, vamos mudar agora". Já havia prometido ao doutor Wagner Colaiacovo fazer uma mudança e, quando vi tudo aquilo no Japão, fiquei animado. Em seis meses reformamos a endoscopia e, com a mesma equipe de funcionários e médicos, dobramos a capacidade de atendimento apenas com a adoção daquela logística muito mais eficiente.

Foi um espetáculo, uma coisa de outro mundo! E importantíssimo conhecer aquele novo conceito japonês, aquele plano diretor de outra cultura, que não encontrei nem na Europa. Só um país muito rico e com alto desenvolvimento tecnológico pode dispor de tantos equipamentos tão caros.

Refleti, também, sobre essa divisão, que evitava assustar os pacientes, e quis adotá-la por me lembrar de casos de funcionárias que, necessitando fazer rastreamento da mama, por exemplo, não voltavam quando viam pacientes que tinham extirpado a mama toda – era impressionante o trauma e o medo que isso provocava.

Antes mesmo da nossa visita ao Japão, eu já havia mandado a arquiteta Carla Vilhena Darahem conhecer o maior centro de pesquisa do mundo: o National Cancer Institute (N.C.I.), em Washington, D.C., um centro com 24 mil pesquisadores, um dos quais brasileiro, meu amigo e cunhado do doutor Fabiano Lucchesi, nosso radiologista, que nos propiciara essa oportunidade.

Aí, então, eu montaria, com conhecimento de causa o tripé do meu pai: prevenção, tratamento e pesquisa.

Respeito da medicina e da ciência

Até aquele momento tínhamos o respeito dos pacientes, mas eu também queria o respeito da medicina e da ciência. Nada foi mais importante do que ter viajado; nada mais importante do que conhecer e refletir, não menosprezando ninguém e observando tudo, da gestão aos detalhes. Contudo, na hora de pôr as coisas em prática, o Boian, que além de engenheiro cuida das nossas finanças e é muito palpiteiro, alegou falta absoluta de verba. Eu insisti: "Boian, ponha isto na cabeça; preciso desse trem urgente. Se eu esquecer aquilo que vimos, fica difícil, porque não volto mais lá; é muito longe; gastamos 14 horas de voo dos Estados Unidos ao Japão. Então, chame a arquiteta agora, para pelo menos colocar tudo no papel".

E foi perfeito, foi uma chance ímpar na minha vida, porque enquanto a Carla rascunhava o projeto, eu visitei Washington e, na volta, pude dar meus palpites. Tivemos umas briguinhas, mas ficou perfeito: somando o que eu queria, o que o Boian achava e o que ela sabia, fizemos um grande projeto, que ficou guardado, esperando a ocasião e o dinheiro para sair da gaveta. E a prevenção ficaria muito bem trabalhada em cima da logística que já tínhamos.

Na Holanda

Em 2009, fomos para a Holanda por sugestão do Edmundo, que tinha me chamado a atenção para o fato de que havia um país com um *screenning* igual ao nosso; o mesmo projeto, mas com melhor performance; inteiramente digital, cobria o país inteiro, que é pequeno e não só uma região. "Ótimo, Edmundo, agende uma visita porque, apesar de estarmos muito bem com o nosso projeto, podemos aprender e melhorar ainda mais." E ficamos impressionados com a seriedade e com o conceito do projeto da Holanda. Eu havia perguntado anteriormente ao presidente do M.D. Anderson, por que os Estados Unidos não faziam como a Holanda que exterminara o câncer de mama. A Holanda tinha sem dúvida, pela maior abrangência, um *screenning* superior ao nosso; lá o governo estava envolvido, todos os aparelhos eram digitais e tudo estava interligado em rede, com três centros que cobriam o país inteiro; num período de 48 horas, dados estavam disponíveis, independentemente da distância de onde havia sido feito o exame. E naquela época eles tinham em torno de cinquenta unidades móveis, carretas com dois mamógrafos cada. Muitas coisas se pareciam com as nossas, mas com superioridade de tecnologia, de qualidade e de quantidade.

O importante desse fato é que pedi para seguir o protocolo deles e o governo de lá imediatamente fez um convênio conosco, além de nos dar suporte para melhorar nosso desempenho. Entre conhecer, em 2009, preparar e realizar, demoramos de dez meses a um ano e mudamos tudo. Por exemplo, os nossos aparelhos, que eram analógicos, foram substituídos por digitais, interligamos tudo por sistema e seguimos à risca o novo protocolo com treinamento de técnicos, físicos, médicos que mandamos à Holanda para se aperfeiçoar.

E antes mesmo de aparecer o efeito prático desse novo protocolo, tínhamos sido escolhidos em 2011 como os melhores para o investimento de uma empresa importantíssima no mundo, a Avon, que doa mais de 100 milhões de dólares por ano a projetos de prevenção de câncer de mama em 62 países, e desses, o melhor resultado de 2010, fora o nosso. E olhem, fazendo um balanço, bem que podíamos estar satisfeitos porque já realizávamos um protocolo de *screenning* superior. Parecido com o nosso, nem nos Estados Unidos. Tínhamos certeza disso, eu conheço o mundo inteiro, o nosso *screenning* era quase perfeito. Mas dois países nos eram superiores, um deles, pelo qual optamos, era a Holanda. Daí termos abaixado a cabeça, ido até lá tentar fazer um convênio e copiá-los, apesar de ser mais dispendioso. "E daí que é muito caro? Só temos um caminho, como sempre, tentar fazer o que há de melhor, porque assim eu tenho certeza da bênção de Deus." Eu que sou leigo, estava achando maravilhoso o nosso trabalho anterior, tanto que ganháramos o prêmio da Avon, vencendo até Estados Unidos e e Inglaterra. Entretanto, nunca me satisfiz, nunca achei que o bom deita em berço esplêndido, nunca. O que está bom, pode sempre melhorar. É assim que eu sou e o padre André me deixou ainda mais exigente com relação a tudo. E me lembro perfeitamente que esse assunto espantou todo mundo porque um mamógrafo analógico normal como o nosso custava 70 mil dólares, um de carreta 90 mil e o digital 420 mil dólares! E como sempre, questionaram: "Henrique, para que essa substituição? Estamos tão bem assim, são tão bons nossos resultados, para que melhor? É muita diferença, é muito dinheiro." "Esse é o problema, quando sei que há melhor, não me satisfaço com o bom. Vou fazer menos, mas vou fazer o melhor. É assim que eu sou e vocês precisam me entender!"

Eu nunca inventei nada, mas sei copiar o melhor muito bem. E todos acharam que era um absurdo, porque para América Latina, para o Brasil, estava ótimo – a cultura do possível. Era "show de bola" o que nós já fazíamos; de cada mil mulheres que examinávamos com nossos aparelhos analógicos e com nosso corpo médico, paramédico sem treinamento de alta performance, cem tinham que voltar para aprofundar os exames, no nosso centro específico por meio de ultrassom e biópsia ou para repetir mamografia. Então, em cem mulheres o exame inicial vinha com suspeita e era necessário mais clareza, maior precisão do laudo.

Quando chegamos à Holanda, o que mais me tocou foi que eles conseguiam, de cada mil mulheres, um resultado preciso em 98,5%. E nós, que éramos os melhores de todo o investimento da Avon, tínhamos no primeiro exame, 90%. Lógico que no segundo exame, atingíamos a porcentagem de acerto deles, 99% ou mais; o nosso também era muito bom. Mas a diferença é que de cada mil mulheres, nós trazíamos cem para o Hospital e lá, de cada mil mulheres, eles traziam quinze. Olhe bem, isso me deixou doido, porque eu sempre levo em conta que o nosso público é de periferia; são mulheres pobres que não têm nem com quem deixar os filhos, e com a maior precisão dos exames, boa parte não precisaria voltar. Isso é humanizar o serviço e a nossa meta.

E fiquei louco quando adotamos o protocolo da Holanda em 2011, porque em vez de cem em mil mulheres, começamos a trazer apenas vinte. Isso me deixou muito feliz, realizado, porque o custo fora alto, tivemos que fazer várias outras campanhas e eu precisei ser muito convincente junto à Avon para que nos desse equipamentos digitais. E também fui às Américas Amigas, uma associação importante que ia nos dar os equipamentos analógicos e pedi digitais. A cavalo dado não se olham os dentes, mas nesse caso eu insisti, insisti muito. Foi difícil convencer que estávamos mudando de nível porque esses são princípios da instituição. É isso que me norteia, é isso que me estimula!

Fazer por fazer, muitos fazem. Eu preciso fazer o melhor, com honestidade perante Deus e isso fez com que eu saísse da zona de conforto dos nossos dez aparelhos analógicos para conseguir os digitais. O investimento foi maciço, foi muito grande, mas valeu a pena cada minuto do processo.

E é isso o que eu passo para minha equipe e que às vezes assusta, porque as coisas são realmente quase impossíveis e os preços proibitivos. Para se ter a bênção de Deus, que tudo torna possível, temos que sonhar muito alto, olhar para o céu e ignorar a distância entre o que é possível e o sonho!

Essas coisas me norteiam, são os meus valores, o que me impulsiona. Para mim o amor é o maior motivador, sempre! É muito importante ressaltar que o amor supera tudo, toda sabedoria e estudo, todo o dinheiro. E a prova disso é que fui, em 2 de novembro de 2011, receber o prêmio de melhor *screenning,* melhor projeto, o melhor investimento feito pela Avon, que comparou os 62 países com os quais têm parceria no mundo, seja com a iniciativa privada ou com os governos. E fico muito feliz de estar recebendo um prêmio desses! Apesar de me envaidecer, não sou de me deitar em berço esplêndido; ao contrário, estou sempre irrequieto, querendo melhorar, porque é assim que as coisas funcionam na minha relação com Deus.

O sonho do meu pai, que era extremamente audacioso, que envolvia milhões de dólares, foi possível. Ele tinha um ditado que dizia: "nem todos que fazem um bom-bocado, comem o bom-bocado." E realmente quem executou a receita foi ele; eu continuei comendo o doce sem ter nenhuma formação, nenhum preparo para isso. Deus permitiu que eu me sentisse fundamental por salvar vidas sem ser médico e isso foi decisivo. Isso envaidece meu coração e o de muita gente que nos ajudou a erguer e manter este, hoje, imenso complexo hospitalar, sem nos acomodar nunca, sabendo que a cada minuto podemos estar salvando vidas, nós e esse imenso universo de colaboradores.

Vitória do projeto

As coisas são mesmo impressionantes. Recebemos uma comunicação da Avon, que nos informava que entre os 55 projetos que a empresa apoiava no Brasil, haviam sido selecionados os cinco melhores para participar de um concurso. E o da Fundação Pio XII estava entre eles! Os selecionados deveriam apresentar um projeto de prevenção de câncer de mama, um *screenning,* com começo, meio e fim. E fazia apenas dois meses que tínhamos voltado do Japão, com novas ideias para implementar e sem dinheiro nenhum. Ganhar aquele concurso seria a chance de concretizar nosso projeto bem antes do que imaginávamos ser possível, nas estimativas mais otimistas. E estava claro que não perderíamos tal oportunidade.

Tomei aquilo para mim e comecei a escrever um relatório. Nós já tínhamos experiência com unidade móvel de busca ativa em casas da periferia das cidades e um centro de diagnóstico separado do Hospital. Escrevi umas cinco páginas, mandei digitar e fiquei aguardando o dia da apresentação. Eu mesmo, muito ansioso, decidi fazer aquilo sozinho.

Quarenta e cinco dias depois, fomos chamados a São Paulo. Num hotel cinco estrelas, a diretoria da Avon nos aguardava para um café da manhã com os demais representantes das entidades convocadas. Eram todos médicos pós-doutorados da USP, da Escola Paulista de Medicina (Unifesp), do INCA, que é o Instituto Nacional de Câncer no Rio de Janeiro e da Federal de Porto Alegre, todos com alta performance na área, todos doutores especialistas em mastologia.

Quando vi aquela reunião de luminares, naturalmente me assustei. "Nossa Senhora! Eu errei. Deveria ter pedido ajuda e preparado algo mais técnico; poderia ter posto mais ciência nisso". Eu havia levado uma apresentação muito prática, muito específica e de muita logística, confiando na nossa experiência com *screening*, com as carretas, unidades móveis, que ninguém mais tinha – éramos os únicos no país.

Lembro-me de que todos usavam terno, as mulheres estavam muito elegantes e eu vestia calça jeans, camisa de fazenda..., só me faltava o chapéu! Quando vi aquelas pessoas todas com cara de PhD, pensei: "Vou passar vergonha hoje, aqui".

Cada um de nós tinha dez minutos para expor seu projeto e cinco minutos para a réplica dos auditores. Eu estava com a minha assessora de imprensa, a Karina Carreira, e fui o último a ser chamado. Nunca havia assistido a uma defesa de tese, mas deveria ser a mesma coisa: seis auditores, três de um lado, três de outro e, na frente, o presidente da Avon. Eles me avisaram do tempo que eu teria disponível e comecei a falar. Nunca programo o que dizer, mas naquela ocasião eu tinha um conceito de logística por escrito. Contudo, as palavras foram saindo espontaneamente e com muita objetividade. Minutos antes de o tempo se esgotar um dos auditores me questionou, achando improváveis os números que eu queria

192 Prevenção, tratamento e pesquisa

alcançar. Como o tempo de explanação ainda não havia acabado, o presidente disse que eu poderia responder no final. "Não, eu posso responder agora se o senhor permitir, para não perder o fio da meada". Eles concordaram, e eu continuei: "Olhem, a Avon investiu conosco um dinheiro, num projeto no interior da Bahia, em Juazeiro. Quando fomos inaugurar, o governo estadual havia mudado. O governo que assumia vetou o projeto alegando não ser prioridade e não haver teto para custear o serviço de *screenning* (rastreamento) com a carreta móvel para fazer mamografia". E lembro perfeitamente que, ao contar isso a ele, perguntei: "O senhor está achando que alguma coisa me segura? A Avon investiu 1,5 milhão de reais comigo nesse projeto da Bahia que, de fato, o novo governador barrou; mas eu tenho uma coisa que é superior a todas as forças que existem: eu tenho a bênção de Deus. Então, no mesmo dia em que fiquei sabendo da negativa do governo, pedi à Ivete Sangalo para entrar em contato com o ministro da Saúde. Eu tinha o celular dele, e nunca havia ligado, para não importuná-lo, mas quando vi que as coisas iam desandar, a Ivete falou com ele, que imediatamente liberou o teto – mais de 100 mil reais para o município de Juazeiro, dinheiro que o estado não tinha. Eu conto com algumas coisas que não são muito palpáveis e Deus me dá forças acima das convencionais. Então o investimento da Avon não ficou um dia parado. Terminado o projeto, começou a funcionar em seguida".

Fui direto com ele, fui muito firme e depois de contar o fato acontecido, reafirmei: "Então, para realizar este projeto aqui, não há governo, não há ninguém que consiga nos deter. O que o governo deveria fazer e não faz, nós vamos e fazemos! A mixaria que se paga pelos exames é incompatível, mas eu tenho o apreço do governo do estado de São Paulo. Quando as coisas dão errado, nós temos tanta força que não nos conseguem barrar. Fazer o bem supera todas as outras instâncias, as dúvidas e as incertezas".

Quando meu tempo acabou, houve ainda umas duas perguntas e fomos avisados de que seria muito difícil haver unanimidade de votos, em virtude do alto nível das instituições, e que, assim, o dinheiro seria distribuído aos projetos que recebessem mais votos.

Acima de tudo o amor | 193

Passados trinta dias, nos chamaram para outro café da manhã e o presidente da Avon foi logo dizendo: "Ocorreu um fato inédito, vocês não vão acreditar. Deu unanimidade. Todos votaram num só projeto". Pensei logo: "Estou perdido, desta vez não deu... se um só foi votado...". A gaúcha tinha contado tanta história do projeto dela, era tão diferente do resto do mundo, que fiquei até humilhado. Mas enquanto eu pensava, ele completou: "Venceu o projeto da Fundação Pio XII". "Nossa Senhora, não é possível!, pensei. "Eu fiz tudo sozinho, ninguém me deu palpite, ninguém me ajudou a pensar! Peguei o que os médicos já faziam, acrescentei o que eu queria e... ganhamos por unanimidade?".

Em seguida, fui chamado a Nova York para conhecer a presidente mundial da Avon, Andrea Jung, porque o nosso projeto audacioso e de qualidade havia despertado a curiosidade e o orgulho da empresa. Enfim, em 2009, a Avon nos deu o prêmio do melhor projeto do ano em prevenção de câncer de mama, área em que investe mais de 100 milhões de dólares por ano do seu lucro de caixa. E é grande a seriedade que eles põem nisso.

E o meu grande orgulho foi ter sido o autor daquele projeto – eu, que nunca me formei, que parei de estudar aos 15 anos, mas que era formado na faculdade da vida, tendo meu avô por mestre!

E me realizei ainda mais, por ter atrelado a ele os valores que meu pai professava. Na prevenção, há muitos cânceres que são comprovadamente hereditários, por isso, ter um laboratório ao lado da prevenção, para rastrear precocemente uma família, proporcionando-lhe a prevenção ou oferecendo-lhe uma enorme chance de cura pela detecção rápida da doença, não tem preço. Fui de uma felicidade imensa, e me senti intimamente privilegiado, por conseguir realizar através do amor e da vontade de acertar, o que todo o estudo e sabedoria acadêmica às vezes não consegue. Pensava: "Como é que Deus permite a um ignorante como eu, sem cultura, que nem fala português direito, ir além dos estudiosos?" De qualquer maneira, eu queria fazer muito mais coisas para agradecer a Deus, pois sabia que aquilo não era uma força da sabedoria, da inteligência, era simplesmente a honestidade do meu amor, buscando sempre o que fosse melhor para servir a Deus.

Prevenção, tratamento e pesquisa

Assim construímos esse gigante Hospital de alto nível; assim foi surgindo o dinheiro e, pudemos erguer, equipar, agregar qualidade e receber prêmios em concursos nos quais concorríamos com cientistas, grandes intelectuais. Mas não deixei de brincar com os nossos médicos, perguntando a eles onde estavam a minha pós-graduação e o meu doutorado. Foi muito bom.

NCI

A pesar de eu não falar nem entender inglês, foi muito útil a visita que fizemos ao NCI (National Cancer Institute), nos Estados Unidos, onde havíamos ido para conhecer o trabalho de pesquisa. Ao término da visita, na última reunião do dia, apareceu o diretor de pesquisa da América Latina, doutor Jorge Gomes, que falava inglês com os médicos, mas me parecia mexicano. Eu não estava entendendo nada; soube, porém, que ele estava contando aos médicos sobre uma análise que haviam feito dos serviços mais sérios da América Latina para escolher um que, em parceria com os Estados Unidos, receberia uma área de pesquisa em alguns tipos de câncer. Aquilo me interessou muito e lhe pedi para falar espanhol, para que eu participasse da conversa. Quando ele explicou melhor, ficamos admirados porque, entre os cinco serviços selecionados no Brasil, nós não aparecíamos, e nessa época já estávamos preparando um banco de tumores que fomentasse o laboratório; que fornecesse matéria-prima para pesquisa. Não sei aonde tinham conseguido aqueles dados sobre o Brasil, mas nós fôramos excluídos, o que surpreendeu: "Há um erro aí. Que eu saiba, nós somos a maior fonte de matéria-prima do Brasil. E quem lhes informou, sonegou essa informação. Estamos nos preparando para a pesquisa; vocês têm que nos visitar e fazer parceria conosco".

Achei aquilo muito estranho, mas imediatamente mandamos um e-mail, ao ministro da Saúde e ao governador José Serra para pedir que nos indicassem, viabilizando essa parceria. E qual não foi a minha felicidade quando o NCI, depois de visitar a Argentina, o Chile, o Uruguai, o Brasil, agora nos incluindo, reconheceu: "A maior fonte de matéria-prima, de fato, é de vocês. Tudo o que existe de melhor está aqui na Fundação Pio XII; melhor qualidade e maior quantidade. E foi importante você ter atuado daquela maneira, colocando-se no nosso caminho e nos dando a oportunidade de ter contato com seu farto material", o que me fez lembrar do ditado: "Cavalo bom é o que cerca o boi na hora".

Há alguns anos, houve a necessidade de mais um médico na equipe de cabeça e pescoço, em virtude da demanda. E o Goiano (doutor Carlos Roberto dos Santos), aquele cirurgião de quem já falei, que saíra do hospital A.C. Camargo porque lhe exigiam medicina acadêmica, embora ele tivesse uma habilidade inquestionável e fosse um dos maiores cirurgiões do país, me disse: "Olhe, Henrique, eu vou lhe arrumar o médico que está faltando ao departamento. Você está buscando a área científica e, como você sabe, eu não quero isso para mim; tenho, porém, consciência da sua necessidade e vou lhe arrumar uma pessoa boa".

E isso, de fato, aconteceu. Ele nos arrumou um profissional extraordinário, a pessoa certa na hora certa, com a visão global do processo como ninguém. Ao mesmo tempo, era uma pessoa muito humana e altamente preparada no campo científico. Seu nome era doutor André Carvalho, de quem gostei muito já na primeira entrevista. Ele me dava segurança para investir, vender o projeto com confiança e conseguir dinheiro para bancar o serviço.

A entrada do doutor André me trouxe um estímulo novo, uma dose extra de adrenalina e eu comecei a sonhar alto na área científica, pois tinha, então, alguém em quem confiar. Com pouco dinheiro disponível, errar é muito triste e esse sempre foi o meu medo.

Assim, com o dinheiro do concurso da Avon e de mais dois grandes shows, fizemos o centro de prevenção e o centro de pesquisa, praticando uma medicina que chamou a atenção pela qualidade, e o mundo ficou sabendo que existíamos. Começamos relativamente pequenos, mas no rumo certo e apoiados pelo NCI, com uma pesquisa séria, de conceitos e caminhos bem alicerçados.

E, como não dera certo a vinda do cientista que iríamos trazer e que estava nos abrindo as portas do NCI, conseguimos um pesquisador de

Braga, Portugal: o doutor Rui Reis, cientista altamente especializado em biologia molecular. Nesse projeto, desde a construção tivemos o apoio do Hospital Einstein para um laboratório de biologia molecular, um projeto em parceria.

Naturalmente, a cada dia os nossos contatos, tanto aqui como no exterior, se multiplicaram. Passamos a ser interessantes e o que nos ensinavam, aprendíamos e fazíamos ainda melhor. Por essa época, um amigo meu, de uma empresa de marketing em São Paulo, perguntou-me: "Henrique, você tem que saber que rumo quer seguir, definir o que você quer; qual imagem dessa enorme estrutura você quer que seja marcante?". Era hora de definir um só nome para nosso empreendimento: Hospital Fundação Pio XII, Hospital de Câncer de Barretos, Hospital São Judas? (Sua empresa chamava-se Marketing Gray e um amigo comum, o Arnaldo Pasmanik, nos apresentara.) Ele nos ajudou muito, e começamos a criar um material mais consistente e mais profissional para apresentar o Hospital.

Hospital do amor

Eu lamentava muito nos localizarmos no interior e não termos a visibilidade das grandes cidades, porque as pessoas, em geral, acreditam que só nas capitais – principalmente em São Paulo – é que estão os melhores serviços e acaba-se sofrendo certa discriminação. Então, ao fazermos o novo portfólio, eu exprimi a minha convicção: "Quero que o Hospital seja conhecido como o Hospital do Amor. Esse vai ser o nosso diferencial, porque as nossas conquistas, os nossos êxitos e resultados, as nossas circunstâncias, o que construímos e aonde chegamos, tudo passou pelo amor".

Quero deixar evidente aqui, por meio de tantos relatos verdadeiros, a justiça dessa afirmação. É só voltar na história e verificar que cada metro quadrado, dos mais de 107 mil hoje construídos, exprime doação, fé, generosidade e amor.

Em 2010, aparecemos como o Hospital número um de complexidade no *ranking* do estado de São Paulo. Isso significa o quê? Serviços de alta

Acima de tudo o amor 197

complexidade são caros, concorrem todos os hospitais de alto custo, de grandes cirurgias, independentemente de serem ou não de câncer. E a resposta foi apenas esta: protocolo e humanização número um, Barretos!

E o amor nos faz ser o que somos. O amor é uma ação conjunta, é um sentimento que a todos contamina e ninguém integra a nossa equipe se não encarnar o espírito da instituição. Isso sem falar nas inúmeras provas de amor dos nossos colaboradores e doadores, que nos estimulam a buscar sempre mais e melhor.

O doutor André chegou até nós no momento em que, usando toda a nossa experiência em tratamento e o que já fazíamos em prevenção, pudemos anexar o processo de pesquisas e estudos, conseguindo, enfim, ser um centro avançado de ciência. No Brasil são muito poucos os que fazem essa medicina apoiada em pesquisa e prevenção, e o salto de qualidade que o Hospital deu com isso foi algo acima do esperado.

E eu me perguntava: "Se nós, sem dinheiro para nada, sendo uma instituição de SUS, realizamos tudo isso, porque os que têm dinheiro não fazem o que é certo, o que é sério?". Nem menciono o governo, que mal dá conta de realizar o assistencialismo que lhe compete. Refiro-me à medicina privada, que, se o faz, é numa proporção muito pequena em relação ao que deveria ser feito. Só os muito ricos têm a chance de praticar medicina desse tipo, e apenas nas grandes capitais.

Tínhamos, então, o maior banco de tumores da América Latina, criamos um laboratório de pesquisa de biologia molecular que, se de início era pequeno, agora é de grande porte.

Quando surgiu a Nota Fiscal Paulista (programa do governo do estado de São Paulo que gera crédito em dinheiro àqueles que pedem nota fiscal destinada ao seu CPF ou CNPJ), criação do governo Serra, estabeleci com o doutor André que o dinheiro advindo dela seria utilizado na área da ciência. E assim tem sido feito. Fiz um acordo com uma rede de supermercados, que deu pouco dinheiro, porém, havia mais de trezentas outras lojas fazendo arrecadação da nota fiscal. E buscamos sistematicamente outros incentivos, outras maneiras para sustentar esse projeto de biologia molecular.

198 Prevenção, tratamento e pesquisa

É lógico que, com isso, fomos crescendo menos, mas iniciamos a medicina personalizada com muita segurança, o que sabíamos ser um caminho primordial no tratamento da maioria dos casos de câncer de pulmão e de outros tipos variados de câncer. Os pacientes recebem quimioterapia específica, a mais apropriada àquele tipo de tumor, portanto com efeito curativo potencializado. Isso é um bem extraordinário, porque se o doente tem a chance de saber que o tratamento-padrão não vai fazer efeito, pode recorrer a outro medicamento, sem perda de tempo e sem sofrer os efeitos colaterais de um tratamento inócuo.

Ao mesmo tempo, o laboratório também está proporcionando a chance de rastrear precocemente cânceres de traço hereditário e iniciar a prevenção, atendendo aos conceitos de *screenning*.

Muitos avanços

Avançamos muito buscando qualidade; e apesar de não termos dinheiro para um avanço maior na quantidade, buscamos uma medicina de ponta, de alto nível. Paralelamente, outros departamentos importantes do Hospital também foram despertando interesses científicos pertinentes, deixando a medicina convencional que praticávamos para uma medicina de excelência. Um exemplo foi o departamento de ginecologia, que deu um incrível salto de qualidade, só possível graças à iniciativa privada.

Nossa citologia convencional era boa, porém, quando fomos procurados pela Becton, Dickinson and Company, (B.D., empresa global de tecnologia médica) nos Estados Unidos, pudemos visitar a empresa que fabrica o *kit* da citologia líquida, que é muito mais cara, e nos dispusemos a ser o alvo de uma experiência feita por eles, mostrando as qualidades desse tipo de citologia de muito melhor resultado do que a normal. Daí por diante todas as nossas unidades passaram a trabalhar com essa técnica; foi um trabalho desenvolvido com o chefe da ginecologia, doutor José Humberto Fregnani, outra aquisição importantíssima do Hospital, dessa geração mais nova.

Era chegado o momento de primar por qualidade em todos os departamentos, em todos os serviços. Entramos com muitas mudanças, num círculo virtuoso a favor da oncologia. Sem essa busca constante, teríamos ficado muito atrás, fazendo medicina retrógrada, básica e não – como queríamos – uma medicina de ponta, atrelada à ciência.

Conseguir isso me realizou demais; trilhamos um caminho sem volta, que precisa avançar sempre, porque a ciência é dinâmica e a cada dia oferece um novo conceito, novas técnicas, novas drogas e mais humanização.

Conhecendo, buscando sempre mais, não se aceita retroceder, estagnar. Em contrapartida somos como uma bola de neve, que exige dinheiro, incessantemente, muito dinheiro. Se tiver 10 milhões é bom, se tiver 100 é ótimo, e nunca é demais, porque há muito a ser feito.

- Capítulo 13

Ampliação e descentralização

C om a expansão, precisei aproveitar a fase em que o ministro José Serra tornou-se governador e o doutor Barradas, que era um irmão, dos tempos do Alckmin, continuou sendo o secretário de Saúde.

Mais hospitais

Q uando o Serra encontrou um jeito de arrecadar mais com a implantação da Nota Fiscal Paulista, contando com milhões de fiscais a pedir nota, a receita do estado aumentou muito. E um dia o doutor Barradas me chamou: "Henrique, tenho aqui dois projetos e preciso que você me ajude a administrá-los: um hospital geral de média e pequena complexidade, que eu não tenho a quem confiar, e um ambulatório AME (Ambulatório Médico de Especialidades), que é um projeto inteligente, com 100% dos serviços agendados e muito disciplinados. Os primeiros que implantamos são um sucesso. E agora o Serra quer fazer outras cinquenta unidades, uma lá em Barretos, e quero fazer com você, em quem confio muito". Respondi: "Vamos fazer as duas coisas. Eu já tinha até falado com o Serra que preciso descentralizar o Hospital para agilizá-lo e dar-lhe mais dinâmica. As minhas últimas viagens para os Estados Unidos foram somente para ver gestão, e estamos fazendo um serviço muito mais racional, muito mais integrado. Imagine, Barradas, que atendemos a uma mulher que antes teria que ir cinco vezes até marcar a cirurgia e hoje, passando só por um departamento, ela faz as cinco consultas e tem o tratamento definido no mesmo dia. Mesmo assim ainda não está dando. E agora, você também precisa me ajudar. Eu nem me imagino assumindo qualquer outro serviço de saúde, mas se você me pedir, não vou negar. Porém, vamos tentar convencer o Serra a fazer também um hospital fora daqui. A região de São José de Rio Preto por baixo nos manda mais de 500 pacientes por dia; e justamente lá precisamos de outro hospital".

O Barradas concordou: "A ideia não é ruim não, e o Serra tem recursos para o projeto; nem vou falar com ele. Ele admira tanto o seu trabalho, que vou ajudá-lo". Pedi-lhe: "Ah, então deixe-me ver como pode ser feito, porque esse negócio de fazer só ambulatório e mandar o serviço para os outros, eu não faço, não. Se você quer me dar alguma coisa, dê por inteiro: esse ambulatório e mais um pequeno hospital, que resolva as cirurgias. Eu já estava mesmo pensando em comprar alguma coisa assim, para atender o plano de saúde dos nossos funcionários com medicina de ponta". "Veja, então, quanto é. Você tem razão: o serviço tem que ter começo, meio e fim. Você está certo, pode procurar e, se achar, compre esse hospital, e também construiremos o ambulatório. Serão 21 especialidades. Vou lhe dar a planta, e você faz!"

Aí, me deu um esboço do que seria e fiquei eufórico com as novas possibilidades. Ele ainda completou: "Pode arrumar o lugar onde você quer o novo hospital fora de Barretos; nós o ajudaremos; vamos fazer com você".

Dias depois, encontrei o Serra, que comentou: "Você e o Barradas, ninguém segura, não. O Barradas endoidou; aliás, os dois endoidaram. Você quer fazer outro hospital de câncer, Henrique?". Expliquei: "Serra, Barretos está lotado, com a capacidade de atendimento esgotada, apesar das mil manobras que fazemos. Fomos aos Estados Unidos por duas vezes ver gestão, pusemos em prática conceitos modernos como a departamentalização, e não está refrescando... Atender três mil pessoas por dia em

Barretos está errado; não dá mais para crescer; o negócio é descentralizar". Ele me perguntou: "Você tem segurança para isso?". "Eu tenho fé; segurança, nenhuma". Perguntou ainda: "Mas você tem médicos?". "Também não, mas tenho fé". Ele concluiu: "Bem, o Barradas me disse que está com você, então resolvam!".

O resultado disso foi que em um ano erguemos um hospital de 7,5 mil metros quadrados em Jales. O prefeito de lá nos deu o esqueleto já erguido de um hospital geral; tivemos alguma dificuldade para adequá-lo à oncologia, mas em um ano a obra estava concluída. Em Barretos, dez meses depois, estava pronto o AME ambulatório; em três meses comprei e reformei um hospital chamado Notre Dame e assim, em um ano, surgiram três novos estabelecimentos. Precisava ainda implementar a gestão e comuniquei ao Barradas: "Vou lhe tirar o doutor Luiz Carlos Lorenzi, o seu gestor da DIR". "Você vai ter problemas com meus subordinados aí, que não vão aceitar, não." "Mas não tem jeito, gestão de hospital geral é bem simples, coisa fácil e quero uma pessoa com experiência". O Barradas concordou, então, e torceu para dar certo.

Fiquei realizado, porque não imaginava o tamanho da fila para pequenas cirurgias. E não era fila de mês, era fila de ano; havia gente esperando para tudo. Conseguimos fazer o AME cirúrgico, até com cirurgia estética reparadora, e estamos fazendo mais de seiscentas cirurgias por mês/leito/dia. Em 2012, chegamos a sessenta leitos prontos, com um plano privado de saúde para os funcionários.

Jales

Eu estava muito ansioso para desafogar Barretos e fui montar a equipe para Jales. Todo mundo dizia que seria impossível, que só em Barretos funcionaria aquele regime de período integral e dedicação exclusiva. Minha fé, porém, nunca me permitiu duvidar. Chamei a minha diretoria e lhe disse: "Busquem, entre os nossos ex-residentes, os melhores em caráter, competência e habilidade e me tragam os nomes. Tenho que arrumar uma equipe e quero começar com quem já conhecemos."

204 Ampliação e descentralização

Um dos nomes que me foi apresentado era o de um médico que havia sido unanimemente considerado o melhor residente da sua época, e mandei buscá-lo onde estivesse. Em projeto novo, é bom ter gente nova com ânimo e entusiasmo, para criar raiz. Melhor ainda se se tratar de gente formada na nossa escola. O residente indicado era o doutor André Carvalho, casado com uma ex-enfermeira do Hospital. Ele estava trabalhando em Araçatuba, mas tive a felicidade imensa de, ao entrevistá-lo, saber que ele poderia se desligar de lá. E ele mostrou ter um grande caráter, porque quando lhe pedi para ir logo, pois teria ainda que fazer uma reciclagem de sessenta dias antes de assumir Jales, me disse: "Esse é o único problema: tenho seis cirurgias marcadas e não posso abandonar meus pacientes. Preciso de uns vinte dias, para terminar tudo". Vi que era um profissional comprometido, íntegro, e aquilo me deixou ainda mais feliz. Doutor André me ajudou a montar a equipe e pusemos o hospital de Jales para funcionar.

Apoio presidencial

Não posso deixar de citar a relevância e a pertinência do apoio que eu tive do presidente da República, na época, o presidente Lula. Entre as pessoas do meio político, faço questão de deixar registrados dois nomes: o primeiro, já bastante citado, José Serra, e o outro, o Lula, que sempre foi popular, muito hábil e bastante competente na política. Quero aqui, porém, destacar o seu lado humano. Preciso dizer que me envaideceu muito conhecê-lo, constatar que de fato era um homem extremamente humano, que saiu do governo com mais de 80% de aprovação. Mas, se fosse só por isso, eu nem estaria agora falando sobre ele. Devo registrar a forma carinhosa e a maneira ímpar como ele agiu nas três audiências que tivemos; três momentos incríveis, em que precisei importuná-lo porque seu ministro da Saúde não agia e as coisas naquela área do governo estavam correndo muito mal. Decidi, em última instância – coisa que eu nunca fizera –, procurar o próprio presidente. "Quero ver se ele é homem de verdade, se tem coração... porque, no mínimo, esse seu ministro da Saúde está com a cabeça na lua".

Acima de tudo o amor   205

O primeiro ministro da Saúde do governo Lula deu preferência à saúde da família, o que, de fato, é uma grande necessidade, mas surpreendentemente abandonou a oncologia. E as coisas foram se deteriorando tanto que, passados dois anos, a demanda por Barretos foi às alturas. Com a saída do Serra do ministério as coisas tinham mudado para pior na área, mas, com o novo ministro, pioraram ainda mais e muito me espantava ouvi-los dizer que tudo a respeito de câncer era secundário e que havia prioridades. A conversa foi ficando ruim, mas eu ainda ia lá, nos primeiros seis meses. Quando conseguimos a credencial para transplante de medula, até lhes fizemos uma homenagem, mas a coisa estava travada, eles privilegiavam certas áreas, abandonando outras.

Quando o Serra era o ministro, ele ajudara a modernizar os equipamentos, o acervo tecnológico de todos os hospitais públicos do Brasil, o que desafogou um pouco a demanda por Barretos, principalmente quanto a diagnóstico e radioterapia, que geralmente era um caos. Nessa época, a nossa fila na radioterapia era de 200 a 250 pessoas que esperavam mais de trinta dias, às vezes, mais de sessenta. Ainda assim era fácil, pois os médicos selecionavam os casos que podiam esperar e adiantavam os mais urgentes. Havia um ponto de equilíbrio; duzentos era muito, mas não exagerado, e dava para seguir assim.

Um dia, o José Carlos Zaparoli chegou com olhos vermelhos e, assim, emocionado, me falou: "Henrique, tem um trem ruim demais acontecendo aqui! Caramba! De um ano e meio para cá, passamos a ter 750 pessoas na fila da radioterapia, com bem mais de sessenta dias de espera; alguma coisa está muito errada e eu não sei o que fazer. Quando eram duzentos pacientes, já era difícil, agora é muita gente, e não estamos aguentando a pressão. Precisamos com urgência de mais um aparelho!".

Passaram-se uns meses, e recebemos uma carta do reitor da Universidade Federal de Campo Grande, endereçada ao nosso chefe do serviço de radioterapia, pedindo, pelo amor de Deus, que recebêssemos toda a demanda de lá... Eles dispunham de uma só bomba de cobalto e com a pastilha velha (a nova faz uns noventa pacientes por dia) estavam fazendo vinte pacientes apenas e com queda expressiva de qualidade; o acelerador

206 Ampliação e descentralização

quebrado não era consertado nem lhes davam um novo, como de hábito na insensível gestão pública. A carta mencionava todos os problemas e eles, que já mandavam mais de 50% dos seus pacientes para a radioterapia de Barretos, pediam, com urgência, que aceitássemos 100% dos doentes do estado do Mato Grosso do Sul.

Seis meses depois da minha conversa com o Zaparoli, o número de pacientes na fila chegou a 1.200. Então não tive dúvida, liguei para o Jair Meneguelli: "Jair, consiga uma audiência urgente com o presidente da República, pois eu não vou mais falar com o ministro; já sei o que está acontecendo, agora eu peguei o fio da meada...". E lhe expliquei que estávamos recebendo 100% da demanda do Mato Grosso do Sul e vínhamos trabalhando de 18 a 22 horas contínuas na radioterapia; a fila havia saltado de 750 para 1.200 pessoas e ninguém sabia mais o que fazer porque as máquinas não podiam trabalhar tantas horas ininterruptamente com segurança.

Consolei o Zaparoli, pois a culpa não era dele, mas disse-lhe que continuasse triando os doentes, como era habitual. Eu queria mostrar ao presidente que se o governo do Mato Grosso do Sul, que era do seu partido, estava naquele estado de abandono, sem prestígio para conseguir uma bomba de cobalto de 150 mil dólares, o que o ministério haveria feito pelo câncer no resto do país? Nada! Mas o Jair foi rápido e em poucos dias me conseguiu uma audiência com o presidente da República.

Lá fomos nós, a Brasília, para encontrá-lo. Nessas horas eu fico muito nervoso, nem penso no que vou falar, digo o que o coração manda. O presidente Lula foi muito gentil, chegou meia hora antes do seu almoço para nos atender: "Ó, Jair, qual é o problema com o Prata?" Expliquei: "Presidente, o senhor me desculpe por incomodá-lo, mas olhe bem a situação que estamos vivendo. No fim do governo passado tínhamos 200 pacientes na fila da radioterapia, hoje são 1,2 mil. Eu não sabia por que, e estava ficando doido; parecia até que o mundo se acabava em radioterapia. Mas não, o que está acabado é o seu ministro da Saúde, que não tomou providência, não priorizou os hospitais públicos nem os privados conveniados ao SUS na área da oncologia. O senhor imagine: fecharam

Acima de tudo o amor 207

até o serviço de radioterapia de Campo Grande! Então, com certeza, essa fila está indo para Barretos num volume absurdo. Por estarmos usando demais a máquina, o fabricante não nos renovou a garantia, que acabamos perdendo. E uma das máquinas apodreceu de tanto trabalhar ininterruptamente; mas continuamos rodando até 22 horas e quebrando as outras".

Eu falei de coração e vi o coração dele nos olhos, que ficaram vermelhos; percebi que ele se emocionara, deixando-se tocar pelo drama que acabava de ouvir. Continuei: "Então, estou com um sério problema, como também os doentes brasileiros, e preciso que nos ajude a resolvê-lo na origem – os hospitais públicos – porque, do contrário, o Brasil vai despejar doentes em Barretos e isso não é humano".

Ele, imediatamente, pegou o telefone, pediu à secretária que localizasse o ministro, que estava em Natal, e lhe disse: "Ministro, estou com problemas relevantes na sua área, que você precisa resolver em caráter de urgência".

Não sei tudo o que falaram, mas o ministro deve ter tentado ganhar tempo, porque o presidente logo determinou: "Não, ministro, você não vai fazer isso, não. Como você chega depois de amanhã, faça como fiz hoje. Venha meia hora antes do almoço, assim nem precisa consultar a agenda". Na mesma hora pensei: "Nossa! Esse aí é outro Henrique Prata".

Trabalhar com ele não devia ser fácil. Ele falou do jeito que tinha que ser; o caboclo não tem que pensar nem enrolar; tem que ouvir e resolver. Vidas são vidas; não dá para protelar! Aquilo me deixou impressionado; ele foi direto ao ponto e não admitiu réplicas.

Voltei a Barretos e dois dias depois retornava a Brasília para a reunião. Chegamos ao ministério juntamente com o ministro da Saúde. No saguão da entrada do elevador, ele já reclamou com o Jair Meneghelli: "Jair, você me leva um assunto como este para o presidente; assunto que não devia ser... Você deveria ter tido mais consideração comigo".

Ele chegou bravo, nem olhou para mim e não quis nos deixar entrar no elevador com ele. Mas o Jair insistiu. Foi constrangedor. Pensei até que fosse sair uma briga ali, pois o Jair estava com uma bengala na mão e tem um temperamento italiano muito estourado. Mas acabamos entrando no elevador e o ministro veio direto a mim: "Por que você trouxe ao presidente problemas que não são dele?". Respondi: "Porque estão me afetando diretamente e sei que o senhor não está fazendo nada na minha área, porque Barretos está com excesso de pacientes. Os demais serviços devem estar podres, inoperantes. Como o senhor não enxergou por si mesmo e nunca respondeu aos meus apelos, só me restou levá-los ao presidente. O problema não é político, é humano". Nós nos desentendemos e o clima ficou péssimo, mas tudo valeu a pena porque providências foram tomadas para ajudar Campo Grande, que depois de uns sessenta dias recebeu a pastilha para a sua bomba de cobalto. Foi a única coisa que, ainda na gestão dele, resultou em benefício para a nossa área. Alguns meses depois, esse ministro saiu, sem ter feito mais nada por nós.

Infelizmente o problema desses anos todos em que não se atualizaram os equipamentos dos hospitais públicos não foi resolvido e a situação continuou péssima porque as demandas estavam represadas. Demandas do Brasil inteiro, de lugares de onde nunca antes nos viera um paciente, começaram a chegar.

Quando o novo ministro, finalmente, atendeu ao nosso apelo e nos mandou um novo aparelho de radioterapia, já estávamos precisando de mais duas casamatas; e apesar de já estarmos construindo uma, as coisas continuavam muito difíceis, com a demanda ainda reprimida de 1,2 mil pessoas por dia.

Conversei novamente com o Jair Meneguelli: "Jair, eu gostei demais do presidente, vamos voltar lá. É o único jeito de arrumar esse dinheiro para resolver nossos problemas. Esses ministros são todos muito políticos... Assim não dá. Vamos recorrer de novo ao presidente". Era muita audácia! Eu já vira, porém, que o presidente tinha coração e era receptivo. Tínhamos recebido um novo acelerador, mas precisávamos de muito mais. Eu não tinha nem conhecimento, nem liberdade com o novo ministro da Saúde. Ele, porém, foi o único que teve coragem de me dar o número do seu telefone celular. Era um funcionário de carreira com mais de trinta anos no ministério, um *expert* em saúde pública, um ser humano simples

Acima de tudo o amor 209

e incrível, um homem de bem de quem me tornei fã. Na ocasião em que nos falamos, ele abriu o jogo, e foi muito franco: "Henrique, o dinheiro aqui está enrolado e eu sei que você está precisando muito e rápido, mas não está fácil atendê-lo". Eu lhe perguntei: "O senhor não se importa, então, se eu pedir diretamente ao presidente para nos ajudar?" Ele explicou: "Não vamos conseguir dinheiro nem mesmo com o presidente, Henrique, mas vou ajudá-lo de outras formas". E ajudou mesmo! Deu-nos o laboratório de imunogenética (HLA) que pleiteávamos e nos credenciou, apesar do esquema bastante fechado para conseguir esse tipo de coisa. Ele nos foi muito útil e o laboratório recebeu o seu nome.

Quando, então, nos encontramos novamente com o presidente da República, eu lhe expus: "Presidente, o negócio é que o dinheiro está curto para todo lado. Eu tapei um buraco, mas o outro prédio ficou pronto, estamos precisando de um novo aparelho e a demanda não diminui, só aumenta". Ele perguntou: "Henrique, você conhece o Palocci? "Lógico que conheço." "Então vá até ele e diga que eu pedi para lhe arrumarem o dinheiro".

Era o presidente da República nos mandando falar com o ministro da Fazenda, por um único aparelho, mas fui até lá onde o ministro Palocci, rapidamente, autorizou que nos doassem o aparelho.

Eu fiz todas as costuras possíveis e conseguimos dois aceleradores na primeira gestão do presidente Lula, a quem passei a admirar, reconhecendo seu jeito simples e humano de enxergar e entender as coisas. Quando os orçamentos travavam, ele interferia, pelas vias oficiais, e resolvia, fazendo uma gestão eficiente. De toda maneira, ele deve ter quebrado muitos protocolos encurtando o nosso caminho, que certamente teria sido mais árduo sem uma ordem direta dele.

Justa homenagem

Certa vez, numa de minhas viagens, tive uma ideia. Eu via que em todos os países de primeiro mundo a ala de tratamento de câncer infantil era separada da dos adultos. O Hospital Saint Jude, nos Estados

210 Ampliação e descentralização

Unidos, é só infantil; na Alemanha, na Suécia, os hospitais separavam crianças de adultos Por que isso?

No Brasil, havia o Boldrini, que fazia essa separação, mas a maioria dos hospitais de câncer, não. A logística por aqui era mais difícil; mas percebi que por meio do Imposto de Renda sobre pessoa física havia uma chance de realizar um projeto para menores adolescentes, com a construção de um prédio específico de oncologia.

Por tudo o que o Serra já fizera pelo Hospital, por tudo o que ele me ensinara, por tudo o que havia feito pela saúde do país, eu dera o seu nome a um importante pavilhão. Ele não pôde comparecer à inauguração do prédio que receberia o seu nome porque, na época, era candidato à presidência da República; mas compareceu posteriormente e o centro cirúrgico recebeu o seu nome. O Serra fez pelos pobres, pelo menos umas cinquenta vezes mais que qualquer outro político, e dos bons... Foi um grande ministro, um grande governador e a maioria da população nem tomou conhecimento de tudo o que ele fez. Fez uma diferença enorme na área da saúde, a começar pelos remédios oncológicos que, antes dele, na maioria, eram falsificados no nosso país.

Serra e Lula foram para mim pessoas imprescindíveis, importantíssimas. Eu enxergava em ambos um enorme coração, apesar de serem muito diferentes.

Como já homenageara o Serra, resolvi fazer o mesmo com o presidente Lula, que sempre interferiu com prontidão, quebrando protocolos e acudindo nosso Hospital. Eu pensava no que poderia ter acontecido se não tivéssemos conseguido dele os dois aceleradores naquela ocasião. Fiquei impressionado com sua agilidade, sua capacidade de intervir com ética e humanidade, tomando providências urgentes. Então, fui até ele pela terceira vez, em nome do hospital infantil que eu imaginava nos moldes do primeiro mundo. "Presidente, eu preciso da sua ajuda me permitindo dar o seu nome ao Hospital da Criança que pretendo construir. Vou suar a camisa, é claro, mas seria ótimo poder contar com o seu prestígio para arrecadar o dinheiro, já que o senhor é muito benquisto e admirado". "Henrique, vou consultar a assessoria jurídica e, se permitirem, tudo bem, mas não tenho toda essa força; acho que você está me superestimando". "Não, presidente, tenho certeza do seu prestígio! Não vou errar e me permita pôr o seu nome nisso".

Uns trinta dias depois, chegou uma carta autorizando que eu usasse seu nome e, entre as pessoas físicas e jurídicas que tinham Imposto de Renda a pagar, a maioria colaborou. O Bradesco, que sempre nos ajudou, no primeiro ano, doou 2,7 milhões do seu Imposto de Renda para o projeto.

Apesar disso tudo, o hospital infantil ainda está sendo finalizado com dinheiro muito escasso, advindo do Imposto de Renda e também do sistema 0500 de uma campanha específica de televisão.

Por isso, fui para os Estados Unidos novamente, em novembro de 2011, para obter um selo de hospital-irmão do Saint Jude, que nos compromete a exercer a mesma qualidade de medicina desenvolvida lá, ainda muito superior à que fazemos aqui e já um espelho para o Brasil.

Se meu pai estivesse vivo, eu teria que lhe explicar porque dei o nome desses dois grandes homens públicos a pavilhões do Hospital; como não é o caso, não dei explicação a ninguém. Minha percepção, meus sentimentos é que me motivaram a homenagear esses dois brasileiros que tiveram uma atitude ímpar para com o Hospital. Homens de poder sabem mandar, contudo enxergar-lhes o coração é difícil. Desses dois, certamente eu consegui. E me dá muito orgulho ter o nome de ambos nas nossas instalações.

Auditoria

A qualquer hora – coisa rara –, porém, poderíamos ser auditados pelo governo federal em função do convênio com o SUS, que é da federação. Com esse objetivo, nos mandaram uma comissão de três ou quatro pessoas do ministério, cuja chefe era a diretora financeira, doutora Cleusa R. da Silveira Bernardo, também funcionária de carreira. O grupo permaneceu uma semana fazendo a auditoria, mas eu estava tranquilo;

212 Ampliação e descentralização

sempre tive muita confiança não só no que eu faço, mas também no trabalho de todos ali dentro – porque essa é a única maneira, a única ordem, a única diretriz.

Tudo correu bem, como era esperado, e, no último dia, a doutora Cleusa foi conhecer o São Judas, que já era um hospital especializado. Eu não sabia nada da vida dela, sequer a conhecia. Foi impressionante porque a Regina Paschoal, minha diretora administrativa, que a acompanhara, me telefonou, dizendo: "Henrique, desça aqui para ver uma coisa bonita; a doutora Cleusa está surpresa". "E por que, Regina?", perguntei. "Porque simplesmente foi ela quem fez a Portaria dos cuidados paliativos... E está encantada vendo que todos os protocolos aqui são corretamente cumpridos. Ela veio hoje nos visitar, fez a auditoria e está emocionada".

Peguei o carro e fui para lá imediatamente. A doutora Cleusa me disse: "Henrique! Nunca vi ninguém cumprir tão fielmente esta Portaria; só um hospital em Minas chegou perto. O de vocês, porém, cumpre todos os requisitos". Ela havia feito a Portaria que determinava que se fizessem censos específicos em hospitais específicos de cuidados paliativos no país. Era essa a exigência. Daí em diante, estabelecemos uma sintonia muito grande e fiquei, também eu, encantado porque reconhecia nela uma pessoa educada e íntegra demais.

Nessa ocasião, o prédio do São Judas ainda não tinha sido reformado, eu só havia trocado um piso muito velho, da década de 1960, que era requisito da higiene, coisa simples. O prédio tinha apenas quatro quartos e um banheiro, mas era tão caloroso que, mesmo com a sua estrutura arcaica, era um hospital diferente, com muito calor humano e uma equipe integrada, motivada, altamente capaz. A doutora Cleusa me abraçou e me beijou, dizendo: "Fiquei encantada". E eu estava mais ainda, por seu reconhecimento, e muito feliz porque, se há uma coisa que aprendi com meu pai, é que as pessoas, no final da vida, têm o direito de estar com a família, recebendo afeto e tratamento diferenciado. Além disso, é nossa função ensinar às famílias o que se faz ali, para que possam dar sequência ao tratamento em casa. Desse momento em diante,

Acima de tudo o amor 213

ficamos amigos e ela se tornou diretora financeira na gestão do ministro José Gomes Temporão.

Como já mencionei anteriormente, quando o ministro José Agenor Álvares assumiu o Ministério da Saúde, eu lhe pedi: "Ministro, o senhor entrou há pouco tempo no governo" – fazia noventa dias – "mas tem uma missão aqui. Todos os ministros anteriores nos ajudaram e para o senhor iríamos pedir o laboratório de HLA; o processo já está pronto, mas as coisas estão paradas lá em Curitiba, com dificuldade para liberação." Esse laboratório coleta sangue para amostras do banco de medula; era um negócio de interesse mundial, não só do Brasil. Havia muito poucos naquela época, e formavam um clube bastante fechado. E continuei: "Como o senhor sabe, é tradição por aqui dar o nome dos nossos benfeitores aos prédios que vamos erguendo com a contribuição de cada um deles. O senhor nos liberou um aparelho importante e só por isso já mereceria essa homenagem, mas como precisamos do laboratório, daremos a ele o seu nome".

Ele nos visitara rapidamente e como o tempo era curto, só esteve na Fundação. Durante o almoço o ministro brincou comigo: "Henrique, você pega pesado!". "Ministro, minha causa é boa, é honesta e o seu nome vai estar aqui, atestando para sempre a sua importância para este Hospital e para a medicina".

Dele também tornei-me muito amigo, pena que tenha ficado tão pouco no ministério! Como existem pessoas boas no poder público! Tenho que salientar isso; são pessoas que vivenciam o amor naquilo que fazem. O ministro José Agenor Álvares e a doutora Cleusa são excelentes exemplos disso. Em seguida veio o ministro Temporão, também com excelente desempenho que já entrou liberando recursos para o nosso déficit operacional. Quando o HLA foi liberado, começamos a fazer por volta de 5 mil amostras, com um lucro em torno de 500 ou 600 mil reais, chegando até mesmo a um milhão por mês, o que ajudava muito a diminuir o nosso déficit, sem falar na importância desse serviço, que mostrava ao mundo que éramos um país sério, entre os primeiros nesse setor. Com

214 Ampliação e descentralização

mais de 300 mil amostras já colhidas, saímos liderando, fazendo mais que outros laboratórios, e foi um sucesso, como tudo o que fazemos.

Ajuda governamental

A entrada de José Serra como governador de São Paulo somara-se para nós à gestão do ministro José Agenor Álvares, ainda no cargo. O governador trouxera do ministério a ideia de valorizar quem atendesse o SUS com qualidade e anunciou um plano de governo em que todo serviço vinculado ao SUS que estivesse auditado, que mostrasse suas contas, teria o valor do seu déficit operacional identificado e o governo, em contrapartida, cobriria pelo menos 50%. Na época, havia 120 hospitais conveniados no estado de São Paulo, e 108 deles, inclusive o nosso, imediatamente pediram para ser auditados, entrando nessa fila da ajuda do Tesouro do estado.

O Serra tinha tanta consciência de que a tabela do SUS não pagava nem metade dos serviços – principalmente os de alta complexidade –, que muito honestamente nos proporcionara essa linha de crédito a fundo perdido. Muitos desses hospitais tinham a alternativa de convênios ou planos de saúde particulares, que eram fonte de recurso, mas o déficit era inerente. E o mais interessante disso tudo foi quando o Serra, surpreso, me ligou: "Ô, Prata! Deixe-me lhe perguntar uma coisa... Somando o déficit dos 120 hospitais do estado que a secretaria levantou, o seu é maior que todos os demais juntos! É de três milhões por mês! Como é que você toca isso?". Respondi: "Que boa pergunta o senhor me faz! Que coisa boa é o senhor saber disso!". Ele comentou: "Olhe, então, vou assinar o Programa Pró Santas Casas (programa que institui recursos financeiros para auxílio ao custeio de hospitais filantrópicos do estado de São Paulo, criado no mandato do governador José Serra), em Barretos, prestigiando o Hospital, porque carregar esse déficit é coisa de herói, é de deixar qualquer um estarrecido. A assinatura do primeiro convênio será com vocês!". Eu concluí: "Pois é... Nunca fomos auditados antes, como o senhor fez agora, e nunca nos ofereceram ajuda".

E assim foi feito. Foram comprovados os nossos três milhões de déficit e analisaram o que era realmente custo de protocolo de tratamento – porque a prevenção não entrava nisso. E o Serra reuniu uns trinta prefeitos, uns dez deputados, e, nos primeiros 90 dias de governo, assinou o convênio e começou a nos pagar exatamente 50% do nosso déficit operacional. Isso não resolveu totalmente a situação, mas me aliviou imensamente.

O Serra ainda queria implantar uma forma de gestão que seriam as parcerias público-privadas, as Organizações Sociais de Saúde (OSS). Os serviços de saúde pública que interessavam seriam entregues a uma boa gestão privada e o estado arcaria com os custos. Isso ele fez com ambulatórios, com hospitais e criou os AME, aquele projeto que herdei do doutor Barradas, em que se paga exatamente o que custa.

A tabela do SUS, às vezes, não chega a cobrir 50% dos custos, ou arca somente com procedimentos de alto custo; quando o procedimento é de baixo custo, paga, às vezes, de 60% a 70%. Para as instituições que se enquadram na Lei da OSS, o estado complementa, para tentar proporcionar uma medicina de melhor nível. Para avaliar as instituições, se faziam pesquisas, para verificar a opinião do usuário, os protocolos utilizados e a linha de trabalho de cada uma. Nós fomos auditados pelo AME de seis em seis meses. O estado não somente dá, mas faz auditoria semestral nos projetos onde põe o dinheiro, porque quer ver produção e checar honestidade e eficiência.

E é perfeito no meu entender. Contudo, como Fundação, não poderíamos ser OSS. Se isso fosse possível, nossa situação seria extremamente confortável. Previsto no seu programa de governo, o Serra criou o maior projeto de estrutura física da América Latina, o Instituto do Câncer do Estado de São Paulo (ICESP), num hospital abandonado que o Alckmin havia começado a reformar. Ele acabou a obra e a transformou em hospital de câncer, com mais de seiscentos leitos, nove aparelhos de radioterapia, com tudo para ser o maior. Ele aplicou ali um bom dinheiro, num projeto enorme, muito benfeito, contratando a melhor equipe de gestão de oncologia do país, que é da USP.

216 Ampliação e descentralização

Ele tinha disponíveis medicina privada e medicina acadêmica, nas mãos de quem deixou a gestão. Então se criou um grande serviço de câncer na capital de São Paulo, de onde uma avalanche imensa de pacientes ia para Barretos, o que estava errado. O Hospital de Barretos fora feito para atender o Brasil e o interior do estado de São Paulo, não a capital. E foi de fundamental importância a ação do Serra, criando um hospital de câncer desse porte, de grande qualidade, com medicina de última geração e serviço humanizado. Além disso, o estado de São Paulo cobre integralmente os custos desse serviço; o que custar, é pago.

Pois bem, o importante, como dizia o padre Nazareno, é que as obras dedicadas a Deus nunca devem ser muito fáceis porque aí não provamos o nosso esforço ou a nossa determinação. Por isso, acho que nunca consigo ter lucro ou, pelo menos, não ter déficit. Apesar das dificuldades, saímos sempre na frente, sempre na ponta. Todos os anos, quando chegam as pesquisas, estamos sempre nos primeiros lugares nos vários quesitos avaliados. E quando se fala em produção, ficamos 30% acima de todos, no mínimo. Isso evidencia responsabilidade, compromisso; é a verdade, traduzida em números e fatos consumados, 100% realizados.

Resumindo, foram muitos momentos importantes. O ministro José Agenor Álvares nos ajudou muito, abrindo o laboratório de HLA. O Serra nos pagou 50% do déficit, dizendo: "Ó, Henrique, isso aí eu estou fazendo para estimular a melhora do SUS, o seu e o dos outros". Ao que lhe respondi: "Bom, sem esse estímulo eu já não encontrava obstáculo para melhorar, agora o senhor pode imaginar o que vamos fazer...". E foi nessa fase que, graças a Deus, entrou também dinheiro da Avon, dinheiro dos grandes eventos que fizemos, destinados à prevenção e à pesquisa, e ainda o da receita da Nota Fiscal Paulista, para dar suporte ao laboratório de biologia molecular. No entanto, esse projeto não tem a dimensão e o volume merecidos, porque ainda nos falta um grande patrocinador que, sem dúvida, um dia conseguiremos.

Tudo deu certo porque naquele momento houve uma conjunção de forças. Chegou, também, o ministro Temporão, que entrou prestigiando o

Acima de tudo o amor 217

Hospital e a quem eu disse: "Olhe, ministro, o Serra está agindo corretamente conosco; eu lhe mostro claramente as nossas contas no final de
cada ano e ele nos paga 50% do déficit. Como também atendemos a 36%
de pacientes de outros estados, seria justo que o governo federal completasse o déficit no fim do ano. Eu não quero ter lucro, mas não posso ficar
no vermelho; estamos vivendo um novo momento, em que o presidente
Lula tem uma enorme consciência social e o governador Serra é um homem obstinado cuja meta é melhorar a saúde do estado de São Paulo.
Então, agora falta apenas fazer um casamento entre as duas esferas – a
estadual e a federal".

O ministro foi muito acessível. O déficit do Hospital, naquele ano, tinha sido de aproximadamente 54 milhões; o Serra nos havia dado 18 milhões, tínhamos conseguido uns 25 milhões com a iniciativa privada e as
campanhas, mas ainda faltavam por volta de 9 milhões... E ele logo concordou: "Eu também vou continuar nessa linha, você merece; seu trabalho
é sério e muito benfeito". "Ministro, o Brasil está mudando demais!". O
ministro Temporão foi realmente decidido! Normalmente as coisas no ministério são muito lentas, mas com ele, não! Passados dez dias, o dinheiro
realmente estava na conta. Eu fiquei surpreso. Nunca tinha visto nada
igual. De fato, parecia haver uma novidade no ar.

- Capítulo 14

Além dos sonhos

Ainda me impressiona, às vezes, olhar para trás e ver o que conseguimos. É claro que temos muito a fazer, por exemplo, a entrada oficial do Hospital, o anfiteatro, que ainda é improvisado, e inúmeras outras necessidades que vão surgindo nesse projeto tão dinâmico cuja demanda não cessa. A essência, porém, está lá: o que há de melhor para o tratamento de quem necessita.

Essas coisas todas me impressionam muito, porque quando eu precisei erguer três pavilhões, apareceu uma fórmula – as emendas de bancada, que nos deram impulso; tínhamos a intenção de construir um pavilhão por vez, de repente, fizemos os três ao mesmo tempo. Quando precisamos entrar na área de pesquisa, logo conseguimos ajuda e realizamos o projeto. A fórmula "de grão em grão" com dinheiro de leilões, rifas e constribuições era certeira. Os governos foram se tornando mais sérios, melhorando o volume de arrecadação e o índice de crescimento. E eu entrei nesse *boom*, com o otimismo de sempre e muitas ideias e projetos.

É significativo observar também que, nessa história, nunca tivemos um plano diretor entabulado por uma empresa, com um conceito de gestão moderna de grande porte, como todo mundo tem. O nosso é intuitivo, orientado pelo coração. Na hora em que aviso que vamos construir algo, consigo 90% de adesão, mesmo não sendo médico. Por exemplo, desde

2001 reduzimos a expansão quantitativa e decidi, naquele momento, priorizar a qualidade da medicina e investir mais lentamente na quantidade. Toda essa visão do plano diretor foi minha. Não cito isso para me valorizar; apenas para relatar que tentei entender de medicina para aperfeiçoar a capacidade de discernir como o meu pai, que sempre via mais longe que qualquer outro médico.

Eu nunca tive um parecer contrário; na verdade nunca houve argumentos para derrubar um plano meu. E eu me perguntava: "Por que será que eu tenho esse discernimento que não gera dúvidas?". E isso também foi uma coisa que sempre surpreendeu a minha mãe. Às vezes eu lhe perguntava: "Mãe, veja bem, eu resolvo aquilo que deve ser feito e não sou médico. Qual o diferencial que existe na minha visão?", mas eu mesmo respondia: "A parte humana. O amor que eu sinto é tão profundo e verdadeiro que não tenho medo de ser derrotado numa discussão com o corpo clínico, corporativista, a menos que tenham argumentos concretos e definitivos. E eles não têm".

Experiência e vivência

Agora já tenho muitas coisas realizadas; tenho experiência, vivência; tenho crédito; passei a entender a dinâmica da medicina e sei o que tem que ser feito. E até acho que é brincadeira administrar dois hospitais gerais, perto do que é administrar um específico para o câncer. Chega a ser sem graça, de tão simples que é um hospital geral.

Às vezes me pego pensando que meu pai precisava ter vivido para ver tudo isso que ele nunca acreditou ser possível. Ele nos dizia: "Isso não vai existir, com esse povo aqui. Será preciso surgir outra geração...". Mas seu sonho se concretizou, graças a Deus! Existe hoje e para sempre, se puder continuar contando com o governo, que vem se mostrando cada vez mais comprometido, principalmente em relação à saúde, com a pressão da sociedade.

É uma pena que ainda hoje se desviem tantos recursos de áreas fundamentais ao bem-estar da população; mas com certeza os mecanismos

Acima de tudo o amor 221

governamentais de controle se tornarão mais eficientes para impedir que isso aconteça.

Nesse sentido, felizmente o Serra fez aprovar, em 1997, uma lei fundamental, a Emenda 29, que determina quanto estados, municípios e a União devem obrigatoriamente aplicar no setor da saúde. Eu me lembro perfeitamente do dia em que fui discutir com o Mario Covas sobre o acelerador fechado do Hospital e ele me disse: "Henrique, olhe bem, ninguém direcionou mais que 2% à saúde até hoje; outros governadores, Quércia, Fleury, Paulo Egydio, ninguém! Eu estou pondo 4%!" Hoje é obrigatório destinar 14% à saúde.

Quando teve início o Plano Real, pudemos perceber a diferença. No governo Fernando Henrique as coisas ficaram mais sérias, melhoraram. Infelizmente, porém, ainda se pode ver – como eu e o Boian vimos – alguns deputados tramarem para conseguir as emendas da bancada em favor das próprias instituições filantrópicas. Lembro-me muito bem do Serra me alertando. Dizia que se eu não fosse até lá pleitear as verbas, continuariam fazendo aquilo. Mas eu nunca me omiti, apesar de tantas decepções com os nossos políticos.

Lentamente a área política no Brasil vem melhorando. Especificamente em São Paulo, melhorou muito com o governo Mario Covas, depois com o governo Geraldo Alckmin; continuou melhorando no governo Serra e agora novamente no governo Alckmin, num círculo virtuoso. Isso meu pai não acreditava que pudesse acontecer.

Com relação ao governo federal, ocorreu a mesma coisa. Entraram o Fernando Henrique e o Serra; na Saúde, foi mais do que eu esperava. Depois, no governo Lula, São Paulo avançou demais, porque se somaram os governos federal e estadual, e os benefícios para nós foram enormes. O problema, porém, não foi resolvido. Ainda temos um déficit de 5,5 milhões, cuja metade o governo Geraldo Alckmin continua cobrindo, honrando o acordo do Serra, querendo, inclusive, nos ajudar na expansão do hospital de Jales. Mas acredito que, mesmo que se construam dez hospitais iguais ao de Barretos, ainda assim vai haver fila, porque é assustadora a dimensão que o câncer vem tomando no Brasil.

Não posso deixar de honrar aqui o doutor Barradas, grande amigo e grande gestor, o maior do estado na área da Saúde, outra pessoa que, tenho certeza, meu pai gostaria de ter conhecido. Que administração! Que homem digno! Por tanto admirá-lo, o AME ambulatório que fizemos tem o seu nome.

Homens notáveis

Eu sempre soube respeitar as diferenças, distinguir a minha forma de pensar da dos médicos, sabendo que eles enxergam e pensam assim porque estudaram e foram talhados para ser como são. E, apesar de nossas diferenças, sempre os respeitei e agradeci a meu pai a herança de um corpo clínico invejável – para mim um privilégio –, com homens profundamente comprometidos com a profissão, com seus juramentos e princípios. É claro e compreensível que surjam rusgas ou diferenças de opinião entre pessoas com diferentes convicções e formação pessoal que têm que comungar com a mesma filosofia. Posso dizer, contudo, que herdei do meu pai, além de um modelo de comportamento humano e ético em relação à medicina, esse grupo de médicos que, indiscutivelmente, eu não conseguiria melhor. Profissionais audaciosos, que às vezes, sem nenhuma ferramenta apropriada, realizavam o melhor, como se as melhores ferramentas tivessem. E se algumas vezes eu percebia que estavam aborrecidos comigo, conseguia compreendê-los, porque não partilhavam da minha visão administrativa, não enxergavam o todo, somente a parte. No entanto, cada um deles é certamente um presente de Deus para o Hospital.

Reuni uma diretoria de que me orgulho muito, diferente das demais, e que se renova a cada dois anos – o diretor financeiro, o diretor clínico e o vice-diretor clínico. Uma diretoria dinâmica, escolhida sem interferência nenhuma da minha família, do meu pai ou da minha mãe.

Neste momento, eu, que já elogiei tanto o doutor José Elias por várias razões, devo confessar contudo que ele não foi dos melhores diretores clínicos que tivemos, por ser muito guiado pelo coração e ponderar demais para tomar qualquer atitude em relação a algum colega médico, motivo pelo qual vivíamos brigando. Mas com certeza, o doutor Zé Elias é dessas pessoas que vêm ao mundo para somar; é um dos profissionais mais honestos que já vi, deixando tudo o que conseguira em São Paulo para ser o que foi para o meu pai, para mim e para o Hospital em Barretos. Acho mesmo que ele sentia a responsabilidade de carregar esse sonho nas costas com muito mais empenho que outros médicos. Na década de 1990, eu me lembro, ao encerrar o turno do dia, ele levava serviço para casa, trabalhando muitas vezes até tarde da noite, enquanto os demais iam cuidar da vida privada. Doutor Zé Elias! Um ser humano ímpar, diferente, abençoado por Deus; grande médico, grande amigo. Todos os médicos sabiam do meu respeito e da minha admiração por ele, que me trazia as novidades e me pressionava, muito parecido, no estilo, com o padre André, que me forçava a romper limites na parte espiritual, enquanto o Zé o fazia na parte médica, operacional, como ocorreu no impressionante episódio do foco cirúrgico, narrado anteriormente.

A geração de hoje, de quase duzentos médicos, tem pouco contato comigo, mas embora pouco conversemos, sempre traz visões absolutamente novas, com objetivos claros de melhora em benefício de tudo, profissionais extremamente comprometidos!

Isso não quer dizer, entretanto, que não haja divergências entre nós. A maioria das vezes, porém, eu me sinto como o técnico de futebol ou o maestro da orquestra, que ao perceber alguém desafinar, pede para ensaiar mais ou ir tocar em outro lugar.

Não posso deixar de citar um líder, imprescindível e articulado: o doutor Miguel Aboriham Gonçalves, que foi diretor do INCA, da radioterapia do Brasil pelo INCA, e o mais político de todos. E também o doutor Domingos Boldrini, extremamente profissional, competente, habilidoso, com uma capacidade enorme de agregar e que nos trouxe muitos benefícios.

Cada profissional que lá está é uma história em si e seria impossível, aqui, falar de cada um deles. Salientei apenas algumas histórias muito fortes que mostram a soma de esforços na busca por humanização e competência. Indubitavelmente todos desse time incrível merecem a minha justa homenagem e o meu reconhecimento.

Crescimento e desenvolvimento

O crescimento do Hospital foi inicialmente uma preocupação, porque nunca fizemos anúncios na televisão ou no rádio, mas a forma amorosa e competente de tratar a todos fez do boca a boca a melhor propaganda, que se espalhou pelo país todo.

Com esse fluxo de trabalho, essa demanda incessante, sempre procurei agir para melhorar. O roteiro da minha diretoria era o seguinte: de manhã ambulatório, à tarde cirurgia, às seis da tarde reunião – a diretoria e eu – até às nove, para termos juntos uma visão global dos problemas. Foi sempre assim, até eu achar que não era justo tomar tanto tempo deles fora do seu período normal de trabalho – de doze horas – e resolvi lhes pagar uma diferença como forma de compensação. Era de vital importância que participassem de todas as decisões e que nos convencêssemos mutuamente, com honestidade de propósitos, quando divergíamos em nossas posições. Foi um programa ímpar de gestão.

Muitas vezes, eu me lembro, alguns médicos se exaltavam na defesa de suas posições, mas sempre achei normal que falassem o que estavam sentindo. Nunca levei para o lado pessoal e sempre deixei claro que não me ofendiam; ali éramos profissionais e nossa relação deveria ser pautada pelo profissionalismo – e, se por acaso alguém se excedesse, eu procurava relevar, porque na verdade nunca tive a pretensão de impor um respeito muito maior. Eles, por sua vez, também me conheciam, sabiam que às vezes eu me exaltava, ficava nervoso, mas sempre lhes dizia: "Como somos praticamente sócios, com ganhos iguais e os mesmos direitos, eu tenho que lhes prestar conta e também exigir. Temos deveres e direitos iguais; ninguém aqui é diferente ou melhor".

Batalhei para encontrar uma forma inteligente de agir como gestor, para que todos se sentissem totalmente à vontade, podendo até mesmo

Acima de tudo o amor 225

ser assertivos comigo ou reclamar quando, às vezes, eu transgredia e exagerava. Sempre deixei claro preferir a ação à omissão ou à contemporização; que não tentassem amenizar ou protelar os problemas.

A complexidade da gestão hospitalar a distingue de qualquer outro setor ou empresa. Esse é um negócio ímpar, que assusta, porque não existe uma regra única definida, não existe um protocolo único.Um hospital não é como uma indústria com linha de montagem e um produto final. Até na planta, o projeto de um hospital é indefinido, aberto, e às vezes muda de repente. São bem poucas as regras fixas. Há um conceito, há princípios, mas as coisas mudam e, muitas vezes, abruptamente. Esse enorme complexo, um projeto gigantesco, estava realizando por mês aproximadamente seiscentas cirurgias grandes e mil pequenas, totalizando 1,6 mil ao mês; 550 atendimentos de radioterapia por dia, trabalhando até a meia-noite com seis aceleradores, num ritmo incessante. É incrível o crescimento e o dinamismo do Hospital.

E junto com isso tudo há sempre a necessidade de uma série de ações, decisões ou condutas que competem a mim como gestor.

IRCAD

Existem coisas inesperadas e que fazem com que a cada dia eu me surpreenda comigo mesmo, porque jamais imaginei que teria chance e condições de realizar tanto, principalmente por não apresentar uma série de pré-requisitos, como formação acadêmica.

O que passo a relatar agora começou com um médico que me surpreendeu de uma maneira diferente, porque depositou em mim mais confiança do que eu mesmo nunca tive. Recém-formado, fizera residência com a doutora Angelita Gama; competente e humano, até me parecia filho do meu pai.

Ele realizava com muita eficiência cirurgias minimamente invasivas, a maior parte de digestório baixo; foi um dos precursores na área, com o maior número de cirurgias desse porte realizadas no Brasil. E, por isso, as empresas que produzem os equipamentos mais importantes para esse tipo de intervenção no mundo – a Storz e a Covidien – já o tinham notado e o convidavam com frequência para participar de congressos, apresentar cirurgias e dar cursos. Eu o admirava sem reservas, porque além de capacidade profissional ele praticava o melhor da filosofia de humanização. E não foi surpresa quando seu nome começou a aparecer frequentemente no âmbito da medicina nacional. Dizem que um cirurgião só se torna confiável depois de mil cirurgias e o doutor Armando Melani já é seguramente um cirurgião de mais de mil, pelo volume de trabalho que realiza no Hospital.

As matrizes dessa medicina avançada em *softwares*, em tecnologia e os maiores centros do mundo estão nos Estados Unidos, na Europa e no Japão. O mais importante e mais conhecido deles, porém, está na França, em Estrasburgo: o IRCAD – Instituto de Treinamento em Cirurgias Minimamente Invasivas e Cirurgia Robótica. Lá se ministram cursos de cirurgias robóticas minimamente invasivas que, a princípio, eram especializadas em oncologia gastrointestinal, e hoje abrangem vários outros órgãos e não só para câncer. É um centro extremamente avançado, orgulho do governo francês interessado em mostrar ao mundo um desenvolvimento médico tecnológico muito superior a outros países de primeiro mundo, disputando espaço com os Estados Unidos.

Em determinado momento, por excesso de demanda, o IRCAD resolveu criar duas filiais; uma em um local de língua asiática e outra em local de língua hispânica. O doutor Armando ficou sabendo disso e também que a representação do Brasil – não sei se do INCA ou do ministério – perdera para a Argentina, que oferecera as melhores condições, valendo-se inclusive da maior abrangência da língua hispânica na América do Sul. Vendo a garra, a força, a qualidade do trabalho do doutor Armando dentro do Hospital e a técnica por ele desenvolvida, lhe falei: "Armando, eu vejo você se esforçar demais e sei que já está merecendo um espaço maior, mais adequado. Estou pensando em construir uns 150 metros quadrados para você dar os seus cursos...". Ele ministrava os cursos de modo improvisado, fazendo o possível, num esforço tenaz. Então comprei o terreno para a nova construção, mostrando-lhe que também pensava nele e investia em quem nos dava retorno: "Armando, pode elaborar o rascunho do seu projeto, porque no próximo ano quero lhe proporcionar um espaço mais adequado, pois você vem engrandecendo o nome do Hospital, nos enchendo de orgulho". Era comum nos procurarem médicos de excelentes hospitais de São Paulo, para exercitar com o doutor Armando novas técnicas minimamente invasivas de cirurgia de câncer.

Alguns dias depois, ele veio até mim e, com a cabeça baixa e ar de mistério, despejou: "Henrique, fiquei pensando, cheguei a uma conclusão e preciso da sua ajuda para fazer um negócio diferente. Não estou pensando em realizar aquele projeto que você sugeriu. Eu vim de um congresso onde soube que está 100% definido que o IRCAD irá para a Argentina. Então fiquei pensando no seu enorme poder de convencimento e que, se formos à França, podemos reverter o jogo e trazer o projeto para cá. Tenho certeza de que você consegue".

O doutor Armando é uma grande figura, tem um jeito diferente de fazer e dizer as coisas sem muita formalidade. É tímido e, ao mesmo tempo, decidido.

Eu não acreditava naquilo: "Você está brincando... o negócio... já tem até portfólio, a planta está decidida, a terraplanagem do terreno está pronta... Você ficou louco? Vamos pensar no nosso projeto. O que já está feito, não dá para reverter. A gente tem que ter a humildade de saber que quem ganhou foram os *hermanos*, nossos vizinhos. Vamos fazer o quê?" Mas ele insistia: "Você não está entendendo, você pode reverter isso aí, sim!", e falou apontando o dedo para o meu peito. "Uai, que baixinho pretensioso! Como ele acha que vou fazer isso?", pensei, e lhe disse: "Ô, Armando, veja bem, se estivéssemos disputando uma coisa como o projeto da Avon, teríamos chance, mas o negócio em questão está definido; portanto, esqueça! Não há possibilidade. Eu faço qualquer coisa por você, mas daí a querer atravessar num só passo o Atlântico é demais. Não é possível".

Ele não se conformou e, passados alguns dias, voltou ao assunto: "Pensou, Henrique, em ir lá comigo?". "Você ainda não desistiu? Armando, vou ser bem franco; o que você quer está fora de questão. É uma

228 Além dos sonhos

decisão já tomada, com país escolhido, planta definida e terraplanagem de terreno pronta. Aí, é pretensão demais querer mudar tudo!". Ele não desistia: "Henrique, acredite em mim. Tenho absoluta convicção de que você, com seu poder de convencimento, tem chance de reverter isso! Ponha esse seu grande potencial a favor dessa causa, que também é minha. Se não der certo, faremos como você quiser e o único gasto será o da viagem". Ele era mesmo insistente, e acabei cedendo: "Tudo bem, Armando, vamos fazer essa viagem. É estranho, mas vamos arriscar, porque você está confiando mais em mim do que eu mesmo. No entanto, continuo achando isso tudo um absurdo".

Relatei o fato à diretoria, convoquei apenas o doutor Edmundo para nos acompanhar e, enfim, marcamos a viagem. Eu aproveitaria para passar pela Alemanha e agradecer pessoalmente à madame Storz pelo equipamento de 250 mil dólares que ela nos dera para a endoscopia.

Quando chegamos à Alemanha, mandaram nos buscar. Havia duas pessoas da Storz do Brasil nos acompanhando, e fomos primeiro à fábrica de 5 mil funcionários. Lá, a madame Storz, extremamente educada, nos recebeu muito bem, e contou que ao ver o nosso material se encantara com a filosofia da Fundação, que tem os mesmo princípios da instituição que seu pai construíra!

Ela sabia o que íamos pleitear ao IRCAD na França, e torcia muito para o nosso êxito. "Fico muito agradecido por isso e sei que a decisão é lá na França. Viemos aqui exclusivamente para lhe agradecer. A senhora conheceu a nossa instituição por meio de um vídeo, acreditou em nós e nos deu uma contribuição muito importante. Espero, no futuro, podermos realizar novas parcerias".

Sempre que posso faço isso com as pessoas que nos doam determinado valor; vou pessoalmente agradecer. Enfim, saímos de lá e fomos de carro para Estrasburgo, na França. O Armando estava numa alegria imensa, como se estivesse ganhando um presente, por eu estar fazendo o que ele queria; parecia um menino indo ao parque. Nunca vi tanta felicidade!

Era janeiro de 2009.

Acima de tudo o amor 229

E o que aconteceu foi surpreendente, porque, até a hora de entrar no IRCAD, eu não tinha ideia do que dizer nem de como começar. Isso não era novidade, sempre fui assim; nunca penso antes, e falo na hora o que me vem do coração.

Havia na empresa uma sala reservada para sermos recebidos pelo presidente do IRCAD, o professor Jacques Marescaux, um dos maiores gênios daquele tipo de medicina no mundo. Ele veio até nós. Era uma figura ímpar! Sentou-se conosco, foi atencioso, muito formal. O Armando e o Edmundo, meus companheiros que falavam inglês, começaram meio tímidos, ansiosos, gaguejando, sem saber bem o que dizer. Eu ia falando, e eles traduziam. Fui argumentando, defendendo a nossa posição e gastei nisso uns cinco minutos, mas percebia que quando o Armando traduzia o Edmundo ia pondo defeito na tradução, e vice-versa. Os dois falavam, o professor Marescaux não entendia, e começou a ficar entediado com aquela conversa chata.

Tínhamos sido avisados de que ele nos daria vinte minutos. Se gostasse do assunto, nos pediria para esperar e voltaria depois de atender a outros compromissos; se não gostasse, iria embora, porque ele é muito prático, assim como eu. Mas o Edmundo e o Armando não estavam conseguindo nada. Além disso, para o sujeito que fala francês, o inglês não soa bem... Pedi que lhe transmitissem exatamente o que eu dizia, mas eles não conseguiam e a comunicação estava truncada. Aí eu estrilei; como tenho muita liberdade com os dois, chamei a atenção de ambos: "Ô, Edmundo! Ô, Armando, pelo amor de Deus! Vocês falam e o semblante dele não muda. Ele não está entendendo nada e está ficando desinteressado do assunto!".

Foi então que o Marescaux pediu ao Edmundo que me dissesse para falar como tinha feito naquele momento, bem devagar e em português. E foi o que eu fiz. "Eles estão tentando lhe explicar o motivo de termos vindo aqui. Se o senhor me entender, acho que vai dar um pouco de atenção aos nossos argumentos. Esse projeto não deveria ter ido para Buenos Aires. Estou querendo explicar que tanto na capital do Brasil como na capital da Argentina ele vai ter menor impacto. Esse projeto, para ser grande, tem que favorecer as pessoas que precisam ir se tratar e voltar para casa mais rapidamente possível, por não terem com quem deixar os filhos e nem mesmo dinheiro para viajar. Essa medicina do futuro, minimamente invasiva, na minha visão, deve ir para o interior, capacitando os médicos de lá que cuidam de hospitais públicos, de pessoas pobres. Normalmente, só os médicos da medicina privada e dos grandes centros é que têm a oportunidade de se atualizar para obter alta *performance* nessa área. E estou aqui para deixar claro que tirar o paciente, mesmo que apenas um dia antes, de um leito de hospital ou de UTI é muito para mim. Nossos pacientes não têm com quem deixar os filhos, que ficam com vizinhos, com parentes ou até mesmo sozinhos. Então, essa medicina é mais humana e eu preciso dela! E está errado que ela seja direcionada para as capitais, que têm muito mais recursos disponíveis".

Eu falava de coração, olhando nos olhos dele, tentando mostrar que era a essência do projeto que me interessava, o seu lado humano, facilitador. E, por impossível que possa parecer, seus olhos brilharam, compreendendo. Eu disse mais: "O senhor precisa saber que eu tenho apoio do governo do Brasil pela medicina de ponta que fazemos, atendendo apenas à população carente. Portanto, hoje, o governo federal e o governo estadual estão ao meu lado; ambos são nossos amigos e nos ajudariam. E uma vez que o senhor irá à Argentina, passe antes no Brasil e comprove o que estou lhe dizendo. Verá que o IRCAD pode entrar imediatamente em funcionamento no interior em vez de privilegiar de novo as capitais, com suas inúmeras oportunidades, que além de tudo são feudos muito fechados. Vamos abrir esse serviço num país com a dimensão do Brasil e que tem uma enorme diferença entre a medicina privada e a medicina pública. É fundamental que os pobres tenham acesso a essa medicina de ponta".

Falei com convicção e firmeza, transmitindo o que pensava e o que sentia. E – impressionante – ele gostou da minha conversa; parece ter me compreendido e não deixou mais que o Edmundo e o Armando falassem inglês. E quando ele falava devagar em francês, eu entendia um pouco, e na sua expressão, no seu olhar fraterno, eu compreendia tudo. Assim nos entendemos, como homens de boa vontade, e finalmente ele falou o que eu queria ouvir: "Esperem um pouco, que eu já volto". Disse apenas isso, levantou-se e saiu.

Meus companheiros se entreolharam, sem acreditar, e eu aproveitei para provocá-los. "Fiquem quietos, não abram mais a boca! Ponham na lata de lixo esse inglês, que não serve para nada. Eu vim confiante no desempenho de vocês e afinal nos entendemos porque quisemos nos entender!"

O Marescaux devia ter entendido talvez metade do que eu falara. Não vou dizer que compreendeu tudo. E eu por minha vez devo ter entendido uns 30% do que ele dissera. Mas nos entendemos, só nós dois, um olhando para o outro.

Quando ele voltou, não quis mais falar nada em inglês. Olhou para mim e disse: "O meu negócio é com o Henrique; o que mais você pensa a respeito disso?". E eu recomecei a falar, enumerando mais umas duas ou três coisas que achava fundamentais; enfatizei que faríamos uma parceria com os governos estadual e federal; que seria uma chance única de os hospitais públicos terem treinamento para aquela especialidade; que uma simples cirurgia de vesícula tradicional segura o paciente de quatro a cinco dias no hospital, enquanto, com uma intervenção sem cortes poderíamos liberar o doente no mesmo dia ou, no máximo, no seguinte; isso por si só já seria uma vantagem enorme, descongestionando os hospitais e facilitando a vida dos pacientes da rede pública, pessoas pobres para quem um dia no hospital já é um grande transtorno, bem diferente da realidade do rico. Enfatizei o que ele já sabia: que esse tipo de cirurgia tem estatisticamente 75% menos risco de infecção hospitalar, e encerrei dizendo que gostaria imensamente de, pelo menos uma vez, privilegiar os mais carentes, proporcionando-lhes igualdade de tratamento e de chances na hora difícil da doença.

Falamos por mais uns cinco ou seis minutos, nos entendendo pelo olhar. Uma coisa ímpar! Nunca havia sentido aquilo na minha vida. Finalmente, ele concluiu: "Ok, vou fazer o que me pediu. Vou visitá-los, pode agendar. Eu tenho que ir para... Eles estão num impasse lá na Argentina, com relação à gestão, não sei exatamente o que é, mas vou saber".

232 Além dos sonhos

Apoio ao projeto

N a data marcada, o professor Marescaux chegou ao Brasil, com planos de ficar apenas um dia – eu havia marcado nosso encontro com o governador José Serra pela manhã e com o ministro Temporão em Brasília, à tarde. Quando falamos com o Serra, ele mostrou-se totalmente favorável ao projeto (até exibiu um queloide no peito, resultante de uma cirurgia feita dez anos antes, que certamente, não existiria se tivesse sido usada a nova técnica). "O que é preciso fazer, Henrique?", ele me perguntou. Eu disse: "O senhor me daria metade do prédio e o recheio do bolo, que é o caro. O IRCAD tem dois patrocinadores, a Storz e a Covidien, que trariam a aparelhagem. E se for o mesmo que foi para Taiwan, é um projeto de mais de 20 milhões de dólares, governador. A ideia é o governo entrar com esse dinheiro e, em contrapartida, daremos os cursos de graça aos médicos dos hospitais públicos; cursos que, o senhor sabe, são caríssimos lá no exterior e aqui no Brasil são feudos disponíveis apenas para os próprios serviços privados, a elite. Faríamos um negócio para beneficiar a todos os hospitais públicos. Vou levar a ideia dos outros 50% para o governo federal; vou levar ao ministro Temporão essa mesma proposta: 15% das vagas para o governo estadual e 15% para o governo federal. Eu fico com a gestão do projeto; vocês entram com o dinheiro, e vamos expandir essa tal medicina minimamente invasiva e robótica".

O Serra, então, disse ao seu secretário: "Da minha parte, Barradas, nem precisa pensar. Pode financiar isso aí". "O senhor já está nos dando um começo extraordinário; agora vou a Brasília com o Marescaux".

O ministro Temporão fora receber um prêmio na Europa e nos deixara a ministra interina, que escalou uma comissão para tratar do assunto. Ela foi muito atenciosa, mas um dos responsáveis pela área de oncologia foi radicalmente contra, dizendo que eu estava querendo criar um problema para a tabela do SUS, que aquele tipo de medicina era muito cara e mais as desculpas de praxe. O Marescaux só ouvia, percebendo que eu não desistiria. "O senhor está falando justamente o contrário. Eu vim aqui para provar que esta é uma medicina muito mais humana e barata; opera-se uma pessoa de hérnia pela manhã, à tarde ela já recebe alta, com chance quase zero de complicação e tempo mínimo de internação. No caso de câncer, para se ter uma ideia, o paciente está fora do hospital com um terço do tempo da cirurgia tradicional e 75% menos de chance de infecção hospitalar. A recuperação é mais rápida, pois não há perda de sangue e pode-se iniciar o tratamento com trinta dias de antecedência. É muito benefício; aliás só benefício! Essa é a medicina de ouro, como dizem, então não adianta ficar discutindo o que senhor ou eu pensamos; o negócio são os fatos. E tenho a lhe dizer que os custos são infinitamente menores, apesar de ninguém ter ainda calculado esse custo-benefício; eu lhe provo que, no caso do câncer, ela é muito mais barata, por mil razões". A ministra foi muito educada, mas o Marescaux viu que eu fui na garganta daquele secretário e não o deixei falar mais. "Vamos abreviar as coisas para o senhor entender. Se a sua mãe tivesse que ser operada, hoje, do intestino e pudesse fazer a cirurgia minimamente invasiva, já sabendo das vantagens e que, além de tudo, ela não teria a bolsa de colostomia nem ficaria mutilada, a qual delas o senhor a encaminharia? Porque é assim que eu penso. O que serve para minha mãe ou para os meus filhos eu sei que é o melhor e o correto. Então, me dê uma resposta!". Ele se defendia: "Não, assim você está apelando!". E eu não dava trégua: "Não estou apelando, estou simplificando!". Criou-se, porém, um clima desagradável, porque contra fatos não há argumentos e ficou claro que o secretário não queria porque não queria! A ministra foi delicada, disse que cabia ao ministro resolver e que ele estava muito chateado por não estar presente. Mas o Marescaux viu que eu não cedia.

À noite, no avião, de volta, eu lhe disse: "Garanto ao senhor que o ministro pensa como eu; ele tem uma visão muito humana da medicina e eu tenho a certeza de que vai me ajudar; se não em tudo, em grande parte". Saímos de Brasília e fomos dormir em Barretos. Ele ficou hospedado na casa do doutor Edmundo e, no mesmo dia, ligou para a Argentina, dizendo: "Vocês estão na dúvida se quem nasceu primeiro foi o ovo ou a galinha. Então aproveitem, porque o projeto não vai mais para aí, não. Eu vi, aqui no Brasil, a solução para o problema: uma pessoa com uma determinação absoluta, que sabe o que tem que ser feito. E como vocês aí, ainda estão amassando o barro, nem vou discutir mais o assunto. O projeto virá para cá". Eu ouvira aquilo,meio sem atinar. O Edmundo me perguntou: "Henrique, você entendeu o que ele falou?! Acho que o projeto está vindo para cá!". Eu nem acreditava. Não tínhamos ainda a resposta do ministro Temporão! Ia ter que me virar se ele não nos desse o dinheiro. Mas eu sabia que, de uma forma ou de outra, eu conseguiria.

No dia seguinte o Marescaux ligou para a Madame Storz e lhe disse que não tinha visto nada igual à nossa administração; séria, determinada, com um gestor de muito pulso. E foi muito bom porque madame Storz concordou: "Eu já tinha visto isso na fita que ele me mandou, e foi por isso que o ajudei."

Eu estava exultante. "Armando, nunca aconteceu isso comigo antes, alguém acreditar mais em mim do que eu mesmo. E olhe que eu tenho muita fé e com ela sempre ultrapassei enormes obstáculos! Sei que ela move muitas montanhas, essa, porém, eu estava achando grande demais. Agora devo ter a humildade de reconhecer que você teve mais fé do que eu. Você teve muita fé em mim".

Se a conquista foi emocionante, os elogios me lavaram a alma porque indicavam o acerto das minhas atitudes, como dissera o Marescaux: "Confiança é tudo e no olho dele está seu coração; todo mundo vê, sente isso; é claro, é nítido. E eu preciso de pessoas assim, porque não é só construir, é conduzir o projeto, acompanhar a evolução de tudo, vestir a camisa. E a visão humana sobre a medicina que ele tem, não conheço quem tenha! Ele vai fazer uma revolução neste país". Mesmo com toda a fé que eu sempre tive, aquilo foi uma lição que aprendi com o Armando: não temer o tamanho das montanhas. E a ele devo o mérito dessa grande conquista, porque foi extremamente persistente e sonhou alto. E, de fato, conseguimos realizar o projeto como ele queria. Coisa de "gente grande".

Um mês depois, voltei mais uma vez à França para agradecer, fazer um acordo por escrito, rascunhar o projeto, e levei comigo uma das minhas arquitetas. De lá fomos à Alemanha, visitar a madame Storz, porque como estávamos selando um compromisso com o IRCAD, ela queria conversar sobre o assunto. Eu sabia que o investimento definido por ela para Taiwan previa que o projeto fosse metade analógico e metade digital. E o serviço do IRCAD na França também era assim, porque a tecnologia digital custava mais que o dobro, era muito cara para doação. Nós havíamos conhecido todo o projeto de Taiwan e seria ótimo se o nosso fosse igual.

Madame Storz foi muito mais informal dessa vez, mas sempre atenciosa e muito objetiva: "Olha, Marescaux, diga ao Henrique que houve mudança nos planos. Demos a Taiwan um projeto metade analógico e metade digital; a ele, por sua visão social, vamos doar um inteiramente digital". E o Marescaux: "Mas a senhora está fazendo mais do que fez para mim!". Ela explicou: "Esse projeto merece, Marescaux, pelo alcance social e pela determinação do Henrique em buscar sempre o melhor".

Tudo isso que aconteceu realmente me trouxe uma enorme gratificação. Invertemos a ordem dos fatos, conseguimos a melhor tecnologia e eu fiquei a me perguntar quem mais, a não ser Deus, poderia nos favorecer com tal presente? O investimento da Storz foi superior a 20 milhões de dólares, com um contrato previsto para dez anos e com total responsabilidade pelo desgaste ou modernização de equipamentos. Dez anos! Um investimento de mais de 60 milhões no fim de dez anos, no mínimo. E ainda teve mais: numa demonstração de grandeza, ao final da conversa ela acrescentou: "O Henrique tem que saber que o bonito desse nosso trato é a confiança; então eu quero que o contrato entre a Storz e a Fundação Pio XII seja feito simplesmente em duas folhas, porque quando se quer cumprir e quando se tem caráter, não é preciso muito, apenas começo, meio e fim! Que não me façam contrato maior que isso ou não assino!".

E nem foram necessárias duas folhas, apenas uma! Nessa sua atitude, relembrei, emocionado, o meu próprio avô, para quem bastava um fio do bigode. E assim também o pai a educara! É impressionante esses dois homens, separados pela distância, pelo tempo e que, apesar de nunca terem se encontrado, comungavam as atitudes dos homens de bem. Eu saí dali atordoado, com vontade de gritar para o mundo inteiro que aquilo fora um milagre e que tínhamos sido muito abençoados, absolutamente abençoados por Deus.

Uma semana antes de viajarmos para ratificar o negócio, o ministro Temporão me chamara. "Eu soube da discussão que houve aqui, mas não se preocupe, da minha parte estou com você. Pode trazer o projeto para o Brasil, que vamos financiá-lo em parceria com o governo do estado". Não poderia ter sido diferente, dada a magnitude do que estávamos recebendo, e, assim, viajamos cientes do endosso do governo federal.

O impressionante é que dois anos depois dessa conversa estava pronto o prédio do IRCAD. Os cursos começaram antes, mas a inauguração oficial foi em 9 de julho, em função da agenda da madame Storz. Além dela, recebemos uma grande representação da França, com ministros e até um conselheiro do então presidente Sarkozy.

Chegaram da Storz e da Covidien mais de 20 milhões de dólares em equipamentos, com treinamento gratuito para médicos de hospitais públicos, o que poderia ser no futuro uma âncora financeira para a Fundação. E o Brasil, hoje, está definitivamente comprometido com a medicina do futuro. Creio que em dez anos todas as cirurgias serão minimamente invasivas e robóticas, e estaremos ligados à matriz mais importante do mundo, onde o governo da França investe bilhões de euros e onde estão associadas uma empresa da França, uma da Alemanha e uma dos Estados Unidos, dando ênfase à pesquisa e ao avanço tecnológico. É muito grande o alcance e o futuro desse projeto, como é imensa a montanha que nossa fé conseguiu mover. Essa é uma das coisas mais bonitas, por todos os aspectos, da história do Hospital, e ainda nos mostrou que devemos, sim, perseguir metas ambiciosas a serviço de Deus.

Sem limites

Esse projeto me deu a certeza de que não haveria mais um limite às nossas conquistas. Já havíamos conseguido muitos convênios internacionais; o primeiro, ainda com meu pai, havia sido com a clínica Veronezi, em Milão, nos anos 1990; tínhamos conseguido também um outro, em ortopedia, com o governo da Suécia, e vários com os Estados Unidos.

Na terceira vez que fui à França, o Marescaux me levou ao palácio Champs Elysées, ainda na vigência do mandato do presidente Sarkozy, para falar com a primeira-dama e convidá-la, uma vez que seu pai mora no Brasil, para ser a madrinha desse projeto, estreitando ainda mais os laços entre os dois países. E virou notícia o fato de ela ter nos enviado um documento no qual aceitava com muito orgulho e ela queria ainda ajudar no que fosse preciso. Eu certamente não recusaria: "Quero é o seu dom; ela canta.Então, que me ajudem fazendo um show de inauguração que chame a atenção do mundo".

Até no palácio Champs Elysées eu estive. Conseguimos alcançar o que parecia impossível! Mas a essência de tudo, para mim, é a história do São Judas como Hospital, consagrado pela fé de meu pai ao santo das causas impossíveis. Apenas a sobrevivência do Hospital já confirmaria a força do santo.

Tudo o que aconteceu me fez ter muita vontade de contar esta história quando essa luta completa cinquenta anos! Cinquenta anos de trajetória da medicina do doutor Paulo Prata, iniciada com o pequeno Hospital São Judas, mais tarde transformado na Fundação Pio XII, o Hospital de Câncer de Barretos!

■ Capítulo 15

Ousadia

Voltando a Jales

Voltando a Jales, no final de 2008 e começo de 2009, o Serra e o Barradas haviam liberado o dinheiro para erguer lá o novo Hospital. E durante a construção, quando ele era ainda um esqueleto – longe dos 7,5 mil metros quadrados finais –, telefonei para o bispo, pedindo-lhe permissão para também consagrá-lo a São Judas, o que, logicamente, ele permitiu. Pedi ainda que o padre André benzesse a estátua, o que foi igualmente consentido.

Eu brincava sempre com o padre André dizendo que ele era muito parecido com São Judas na exigência. Além disso, o que eu sei da história do santo é que ele avisou a Jesus Cristo que estavam fazendo comércio dentro do templo de Jerusalém, provocando-lhe o único momento de ira, quando pega, então, um chicote e investe contra os mercadores, expulsando-os.

Chegado o dia da inauguração, o bispo abençoou o Hospital. Estavam presentes autoridades, o secretário da Saúde, o deputado Vadão, o prefeito de Jales e mais um punhado de gente. Mas a estátua de São Judas quem benzeu foi o padre André. Era uma estátua de três ou quatro metros, bem na entrada. E entregamos a obra para o povo e para o santo, pois, como eu explicara ao bispo, Jales ficava um pouco longe de mim e eu precisaria de São Judas me ajudando e vigiando...

O curioso dessa passagem foi que, terminada a cerimônia da inauguração, voltamos a Barretos e parece que ainda vejo o padre André no pequeno avião em que ele nunca havia andado antes, achando muita graça em ver lá embaixo tudo pequenininho. Com toda a pureza e toda ingenuidade, ao chegarmos, ele me disse: "Rapaz, que aventura tivemos hoje!" Perguntei: "Como assim, padre André?" "Nossa! Nós viemos muito baixo e pude ver tudo!". Ele só viajara de avião quando fora à Itália – e de jato comercial – e me diverti com sua admiração por andar naquele aviãozinho, o que, para mim, era tão corriqueiro.

Padre André era uma figura ímpar e por essas e outras é que eu me atrevera a brincar: "Bispo, eu vou levar o meu São Judas particular para benzer a estátua e consagrar o hospital. Vocês vão me desculpar, mas a intercessão do santo é muito mais poderosa quando vem por meio do padre André". E isso eu via em inúmeros fatos, como no episódio do que seria uma capelinha de São Judas e virou uma grande capela por exigência do padre André e intercessão de São Judas, quando conseguimos, repentinamente um terreno maior.

No dia da inauguração, lembro-me de que ele ficou bravo comigo porque lhe fiz uma homenagem – homenagem a um jovem amigo de 90 anos que tinha a energia e o dinamismo da juventude. Convidamos Dom Antonio, meu diretor espiritual, que tinha tudo a ver com a história do São Judas, o bispo Dom Edmilson Amador Caetano e todo o clero, e o homenageamos após a missa. Ele abaixou a cabeça, nervoso e falou: "Henrique, isso me deixa sem jeito, você sabe. Esse negócio de homenagem para mim não existe; o homem que cumpra o seu dever e receba a homenagem de Deus, que é valiosa. Quando nos envaidecemos com os elogios dos homens, faltamos depois com Deus. E não é necessário alardear as coisas que a gente faz". Ele me passou um sermão, ficou bravo mesmo, mas no dia seguinte recebi dele um e-mail, me perdoando. Ele tinha acabado de aprender a mandar e-mails, e estava impossível! Ele, que sempre escrevera cartas de próprio punho, há uns seis meses só vinha passando e-mails. Eu devo ter ainda guardadas várias de suas cartas, das várias ocasiões em que entrara na minha vida, participando, dando conselhos, agradecendo por cuidarmos dele no dia a dia.

Era impressionante a minha intimidade natural com aquele homem; o meu respeito e a minha admiração! Sempre admirei quem leva essa vida de amor ao próximo, de desprendimento e de dedicação a Deus acima de qualquer parâmetro. Melhor ainda quando, além disso, podíamos rir juntos, eu dele e ele de mim, nos entendendo só pelo olhar.

No início, quando ele me pedia para ajudar um bandido eu me espantava; depois eu sorria, compreendendo, quando ele argumentava: "De novo, Henrique! Não me pergunte o porquê. Se você pode ajudar, não questione, simplesmente ajude!". Às vezes eu ainda insistia, testando-o: "Padre, esse indivíduo é um oportunista e não merece". Para ele, porém, valia aquilo de fazer o bem sem olhar a quem. Era um exemplo, uma coisa inacreditável. Jamais julgava um semelhante nem se achava melhor que ninguém. E as pessoas às vezes se aproveitavam da sua santidade e boa-fé. Ele, porém, era muito mais inteligente que qualquer um e, é claro, sabia perfeitamente quem estava se aproveitando ou não. Mesmo assim, não sonegava ajuda ou atenção a quem quer que fosse. Ele era diferente. Não sei se consigo explicar como... Às vezes nem me parecia humano.

Convivendo com esse homem, que me entusiasmava tanto, também partilhei do seu lado humano e brincalhão. Já contei a história dos muitos problemas que tive com o Luiz Antonio Zardini, quando eu ainda era presidente da UDR e ele, pároco do Bom Jesus. Depois de anos trabalhando juntos, construí para ele um departamento de três andares com rádio, loja, depósito para receber doações, tudo muito bem-arrumado. Isso depois de ele ter trabalhado no Hospital por muito tempo, num barraquinho, mal acomodado. Essas novas instalações eu copiei do Saint Jude, guardadas as devidas proporções. Lá eles têm mil pessoas no departamento; o Zardini, aqui, tem dez.

Quando fomos inaugurar essa construção, o bispo comentou: "Bem, Henrique, fui convidado, mas sei que quem vai abençoar será o padre André...". Respondi: "Dom Edmilson, me perdoe, mas é só porque ele é um jovem e quero aproveitar o máximo do tempo dele". Ele concordou: "É claro! E vou participar com muito prazer".

Foi uma boa festa – um coquetel, com salgadinhos e tudo. O lado engraçado da história ficou por conta do padre André. Fazia mais de vinte anos que eu tivera meus problemas com o Zardini, já devidamente perdoados, esquecidos. E fiquei admirado com o padre André, que com 90 anos ainda se lembrava daquilo. Havia muita gente de fora na festa – muitos coordenadores, muitas visitas, foram conhecer o prédio bonito e arrumado, tendo o Zardini de anfitrião, todo vaidoso... E eu fiz o discurso de inauguração, no qual citei, muito superficialmente e em tom de brincadeira alguns dos problemas que o Zardini e eu havíamos tido. O padre André, porém, comendo as empadas gostosas e quentinhas, que pegava de duas em duas, bateu na minha perna e comentou: "Você foi generoso hoje, hein? Não contou nem um terço dos problemas que o Zardini lhe trouxe! Você devia..." – e começou a lembrar os casos – "... devia ter contado isso, aquilo, aquela história do carro, da UDR..." Eu me surpreendi: "Padre, mas isso tudo foi há mais de vinte anos! Como o senhor ainda se lembra?". Ele respondeu: "Lembro demais disso porque perdoar ao Zardini foi uma das suas atitudes mais bonitas e generosas, e eu o admiro muito por isso... Mas você bem que poderia ter dado uma alfinetadazinha melhor ali". E rimos muito.

Receber um elogio do padre André era, para mim, um estímulo enorme. Quando estávamos juntos, eu me sentia no céu, olhando aquele rosto de pele bem clarinha e rosada, que mais parecia um anjo. E tivemos muitos bons momentos juntos. Quando nos encontrávamos a vida se tornava mais leve. Ele também sabia falar a sério, e aí não tinha jeito, não havia argumento contra, porque, definitivamente, ele estava sempre certo. Um ser humano raro que tive o privilégio de ter como amigo e conselheiro, e que se preocupava comigo como se fôssemos pai e filho. Era uma

Acima de tudo o amor 243

convivência de carinho, de camaradagem, de absoluto respeito. Foi uma bênção de Deus que, depois da morte do meu pai, ele viesse fazer parte da minha vida, participando intensamente do meu cotidiano.

Ele não ficara satisfeito quando inauguramos a capela apenas pintada de branco. "Henrique, a capela está sem vida, precisamos corrigir isso. Soube de uma freira que pinta muito bem, pintou a capela da Santa Casa, e quero ir com você falar com ela. Vamos buscá-la para estudarmos o que deve ser feito. Que tal se ela pintasse a Santa Ceia? Então você me pega na segunda-feira, mas vamos só nós dois, para ser mais produtivo".

Ele sabia que eu era muito ocupado e que o dia inteiro havia gente querendo falar comigo. Na segunda-feira combinada me avisaram que ele já estava no Hospital, ansioso, me esperando, apesar de o combinado ser que eu o pegaria às 9 horas. Ele entrou na minha sala queixando-se de dor no corpo e a Cecília Fernandes, que cuidava dele, levou-o direto ao infectologista. Desconfiaram de pneumonia, o que a radiografia confirmou, e decidiram imediatamente interná-lo na UTI.

Levei um susto, porque ele estava perfeitamente bem dias antes, quando combináramos o encontro, e só me lembro que o clima estava muito seco, o que é péssimo para idosos e crianças. Fui visitá-lo na UTI e ele me perguntou, surpreso: "Henrique, será que esse povo aqui faz para os outros o que estão fazendo para mim? Porque é demais, é muita atenção! Desde que me trouxeram para cá, não se passa um minuto sem que apareça alguém me fazendo isso ou aquilo... É normal ou estão exagerando?" "Não, é assim mesmo; é o protocolo, igualzinho para todos. Mas, venha cá, eu fiquei de ir lá buscá-lo hoje e o senhor me aparece aqui, por quê?". Só aí ele me contou que no final de semana ele já estava com febre e dor no corpo e, apesar disso, fora encomendar um corpo num velório, pois, para a família, só ele servia... – outras pessoas, como eu, também eram loucas por ele. Eu lhe disse: "Mas essa pneumonia aí é coisa simples, o senhor vai ver. Se não der para irmos lá hoje, iremos quando puder. Faremos tudo com calma quando o senhor sarar".

Eu ia vê-lo de manhã e à tarde, como se fosse meu pai na UTI. Quando a comunidade soube, apareceu uma procissão de gente para visitá-lo ou saber dele. Eu tinha viagem marcada para a Europa, para os Estados Unidos, e ele não sarava. Depois de alguns dias, começaram a desconfiar que também pudesse haver um problema no coração, pois ele tinha alguns *stents*, colocados anos antes, como contarei agora.

A primeira vez, há uns anos, ele fora de ônibus, sozinho, ao Hospital do Coração de Rio Preto. Na época, eu o repreendi por não ter avisado a ninguém: "Nossa! Tem o Zé Eduardo, tem a Rosa, tem a Cecília Fernandes, tem um mundo de gente pajeando o senhor, que escapa assim de todos?". Aquela santidade tinha ido sozinha para não amolar ninguém. Eu marcava em cima, mandava levá-lo a Rio Preto sempre que necessário, mas daquela vez foi assim, no silêncio e na humildade, que ele agiu.

Na segunda vez, ele não escapou: mandei levá-lo, e foram colocados mais alguns *stents*. Quando ele teve alta, isolaram-no na Cidade de Maria porque em Barretos o povo não lhe daria sossego; mas eu fui visitá-lo onde ele estava escondido. Uma das irmãs ficou brava comigo e me tirou de lá porque nós ríamos tanto que podia fazer mal a ele. Isso porque, todo compenetrado, ele me avisou: "Henrique, estou muito preocupado... Você vive me pajeando, mas agora você vai ter que pôr segurança atrás de mim. Meu filho, ouvi dizer que esse negócio de *stent* custa 10 mil reais cada. Como eu tenho seis, estou valendo 60 mil e me tornei interessante para os ladrões, que podem querer me roubar isso tudo". Eu pensando que era coisa séria... e vejam só o bom humor dele! Eu ria de me acabar. "Não, não acredito que o senhor esteja pensando isso de verdade, não é possível". Aí eu lhe disse: "O senhor está preocupado com 60 mil, mas há uns vinte dias o Boian precisou pôr três *stents*, que já custaram 15 mil reais cada um". Aí seu espanto aumentou, porque recalculou e descobriu que, em vez de valer 60 mil, estava valendo 90 mil. E desandamos a rir juntos... Era tudo felicidade, alegria. O nosso convívio era muito bom, muito prazeroso. Eu fiquei com ele meia hora, mas as irmãs me puxaram a orelha, me puseram para fora e, por mais que eu fosse muito querido por elas, me proibiram de voltar.

Morte do padre André

Enquanto padre André estava internado, eu acabei indo aos Estados Unidos e à Europa, dois compromissos inadiáveis; mas muito preocupado e na torcida para que ele sarasse, eu ligava sempre para saber notícias. Quando diagnosticaram que era mesmo o coração, nós o levamos para São José do Rio Preto, a um hospital especializado, onde ele também era muito querido. Eu ia lá duas vezes por semana, e até três, quando estava no Brasil. E todo dia tinha um rosário de gente, uma verdadeira procissão para vê-lo, assim que liberavam a visita.

Em uma dessas visitas eu lhe disse que estava muito preocupado com a demora para aquela infecção ceder – o diagnóstico final fora infecção pulmonar por fungos. E lhe perguntei se não seria melhor transferi-lo para São Paulo, em busca de novo tratamento. "Henrique, tudo tem seu tempo e tem sua hora. O que tiver que acontecer já está no plano de Deus. Aqui sou extremamente bem cuidado por pessoas que me querem bem. Você já me tirou de Barretos, agora chega; tenha paciência, olhe a minha idade, olhe tudo o que já vivi.Está bom demais". Dizia tudo numa felicidade e numa aceitação dos que têm uma fé inabalável, e eu só pude concordar.

Viajei de novo aos Estados Unidos, muito preocupado, porque vi que o quadro se agravava e parecia não ter volta. Não havia remédio que fizesse efeito e ele só piorava. E aí aconteceu um fato surpreendente – mais um nessa minha trajetória de fé que teve início quando assumi o Hospital: o padre André morreu no dia 28 de outubro, dia de São Judas! Eu, que vivia de uma forma assim intuitiva, comparando os dois, fiquei admirado! E a minha fé em São Judas, que já era absoluta, foi mais uma vez confirmada por essas estranhas coincidências que pontuavam a minha vida como gestor da Fundação.

Por tudo o que foi conseguido e realizado nos dois hospitais – o São Judas de Barretos e o Saint Jude do EUA, por exemplo, é impossível questionar a ação milagrosa de São Judas. Eu nunca vira um sacerdote mais exigente que o padre André no cumprimento amoroso das leis

246 Ousadia

de Deus, nas questões que tocavam o Hospital, e ele morre justamente no dia de São Judas!

Seu corpo ficou exposto na Catedral, depois na igreja do Rosário, porque todos queriam se despedir; a cidade inteira queria agradecer a presença daquele santo entre nós e realçar a importância do legado que ele nos deixara. Lembro-me perfeitamente que todos nós, a sua família, ficamos em choque, sabendo que seria quase impossível convivermos de novo com alguém que tivesse tantas qualidades e tanto carisma.

Eu já contei várias histórias sobre o padre André e agora ele vem com um final dos mais bonitos, como era do seu estilo. Na missa de corpo presente, oficiada pelo bispo junto com o chefe da congregação vindo da Itália, inúmeras pessoas, espontaneamente, foram até o altar para dar testemunho do significado do padre André em suas vidas. Foram inúmeros relatos que me impressionaram e me deixaram boquiaberto. Um ex-presidiário, por exemplo, nos contou: "Eu fiquei preso por dezenove anos e minha família me visitou nos três primeiros; depois desse tempo, todos me abandonaram. Daí em diante, apenas o padre André esteve comigo, me levando uma palavra de conforto a cada semana, pelo resto da minha pena. Eu vim aqui para dizer que estou perdendo a minha família".Uma mãe que havia perdido a filha fazia quinze anos falou: "Eu também estou aqui para dizer quem foi o padre André na minha vida, porque em todos esses anos, desde que minha filha morreu, ele me trouxe uma palavra de conforto a cada mês, na data da sua morte."

E pessoas foram se levantando e contando suas histórias com esse homem, que era múltiplo! Eu olhava e pensava: "O padre André foi, na essência, um homem de Deus e realmente vivenciou a fraternidade; foi irmão e pai de quantos precisaram dele. Todos falavam com direito absoluto, como se fosse seu pai, seu irmão, toda a sua família. E passei a entender porque um padre não deve se casar: tem que se doar a muitos e não pode privilegiar ninguém. Apareceu gente ali que não acabava mais. Eu estava inconsolável e não tinha condições de me levantar e dar o meu testemunho, de falar da minha ligação com ele e com São Judas, de como os dois me pareciam iguais e de como me surpreenderam quando ele morreu bem no dia do Santo. Eu queria contar essa história toda, mas não tinha ânimo. Achei, também, que o momento era dos seus paroquianos, que estavam lá homenageando aquele jovem que tanto havia me estimulado e ia fazer 91 anos dali a alguns dias.

Depois veio a missa de sétimo dia e o testemunho do próprio bispo, Dom Edmilson: "Eu já ouvi muitas histórias, mas vou lhes contar a minha. Quando o padre André foi internado no São Judas, a primeira coisa que ele fez foi me chamar para confessá-lo, e vocês vão me permitir contar o seu pior pecado: quando ele acabava de rezar as missas, na época em que ainda não era pároco, pegava todo o dinheiro do ofertório e saía procurando os mendigos da rua, os que estavam jogados nas esquinas, e distribuía entre eles o dízimo, mesmo sem autorização do pároco. Então eu lhe perguntei: "Escute, mas o senhor dava dinheiro para o bêbado mesmo sabendo que ele iria comprar pinga?' 'Eu não sabia o que ele iria fazer, apenas que precisava, e a ele ninguém ajudaria. Eu não estava julgando, somente ajudando quem não tinha nada'. Ele estava absolutamente certo, não havia erro no que ele fazia, só amor e, ironicamente, esse era o seu pior pecado!"

Eu senti que ficava órfão mais uma vez, perdendo quem estava ao meu lado no dia a dia, que trabalhava e punha a mão na massa junto comigo.

Frei Francisco das Chagas

A generosidade de Deus, porém, é infinita. O padre André morrera em outubro e em julho do ano seguinte o doutor Barradas me apresentou outro homem incrível, outro santo que acabou entrando na minha vida: frei Francisco das Chagas.

Ele tinha vários hospitais sob sua gestão e estava crescendo muito com o governo do Serra. Quando eu pedi ao Barradas que me desse uma referência, alguém que eu pudesse copiar e que fizesse a coisa certa a respeito dos AMEs, ele não teve dúvida: "Vou lhe apresentar o frei Francisco, uma pessoa que lembra muito você; é extremamente enérgico, humano e muito competente. Volta e meia fico pensando que vocês precisam se conhecer". E ele levou, então, o frei Francisco a Barretos, na inauguração do AME cirúrgico. "Puxa, frei, eu já tinha ouvido falar muito do senhor por meio do doutor Barradas que só o elogia!" Ele me disse: "Henrique, ele também é só elogios para você! Nós precisávamos nos conhecer e vim aqui para isso". Já naquela época ele tinha sob sua responsabilidade uns 35 ou quarenta hospitais, serviços de saúde e casas de recuperação de drogados.

Com essa aproximação, passei a conviver com esse homem, elogiado pelo próprio gestor do estado, que conhecia profundamente o caráter de cada instituição e das pessoas com quem trabalhava. E quanto mais eu o conhecia, mais me identificava com ele, admirando-lhe a energia, a honestidade, e a atitude firme e direta como gestor.

Gestor é aquele que assume para si a responsabilidade dos atos, desde a cozinha até o centro cirúrgico. E ele era um exemplo. Eu perdera o padre André e Deus generosamente me trouxe o frei Francisco, que gerencia seus hospitais melhor que qualquer um neste país. São hospitais de alta e média complexidade no Brasil inteiro e até fora do país. Quando houve o terremoto no Haiti, ele foi dos primeiros a montar lá um hospital de campo, trabalhando com mais de mil voluntários. É mais um exemplo de santidade a vida desse homem. Que maravilha seria se existissem no Brasil vários como ele, com esse dom de enxergar, de administrar, de acolher os doentes no amor e na caridade como ele faz, sem limites na disponibilidade de servir a Deus. E também me identifiquei muito com ele porque ambos trabalhávamos com saúde sem ter nenhuma formação médica. Desde então, pelo menos uma vez por mês nos falamos ao telefone ou nos encontrarmos pessoalmente.

Enquanto para muitos fazer alguma coisa já é suficiente, frei Francisco faz milhões de coisas e nunca está satisfeito. E precisamos entender que Deus vai nos cobrar pelo uso integral do dom que nos deu a serviço do próximo. Isso é fraternidade, é amor; isso é o que frei Francisco sabe fazer muito bem, ultrapassando seu próprio limite.

Padre André deixou-me um impressionante legado, me influenciou demais, e me fez enxergar muito mais longe do que eu conseguiria so-

Acima de tudo o amor 249

zinho. E vejo como ele tinha razão. É uma pena que nem todos os padres tenham a mesma dedicação e disponibilidade e não abram suas igrejas para ajudar os que precisam se reconciliar com Deus ou encontrá-lo cotidianamente. Frei Francisco, um dia, me chamou para dar uma palestra a todos os alunos da sua congregação, que são obrigados a aprender gestão. E me lembro que eram vários, entre padres e freiras. Fiquei bastante impressionado em ver como ele conseguira formar tantos gestores, fundamentais para o desenvolvimento de um bom trabalho.

Nova ousadia: Mato Grosso e Rondônia

A ação daquele homem me encorajou a desenvolver o meu projeto de descentralização, que estava meio esquecido e era um tanto acanhado. Ao vê-lo indo até o Haiti, tomei a decisão: "Eu já fui para Jales e agora preciso ousar mais; vou para o Mato Grosso! Vou para aonde puder encurtar a distância do paciente até Barretos".

Essa foi minha primeira ação inspirada no frei Francisco: perder o medo da expansão e começar a pensar em fazer parcerias. A primeira delas foi levar um centro de diagnóstico e prevenção de câncer de mama para Mato Grosso, onde já desenvolvíamos uma série de ações de prevenção (papanicolau, pele, próstata), mas ainda não com *screnning*, que é um processo com começo, meio e fim durante o ano, no mesmo lugar.

Então, montei um projeto para o Hospital de Câncer de Cuiabá, com diagnósticos, rastreamento organizado com nosso protocolo, para salvar milhares de pessoas que, descobrindo um câncer inicial, possam tratá-lo precocemente, aí, sim, com grande chance de cura. E o que é melhor: com possibilidade de se tratar em Cuiabá, sem necessidade da longa viagem até Barretos. Quando os cânceres são avançados, não há um centro melhor no país, e aí não há quem segure os pacientes. Sabem que o que existe de melhor está em Barretos e vão para lá.

Além disso, lhes repassei um milhão de dólares em equipamentos de parceiros nossos, como a Avon, por exemplo, e, em vez de levar um crescimento ainda maior para São Paulo, resolvi expandir para os estados que mais nos mandam pacientes. Rondônia nos manda mais de 90% dos cânceres novos por ano; Mato Grosso mais de 70% e Mato Grosso do Sul mais de 60%. Então decidi: "Vou investir nesses estados dando-lhes um centro de diagnóstico digital de alta complexidade para que um câncer precocemente detectado seja tratado lá e com grandes chances de cura". A medicina pública nesses estados é praticamente ausente. Existe apenas um aparelho de ressonância para o estado inteiro do Mato Grosso, em Cuiabá, que, além disso, não atende só ao SUS. E a ressonância, para alguns tipos de câncer, é o único exame de resultado exato. Então, doamos um centro de *screener* para o Hospital de Câncer de Cuiabá e um aparelho de ressonância para o governo do Mato Grosso implantar no interior um serviço de diagnóstico mais preciso, favorecendo o conceito de diagnóstico precoce, que é a arma mais eficiente para enfrentar o câncer. Porém não assumi o serviço.

Eu já tinha tido aquela experiência do interior da Bahia, em Juazeiro, onde, em três ou quatro anos, mais de trezentas mulheres descobriram precocemente o câncer de mama e puderam ser curadas. O projeto de diagnóstico ficou consagrado como uma bênção, porque aquelas mulheres iriam descobrir o câncer tardiamente, sofrer mais e, possivelmente, morrer. Não há nada mais precioso do que oferecer um serviço de diagnóstico eficiente para uma população que enfrenta dificuldades até para pegar uma senha e que, quando consegue marcar exames, só conta com aparelhos de terceira categoria, enfrentando uma demora de seis meses a um ano. Os governos ainda não entenderam que o diagnóstico preciso e acessível, além de muito mais humano, é muito mais barato.

No Mato Grosso, com essa parceria, já me sinto em ação levando benefícios a uma ampla população carente. E depois que eu já estava interagindo com o Hospital de Câncer, o próprio governador, que assumiu em 2010, me procurou para que eu lhe desse um parecer de como se poderia melhorar a saúde do estado, não na área de câncer apenas, mas de modo geral. Eu o levei para conhecer o doutor Barradas em São Paulo, por sermos referência de qualidade. Muitos novos governadores sérios estão nos procurando para ver como podem melhorar a saúde, principalmente a oncologia, nos seus estados.

Acima de tudo o amor 251

Depois de Mato Grosso, fui até Rondônia, que é um estado com uma dependência imensa de Barretos e cujo governador também já me pedira um parecer, porque encontrara a saúde praticamente destruída. Rondônia fazia muito leilão, ajudava muito o Hospital de Câncer de Barretos e já tinha a carreta itinerante que passava por lá fazendo a prevenção. Então eu disse ao novo governador, que é médico: "Olhe a coincidência, governador: eu já estava mesmo indo para aí, porque pela nossa parceria com a Avon eu tenho facilidade de expandir, colocando equipamentos de diagnóstico com o nosso protocolo nos lugares que nos permitam implantar um serviço sério, de primeiro mundo". Fomos, então, visitar o setor de oncologia do Hospital de Base. "Governador, eu vim aqui para fazer o que fizemos no Mato Grosso: buscar uma parceria para melhorar o diagnóstico. O grande problema é que os casos de câncer encaminhados a São Paulo estão sempre em estágio avançado, quando já não há quase mais nada a fazer, e sabe-se que são enormes as chances de cura dos que são descobertos com antecedência."

Quando entramos no primeiro quarto, havia seis pessoas onde deveriam estar apenas duas. Duas nas camas e quatro em macas. Exclamei: "Você está brincando, o que é isto aqui? Parece lata de sardinha. Isto não é lugar de gente!". E mais: as paredes estavam cheias de mofo e o banheiro era nojento. O estado da farmácia satélite era terrível: paredes com fungo, pretas de mofo, funcionários mexendo com curativo de um lado e medicamentos do outro, o chão podre! Ao atual gestor, um grande amigo meu, o doutor Jean Bessa Holanda Negreiros, restou a constatação: "Henrique, olhe a situação que encontramos". Em outro quarto, a situação ainda era pior. Eu dizia: "Parem, parem, parem! Nem o chiqueiro de porcos das minhas fazendas é assim! Isto é um crime. É um terreno fértil para infecção! Todos esses doentes estão sujeitos a isso! Os debilitados demais morrem; os que estão mais ou menos vão para a UTI e o estado se arrebenta com um custo altíssimo e nenhum benefício!".

E o interessante é que há pouco tempo houve duas coisas às quais eu não dei atenção. Um amigo que me ajudava muito nos leilões me procurou dizendo que o tiraram daquele mesmo Hospital de Base para ele não morrer de infecção. Ele havia sido operado de um câncer normal e pegara uma infecção que não cedia. Dez amigos, então, fizeram uma vaquinha e o levaram de avião para Barretos, onde ele se salvou. E um ano antes ele já me falara: "Henrique, vá visitar Rondônia. Você vai ver que lá as pessoas morrem depois da cirurgia não pelo câncer, mas pela infecção".

Depois, eu recebi uma carta de um médico de Rondônia que dizia da sua frustração ao ver o estado dos hospitais públicos de lá; que ninguém fazia nada e que o negócio estava um caos. Eu sei que havia razões para visitá-los, mas eu não havia ido; fui quando finalmente me decidi a buscar parcerias. Quando vi tudo aquilo, tive vontade de vomitar; o que vi me embrulhou o estômago. "Meu Deus! Quem toca isto aqui? Jean, temos que fechar! Isto é um crime! As pessoas vêm para cá morrer; se não da doença, de infecção. Cadê a vigilância?" Ele me disse: "Esqueça, Henrique; não há vigilância, nem quem administre ou cuide. Só há descaso".

Enfim, em Rondônia as coisas estavam catastróficas em estado de total abandono, uma calamidade pública, pior que o Haiti.

Eu saí de lá tonto e, falando com o governador, ele me pediu: "Henrique, eu sou médico, me dê uma luz. O que eu posso fazer com aquilo?". Respondi: "O senhor pode enterrar tudo, jogar muita cal em cima e esquecer que aquilo existiu, porque fere a dignidade de qualquer ser humano. Nem animal deve ser tratado daquele jeito! Enfim, continue pagando passagens para os pacientes daqui irem para Barretos, mas vamos providenciar imediatamente higiene e alguma decência e já estaremos salvando muitas vidas; em seguida, vamos providenciar uma medicina honesta para cá".

Era começar do zero. Em Cuiabá, tínhamos para quem entregar uma parceria; ali; não. Mas felizmente Deus havia me dado a chance de presenciar tudo, porque haviam me falado e eu não acreditara em tamanho absurdo. Agora, porém, minha consciência não me permitiria esquecer. "É um pecado esse povo descer 3 mil quilômetros até Barretos, governador. Eu não me conformo, é muito injusto!". Ele falou: "Bem, Henrique, fico muito feliz por você poder me ajudar. Quanto a mim, eu me com-

Acima de tudo o amor 253

prometo a apoiá-lo no que você precisar". Eu não havia pensado em me comprometer tanto, mas a minha consciência não aceitaria recuo e eu não me omitiria.

Vendo aquela desgraça toda, me veio um pouco do frei Francisco e pensei: "Deus não me deu todos esses dons para eu me acovardar nas horas difíceis. Eu vou tocar este negócio aqui!". E já no primeiro mês começamos a agir. Derrubamos tudo e com o dinheiro de leilão e de doações de Rondônia começamos a investir para fazer uma coisa digna. Vamos montar uma equipe e assumirei a gestão tanto da prevenção como do tratamento; um centro de oncologia e prevenção em Porto Velho e um centro de diagnóstico em Ji-Paraná, geograficamente no meio de Rondônia, porque aí dá para fazer prevenção de câncer, diagnóstico precoce, varrendo o Estado inteiro, que é pequeno e tem, hoje, um governador muito humano, interessado em fazer uma gestão séria em saúde.

Eu não tive medo, nem mesmo comuniquei aos médicos, mas segui o meu instinto porque em Barretos não caberia mais ninguém. Constatei também, que mesmo Jales trabalhando a todo vapor, não havia aliviado quase nada para Barretos em função da enorme demanda reprimida em outros lugares. Precisávamos, mesmo, investir em outras regiões. Eu me senti gratificado por ajudar a melhorar a saúde no Mato Grosso e, por poder, mesmo enfrentando uma distância tão grande, interferir em Rondônia.

Conscientização

Em 2011, no *Jornal Nacional*, havia sido exibida uma reportagem sobre a prevenção de câncer, que citava o nosso projeto da Bahia. No dia seguinte, um milionário de Campo Grande, senhor Antônio Morais dos Santos, me telefonou para pedir que eu fosse até lá. Disse que ficara encantado com o projeto e queria entender aquilo melhor, para também construir um hospital de câncer por lá. Eu argumentei que seria muito melhor proporcionar uma chance de cura para as pessoas através de um centro avançado de diagnóstico como o que desenvolvemos seguindo o modelo do Japão ao qual anexamos outros protocolos, não só de mama, mas também de próstata, digestivo, de colo de útero... Um projeto que eu estou disseminando pelo país. Ele gostou da ideia.

A unidade móvel, a carreta e a construção do prédio com os equipamentos custariam em torno de 10 milhões cada um. "Então, meu filho, é o seguinte: prepare-se aí para instalarmos uma em Campo Grande e outra em Dourados, e cobriremos o estado do Mato Grosso do Sul". Eu mal pude acreditar. Nunca vira uma doação assim. O envolvimento de um empresário da iniciativa privada, que é comum, por exemplo, nos Estados Unidos, é raríssimo no Brasil. Só havia visto, até então, a dona Eunice Diniz.

Com o apoio do senhor Antônio Moraes dos Santos, pudemos pleitear e ganhamos um terreno da prefeitura de Campo Grande. Até isso ele queria dar, mas eu o alertei: "Não, o estado e o município têm que doar alguma coisa. Temos que fazer parceria com todo mundo, porque isso interessa a todos". E o senhor Antônio, um homem enérgico e humano, de quase 90 anos, queria agradecer a Deus por tudo o que recebera. Como o meu avô também fizera, um dia. Novamente, vidas parecidíssimas. Ele, que nascera numa casa de barro e havia sido sapateiro, tornou-se um milionário consciente de sua responsabilidade de cidadão.

Felizmente, parece que no Brasil vem crescendo essa conscientização, e um exemplo arrasta o outro. Conseguimos, afinal, a concretização desse projeto descentralizador, cobrindo os três estados de 2010 para 2011.

Às pessoas que me dizem que estamos expandindo demais, eu respondo que em cada um desses centros precisamos apenas de quatro ou cinco médicos – não mais que isso – para podermos, até mesmo, realizar pequenas cirurgias. Não são hospitais para cinquenta ou cem médicos, como fizemos em Jales. E não posso negar que o exemplo do frei Francisco me tocou muito forte nessa hora, porque eu via a sua intimidade com Deus, a sua coragem e o uso máximo que fazia dos dons que recebera.

São fatos assim que vêm me motivando e preciso apoiar-me em todos esses exemplos para me fortalecer. Hoje, para se ter uma ideia, o frei Francisco deve atuar em mais de 55 hospitais; controla uns 8 mil funcionários e ainda consegue tempo para correr o Brasil inteiro, levando ajuda até

Acima de tudo o amor 255

ao Haiti! Além disso, administra fazendas com trabalho de seringueiros, de pecuária de leite, realiza anualmente uma festa do milho para mais de cem mil pessoas e gerencia mais de 2 mil voluntários – uma prova de energia inesgotável, da existência de outro santo na Terra. E ainda me lembro de como ele encerrou aquela primeira palestra sobre gestão: "Henrique, antes, cada um de nós contava com um ajudante apenas; você tinha São Judas, eu tinha São Francisco. Agora também temos um ao outro, e os dois estão trabalhando juntos por nós".

Eu me sinto muito mais forte hoje, por contar também com São Francisco, porque tudo o que estou fazendo tem absoluta necessidade da fé, que me dá forças para romper limites, vencer distâncias e não ter tamanho. É isso. Deus foi muito generoso ao me cercar de grandes seres humanos que são referências para eu tocar a minha vida e a vida da Fundação Pio XII. E vejo, constantemente, as bênçãos de Deus nas obras, nas intenções, no caminho desse projeto.

Morte do doutor Barradas

Houve, também, um fato importantíssimo ocorrido em 2010 que se encaixa em tudo o que acabei de narrar sobre o senhor Antônio de Morais e a expansão dos projetos. Um fato daqueles que tocam e emocionam. Quando o governador José Serra autorizou que o projeto de Jales fosse um tipo OSS, um projeto público-privado, que construí com muita força, o combinado era que no fim de 2010 o ambulatório estivesse pronto. Terminando o ambulatório, daríamos sequência natural ao processo, pelo centro cirúrgico, pela internação e pela UTI, para termos um hospital completo, com toda a cadeia de tratamento.

A radioterapia, a quimioterapia e o ambulatório já estavam funcionando quando, infelizmente, o doutor Barradas, nosso secretário da Saúde, morreu. Aí as coisas ficaram em ponto morto na secretaria. O secretário interino não podia fazer outra coisa a não ser cumprir as metas previamente determinadas, e as ainda por determinar ficaram paradas, não

256 Ousadia

havendo quem respondesse por elas. Nem mesmo o Serra, que tinha se licenciado para disputar a presidência da República, deixando o vice-governador Goldman, em seu lugar.

Naqueles doze anos com o Barradas, nunca escrevêramos um só papel, nada. Havia só aquela confiança, baseada na palavra. Com o Serra, a mesma coisa. Contudo, eu estava despreocupado, porque o Alckmin, candidato a governador de São Paulo, liderava as pesquisas e, tendo o mesmo estilo, certamente daria continuidade a tudo.

Nesse período, o governador Goldman participou da inauguração do Hospital de Jales, do AME e do AME cirúrgico, e já estava até bravo comigo por convidá-lo para tanta inauguração. Ele foi, porém, muito delicado, surpreendendo-me com seu reconhecimento ao me conceder uma das maiores honrarias que recebi em nome do Hospital, a Honra do Ipiranga, que antigamente também dava um pedaço de terra (isso eu deveria ter recebido lá atrás, nos tempos antigos). Brincadeiras à parte, nessas horas, lembrando a modéstia do padre André, tento não me ufanar, recebendo em nome do Hospital, nunca em meu próprio nome.

Como as pesquisas eleitorais indicavam, o Alckmin ganhou as eleições para o governo de São Paulo no final de 2010. E eu pensei que os problemas haviam acabado. Precisava urgentemente desafogar Barretos, construindo em Jales o que ficara faltando: a UTI, a internação e o centro cirúrgico.

Quando o Alckmin assumiu, a primeira coisa que eu fiz, em janeiro, foi lhe pedir: "Governador, preciso falar com o senhor sobre Jales. Tenho urgência em desafogar Barretos". E contei-lhe toda a história. Ele disse: "Olhe, Henrique, vou ser muito franco com você: não vai haver investimento, não vai dar... Vou ter que suar para pagar os custeios. O Serra deixou, entreabertos e em construção, quarenta AMEs. A verba para custeio é maior que a do investimento, e não temos dinheiro. Você sabe, com o ICESP, o que o Serra aumentou nessa área de saúde foi um absurdo!".

O governador me despejou esse balde de água fria, muito objetivo, muito claro, como sempre foi. "Olhe, Henrique, espere um pouco, que se as coisas melhorarem, eu libero para o início de 2012. Mas agora é impossível". Eu vi que aquilo era definitivo e saí de cabeça baixa. Só pensava: "Nossa Senhora! Mais um ano com problema, e nenhuma solução!"

As coisas iam se agravando com o constante crescimento da demanda. E fazer o quê? Não adiantaria brigar com o governador, que é um homem sério a quem eu já devia muito.

Eunice Diniz

Voltei para Jales, onde todos, ansiosos, esperavam pela boa notícia. "É gente, o negócio não deu certo, não. O homem pediu para esperar mais um ano para que ele possa enxergar o horizonte e ver o que vai fazer." Era começo de fevereiro.

Uns dez dias depois que estive com o governador Alckmin, a dona Eunice Diniz me telefonou: "Oi, Henrique, tudo bem? Há quanto tempo...". Eu a quero muito bem, porque é uma mulher iluminada, muito digna, que já era rica por herança,mas tornou-se muito mais rica por ser competente e dinâmica. "Henrique, eu queria ir visitá-lo desde o ano passado, para ver as obras do projeto novo que você inaugurou, mas não consigo. Vamos fazer o seguinte: veja entre os seus projetos quais são os mais interessantes e venha você me fazer uma visita desta vez". Respondi: "Ótimo, dona Eunice, quando a senhora quer que eu vá?". Ela perguntou: "Você já tem alguma coisa na mão? Qual dos seus projetos é mais importante para você hoje?". Respondi prontamente: "Dona Eunice, o mais importante para mim, hoje, é Jales, que parou de uma maneira inesperada e me frustrou porque..." e contei lhe toda a história. "Ô, Henrique, que coisa! Eu passei por Jales, vi tudo muito bonito e pensei que estivesse pronto... O que falta fazer? Jales me interessa porque eu tenho duas fazendas lá no município. Quem sabe as fazendas podem ajudá-lo? Traga o projeto para eu ver".

Eu só pensava: "São Judas é que mandou essa mulher me ligar! Não é possível que ela tenha vindo a mim na hora mais difícil!". Eu já tinha o projeto de Jales, feito para mostrar ao governador e se conversamos numa terça ou quarta-feira, no sábado consegui um intervalo e fui até a fazenda de dona Eunice, que muito educada, fina como sempre e muito carinhosa, me disse: "Henrique, vou ser franca; Jales é tudo o que combina comigo. As nossas fazendas de lá são muito boas, lucrativas e têm condições de ajudá-lo. Fiquei contente com essa escolha. Sempre quis fazer alguma coisa lá, mas achei que estivesse tudo pronto. De qualquer forma, se há o que fazer, ótimo! O que vai ser?". Expliquei: "Dona Eunice, é um projeto meio audacioso, em que uma parte depende da outra, a senhora entende? O governador Alckmin só vai me liberar recursos em 2012, e estou muito frustrado. O que a senhora fizer já vai ser maravilhoso. Ela analisou tudo e perguntou: "Qual é o total para os três processos? Cinco milhões, como está aqui?". "Sim, cinco milhões é a previsão para a construção do centro cirúrgico, de dez leitos para a UTI e trinta para a internação, seis infantis, vinte e quatro para adultos..." Imediatamente, ela falou: "Ótimo, pode fazer! Está liberado. Pode fazer tudo, que vou ajudá-lo. O dinheiro estará na sua conta para fazer a obra".

São esses momentos que me emocionam! Eu tinha esperado, com muito otimismo, que ela fosse nos dar ou a UTI ou o centro cirúrgico ou a internação; nunca os três juntos! Nunca! Ela liberou cinco milhões na hora.

"Dona Eunice, suas fazendas ficam em Jales e o hospital de lá também consagrei a São Judas; ele, com certeza, lhe despertou essa vontade tão forte de nos ajudar lá. Francamente eu não esperava que a senhora fosse me dar tudo! É muito dinheiro e estou imensamente feliz. Muito obrigado, mesmo".

Isso aconteceu quando íamos perder um ano na espera, sabendo que o câncer não pode esperar... E me lembro que, naquela hora, fiquei pensando que eu teria que escrever sobre isso algum dia. Precisaria contar sobre a intercessão de São Judas na minha vida, na vida do meu pai, na vida dos nossos projetos, nas coisas mais impossíveis. E toda aquela angústia de vários dias se transformou em uma alegria imensurável – ainda maior por constatar que São Judas continuava ao meu lado! E também o padre André, o meu pai, muita gente com moral perante Deus, que generosamente tem derramado bênçãos sobre nossos projetos. Nenhum deles foi interrompido, apesar de alguns homens e da sua falta de boa vontade.

Acima de tudo o amor 259

No início de 2012 esse grande serviço, moderno e inteligente, já estava funcionando, desafogando Barretos, aumentando a capacidade de atendimento e diminuindo a fila de espera para cirurgias de câncer Brasil afora. É ou não incrível?

Fazia exatamente dez anos que dona Eunice, pela primeira vez, tivera aquela atitude inesperada e, como um anjo, aparecera para me salvar, quando eu gastara mais do que devia – a primeira vez em 24 anos de gestão. São Judas, então, me mandou essa mulher com o valor exato das minhas necessidades e me salvou da falência. Aí, novamente, quando as coisas estavam para ficar mais um ano naquela situação crítica, a mesma mulher vem e nos salva pela segunda vez.

Os governos esquecem que as pessoas ficam doentes todos os dias, todas as horas, sofrem e perecem porque as instalações deixam a desejar. Até mesmo São Paulo, que é um estado ímpar, diferente de todos os demais, um oásis no meio do Brasil, tem enormes filas de pacientes para cirurgia, para radioterapia, para quimioterapia... É de dar dó. Acho, ainda, que apesar de a situação ter melhorado, enquanto não regulamentarem a Emenda 29, o dinheiro continuará sendo mal administrado na área da Saúde e nunca haverá recursos para investir.

Em 2012, o Hospital São Judas fez cinquenta anos. Foi ele a árvore que deu todos os frutos, que permitiu toda essa expansão. E certamente, com a parceria do próprio São Judas, eu, mesmo sem um diploma de curso superior, com dificuldade até para falar o português, consegui realizar tudo o que me propus, com muito amor. Nós temos sido muito abençoados por Deus e a dona Eunice é um exemplo vivo dessa bênção!

E fui também, ajustando para melhorar, alguns aspectos da gestão. Em meados do ano de 2005, 2006, por exemplo, percebendo que existiam enfermeiras que se destacavam muito em relação às demais (de 120 pelo menos dez eram pessoas de pulso, de personalidade, de caráter muito forte e definido), criei um conceito de média-gerência em que essas enfermeiras previamente selecionadas teriam o dever de interferir em determi-

260 Ousadia

nadas situações poupando os médicos da parte administrativa; o tempo do médico é muito mais caro e deve ser muito bem usado no trato dos pacientes. Então, entregando a gestão de quinze departamentos-chave a enfermeiras selecionadas, aliviei a responsabilidade do médico em relação à falta de pessoal, ausência, substituição ou necessidade de treinamento. E foi uma atitude feliz, pois boa parte delas correspondeu à expectativa; as demais não conseguiram se impor frente aos médicos. A minha sala de trabalho tem uma mesa de reunião e todo fim de tarde ali se fazia a apresentação dos fatos do dia ou da semana, das pendências e das novidades. Isso era rotina e fomos acertando os ponteiros, porque eu tinha visto nas viagens para o exterior, na Inglaterra, por exemplo, que a função essencial do médico era extirpar o tumor e o resto quem acabava de fazer era a enfermagem-padrão. Nos Estados Unidos, também, porque a mão de obra do médico é muito cara e executar as coisas menores ou mais simples, outros fariam; é interessante como eles otimizam tempo e trabalho.

Também no final de 2006 tive uma grande surpresa de uma família de Penápolis, que ao investir em negócios e empreendimentos imobiliários em Barretos, sendo eles dois irmãos, José Roberto e Francisco Colnaghi, resolveram de livre e espontânea vontade ir conhecer o Hospital, no intuito de ajudar a fazer um abrigo para os pacientes de Penápolis que ali estivessem em tratamento.

Uma das minhas maiores surpresas foi eles, depois de conhecerem as instalações do Hospital, sentirem um impulso muito maior no coração, e em vez de doarem o valor aproximado de 100 mil reais para aquilo que imaginavam, resolveram doar 1 milhão de reais para o próprio Hospital, pois nunca pensavam que a obra fosse daquela dimensão e tivesse o valor que possui. E o que mais me impressionou foi que deram o dinheiro do próprio caixa e selaram um acordo comigo de coração que todos os anos doariam aquele valor.

Além de tudo isso, os dois se tornaram verdadeiros irmãos e saíram juntos motivando outros empresários a fazerem o mesmo. Em seguida me apresentaram os irmãos Fachinni, que também se tornaram grandes colaboradores dessa obra. Isto tudo me impressionou muito porque pude perceber que quando um empresário recebe o projeto para analisar faz uma avaliação muito inferior do que se fizesse uma visita ao Hospital, vendo as instalações, mas principalmente vendo a parte humana que oferecemos aos milhares de pacientes.

Ficamos tão amigos, que Roberto e Francisco, acreditando nos meus sonhos, entraram em uma parceria comigo e investiram em uma faculdade de medicina em Barretos, que possui o nome do meu pai (Faculdade de Ciência da Saúde Doutor Paulo Prata), com o intuito de formarmos médicos com os princípios de humanização que norteiam a filosofia da Fundação Pio XII.

Depois, pude conhecer a história de vida deles e entendi por que deram tanto valor ao nosso trabalho. Eles construíram e mantêm há mais de quinze anos uma creche com mais de trezentas crianças carentes, em Penápolis.

Isso tudo me faz enxergar claramente que vem vindo uma nova geração de empresários com uma nova consciência social, que no tempo do meu pai, infelizmente não existia.

Epílogo

Não posso deixar de citar, no final deste livro, a importância que teve para mim um homem que praticou a medicina, com valores muito parecidos com os do meu pai; um médico que se destacou na área de cardiologia, desenvolvendo próteses médicas. O doutor Domingo Braile, de São José do Rio Preto, um grande amigo, que conheci depois da morte do meu pai e com quem estabelecemos uma eficiente parceria para o desenvolvimento de algumas próteses, como a de esôfago, para câncer do sistema digestivo. Partilhamos uma grande afinidade; com ele e com sua filha, que hoje é a presidente da empresa da família.

Em virtude de seu posicionamento tão humano na medicina, tão similar ao do meu pai, certa vez lhe pedi que desse uma palestra no Hospital. Ele, então, me confessou que se inspirara no meu pai para fazer o doutorado na USP, no final dos anos 1950. Depois, foi para Rio Preto, onde fez uma grande diferença na cardiologia, e meu pai fez grande diferença na oncologia em Barretos. E ambos consagraram suas obras a São Judas em mais uma bela história ligada à fé e à religiosidade.

Esse grande homem e sua família comandam uma empresa – orgulho para o Brasil – que fabrica próteses de esôfago melhores que as importadas e a um custo muito menor. A título de exemplo, se as próteses importadas custam 10 mil reais, pagamos 2,5 mil pelas nacionais da empresa do doutor Domingo Braile. E mesmo assim – é uma pena constatar – nosso governo nunca arcou com essa despesa.

Continuando a rememorar a trajetória do Hospital, não poderia deixar de dizer que embora a nossa maior fonte de receita no ano sejam os leilões de gado, a televisão foi sempre um alvo que busquei. Primeiro, meio espontaneamente, com a Xuxa e depois com o Gugu, o que alavancou a credibilidade e a visibilidade do Hospital e, consequentemente, a procura por ele.

As pessoas acabam conhecendo um lugar que trata sem cobrar nada de ninguém com medicina de ponta, um projeto muito sério. A partir de 2005 conquistei, também, o apoio de um programa de televisão da rede aberta, coisa que sempre busquei. Eu via programas como o "Criança Esperança" da Rede Globo, como o da Unicef em rede nacional com a linha 0500, como o do Sílvio Santos para crianças com deformidades, o Teleton... todos angariando muito dinheiro, inclusive de empresas que apareciam durante o programa para entregar seus donativos. Eu via aquilo e pensava que duas grandes redes de televisão já eram usadas para esse fim e que eu deveria tentar achar um canal que pudesse nos ajudar a vender nosso projeto, porque o câncer tem muito apelo; quem tem câncer tem pressa; é uma luta, também, contra o tempo.

Tentei então, pela primeira vez, o "Programa do Ratinho", mas acabou não dando certo. Outro caminho foi procurar uma emissora de TV, que ficou com receio de não conseguirmos um alcance muito grande, por sermos do interior, e exigiu uma garantia para o caso de a campanha não ter êxito. Achei desnecessário correr esse risco e abandonei a negociação depois de sessenta dias.

Consegui, finalmente, emplacar o projeto por intermédio de um amigo que eu tinha na Rádio Band FM, que me colocou em contato com o Johnny Saad, o dono da Rede Bandeirantes, que acolheu o programa com entusiasmo. E foi um êxito. Nós chegamos a uma rede que era a quarta em audiência e tivemos uma arrecadação proporcionalmente muito expressiva.

Para conseguir o melhor, nestes cinquenta anos, muitas vezes copiei o que vi de melhor no mundo. E me orgulho de dizer isso. Com coragem e humildade, pedi a quem soubesse que nos ensinasse o que havia dado certo.

Sem dúvida isso sempre abriu e continuará nos abrindo portas. Essa semente chamada Hospital São Judas é a escola que fez com que todos nós trabalhássemos por amor, em equipe, em igualdade. Esse é o projeto do doutor Paulo Prata tornado realidade; realidade que foi muito além do sonho; é a história do São Judas, da Fundação Pio XII, da Doutora Scylla Prata e de todos nós, que somos frutos dessa árvore que cresceu generosa e nos enche de orgulho. Garanto que a todos envaidece trabalhar nesse Hospital.

A São Judas, que tantas vezes me estendeu a mão, tantas vezes me ensinou, tantas vezes me deu provas concretas da sua ajuda, meu humilde reconhecimento, minha absoluta gratidão.

Estamos em fase de descentralização do Hospital, montando várias equipes, e uma das coisas que mais peço a Deus é que continue me iluminando, me trazendo grandes profissionais, pessoas que eu jamais teria condições de descobrir e trazer para o nosso projeto, porque não tenho formação para tanto – principalmente hoje, que a oncologia é totalmente especializada e cada área se aprofunda e se especializa cada vez mais; tudo mudou muito e não existe mais um oncologista faz-tudo. Hoje cada um faz a sua parte, e é muito mais difícil conseguir inúmeros profissionais competentes.

Eu tenho sido muito abençoado: a maior parte da equipe de Jales, por exemplo, nos caiu do céu. São jovens que vieram com a esperança de fazer história e estão fazendo uma diferença imensa porque o povo está reconhecendo, em Jales, os mesmos valores, a mesma qualidade da medicina de Barretos. Isso é também um desafio muito grande para mim, porque Jales é uma primeira saída de casa.

No São Judas e na Fundação, os problemas do dia a dia são muito mais fáceis de resolver por estarmos em casa. Jales, distante, é um grande desafio, mas nunca me acovardei e Deus vai me dando luz para enxergar novas frentes de batalha – que devem ser, estou convicto, na área de diagnóstico.

266 Epílogo

Venho tentando convencer a iniciativa privada a me privilegiar nesses processos, expondo a vergonha que é, num país como o Brasil, a diferença existente entre os serviços de diagnóstico da iniciativa privada e os serviços públicos e entre as várias regiões.

Uma das coisas que pude fazer de melhor foi motivar o governador do Mato Grosso e o de Rondônia a se orgulharem do trabalho que fazem e adotarem uma gestão de dar inveja à iniciativa privada. Vamos realizar muitas coisas nesses estados, o que me faz extremamente feliz, porque não existirá nenhum centro de diagnóstico melhor que o nosso. Mato Grosso, Mato Grosso do Sul, Rondônia... Vamos levar para lá tudo o que sabemos que existe de melhor.

Essa busca é estimulante e faz valer a pena a minha vida de peregrino, andando por este imenso país, fazendo o que pode ser feito e da melhor maneira.

Quero ainda melhorar muito a Bahia, agora que o governo se sensibilizou e vai nos ajudar. Há cinco anos estão trabalhando em Juazeiro com 40 mil de prejuízo por mês, e o governo de lá, analisando nossos dados, constatou que uma região pobre e quase sem estradas tem resultados muito superiores aos do restante da Bahia e ao da própria Salvador. Coisas bem-feitas nos dão visibilidade e continuar caminhando assim é o melhor que posso fazer. Recomendo a todos, e a qualquer um que queira realmente uma comunhão com o povo, que é mais sábio do que muitos pensam, que busquem o melhor, sem tapeação.

Fazer bem as coisas é, para mim, motivo de orgulho e de realização. Quero poder dizer ao paciente: "Vá e veja se em algum outro lugar fazem como nós. Se fizerem, e for perto, trate-se lá, mas se não encontrar, volte, porque aqui fazemos bem-feito". Não entendo como tantos homens públicos, políticos que têm poder, não se orgulhem de dizer: "Eu fiz o melhor para a minha cidade, para o meu estado" ou "O meu estado é o melhor nessa área porque eu fiz".

É essa a diferença, a marca da honestidade: fazer o melhor e dar oportunidade para que outros também o façam. Um caminho de amor, e de fé tem essas peculiaridades. É preciso ser audacioso na essência e privi-

Acima de tudo o amor 267

legiar a qualidade acima de tudo. E nunca se satisfazer, nunca se embeve-
cer com o fato de ser apontado como o melhor. Nunca! Isso não resolve
nada, é só uma referência.

De tudo o que já relatei, preciso enfatizar que é de suma importância
que a relação existente entre mim e a equipe médica, a equipe paramé-
dica e todos os colaboradores seja uma relação muito transparente. Tudo
o que faço, os mínimos detalhes que são da minha competência, ou o que
penso e sonho, informo a todos os funcionários, absolutamente a todos,
seja durante o café da manhã, seja através de reuniões. Tenho um prazer
imenso de dar satisfações a eles, assim como a todos os nossos colaboradores, por meio do nosso jornal *O Bom Samaritano*, que é um meio importantíssimo de prestação de contas. Em vez de optarmos por um
telemarketing, preferimos publicar uma revista, que é enviada a todos os
nossos colaboradores a cada sessenta dias. E três vezes por ano, fazemos
um balanço das contas, para que saibam quanto foi o custo do Hospital
por mês, quanto arrecadamos em leilão, em shows ou eventos, para onde
está indo aquele investimento ou que rumo estamos tomando.

Desde o primeiro dia em que eu pus a cara na rua para pedir e
me responsabilizei, o Luiz Antonio Zardini e eu informamos exatamente
como está o Hospital hoje e quais são os planos para amanhã. E isso ser
feito por meio do jornal me conforta muito, porque as mais de 100 mil
pessoas que o recebem, também recebem, além da nossa prestação de
contas, um boleto bancário para colaboração.

Há mais de dez anos, está comigo uma jornalista, a Karina Carreira,
que faz a matéria da primeira página, cujo assunto eu escolho. Estão sempre acontecendo coisas muito importantes, que viram assunto de capa do
jornal. A equipe que cuida disso me entende perfeitamente, e sabe bem
quais pontos são importantes ressaltar.

São Judas é tido como o santo das causas impossíveis e nos inspira
nas dificuldades. São testemunhos importantes, as grandes obras que eu
conheço no mundo inteiro que lhe são consagradas. E são impressionantes essas três que fizeram a diferença na área da saúde – Saint Jude, nos
Estados Unidos, São Judas de Barretos e São Judas de São José do Rio

268 Epílogo

Preto, empresa do doutor Braile. São obras fundamentais, importantíssimas, que cientistas e milionários no mundo não seriam capazes de erguer sem fé. E este livro é, sem dúvida nenhuma, uma forma de expressar o valor do amor e da fé na causa da saúde.

Os mais novos, que não me conhecem, se assustam com a minha determinação, mas essa disciplina firme é que me dá segurança e, aos demais, a certeza da minha honestidade. Eu olho nos olhos de cada um antes da contratação e aviso como penso, como sou, o que não admito e o que aceito. Admito erros, pois somos humanos, mas que não sejam graves. E não perdoo que me soneguem informações, porque não somos uma indústria de enlatados e um erro pode ser a diferença entre a vida e a morte. Na hora do aperto, eu cresço, minhas percepções ficam mais aguçadas e minhas atitudes mais firmes.

Diante disso, posso afirmar, depois de tudo o que narrei nestas páginas, que a conclusão é uma só: São Judas está conosco há cinquenta anos todos os dias, todos os minutos que nós respiramos dentro desse projeto consagrado a ele.

Tenho muito orgulho de contar todas essas histórias, situações muito difíceis pelas quais passamos e que fazem parte do nosso cotidiano, dos bastidores de um trabalho ininterrupto, que mostra o sucesso, mas omite as muitas dificuldades.

Depois de cada batalha, quando eu agia com impulsividade, mesmo vencendo, eu submetia a situação à análise crítica dos médicos. Sempre achei que a crítica, negativa ou positiva, tem um valor imenso se a finalidade for buscar o melhor.

O Hospital é hoje uma instituição de muitos acertos e pouquíssimos erros e, quando erra, tem a honestidade de assumir e corrigir seus erros. O que eu consigo, através de um profundo sentimento de respeito por aquilo que faço, são as bênçãos de Deus para encontrar sempre as pessoas certas, no momento certo.

Sinto-me realizado como gestor, mesmo em horas muito difíceis, e sigo acreditando que o amor é a força que me impele a realizar quase tudo, mesmo não sendo médico, mesmo não tendo dinheiro.

Gostaria que outras pessoas também acreditassem e seguissem esse caminho, às vezes tão doloroso e com tantas batalhas, que seria mais fácil recuar e desistir. Deus sabe, porém, que nunca me acovardei diante de ninguém nem de nada. Meu sentimento de amor me sustenta, me põe em conexão com Deus.

Travei inúmeras batalhas – até mesmo com minha mãe –, mas de coração puro, porque eu lutava sem interesse pessoal, e sempre será assim. Em primeiro lugar a honestidade e o amor a Deus e, depois, o que tiver de ser. Vou para o combate todos os dias com a confiança absoluta da ajuda de Deus.

Espero poder continuar contando as novas histórias que virão com a mesma verdade, para servir de exemplo a uma nova geração.

Se Deus quiser!

Caderno de fotos

■ *Doutor Paulo Prata e doutora Scylla*

■ *Dom Antonio Maria Mucciolo e Henrique Prata*

■ *Entrada do Hospital São Judas Tadeu*

■ Da esquerda para a direita – O ex-governador Orestes Quércia, dona Alaíde Quércia, Maurício Jacinto, o então prefeito de Barretos Nelson James Wright, Henrique Prata e doutor Paulo Prata

■ Capela São Judas Tadeu

Henrique Prata e doutor Paulo Prata

■ *Doutor Paulo Prata*

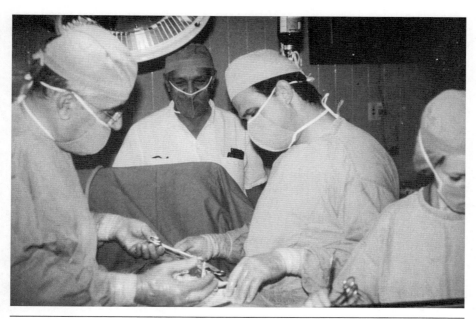
■ *Doutor Paulo Prata em cirurgia*

■ *Primeira obra do Hospital da Fundação Pio XII*

■ *Primeira ambulância do Hospital de Câncer de Barretos, veículo doado pela UDR*

■ *Da esquerda para a direita, doutora Scylla, doutor Paulo, padre Nazareno e Henrique Prata*

■ *Da esquerda para a direita, Sérgio Reis, doutor Paulo Prata, doutor Jarbas Karman e Henrique Prata*

■ *Da esquerda para a direita, Henrique Prata, doutor Paulo Prata e o cantor Luciano, da dupla Zezé Di Camargo & Luciano*

■ *Padre André benze o início da obra dos novos pavilhões*

■ Padre André

■ Alojamento Madre Paulina para 350 pessoas. Obra do padre André

■ *Pavilhão Antenor Duarte Villela*

■ *Pavilhão Chitãozinho & Xororó*

■ Pavilhão Zezé Di Camargo & Luciano e Pavilhão Sandy & Junior

■ Pavilhão Leandro e Leonardo

■ Pavilhão Zezé Di Camargo & Luciano

■ Pavilhão Xuxa Meneghel

■ Centro de Intercorrência Ambulatorial Xuxa Meneghel

■ Pavilhão João Paulo e Daniel

■ *Pavilhão Rick & Renner*

■ *Pavilhão Rionegro e Solimões*

■ *Inauguração do pavilhão Cezar & Paulinho*

■ *Pavilhão Gugu Liberato e pavilhão Gian & Giovani*

■ *Pavilhão Alexandre Pires*

■ *Pavilhão Senador José Serra*

■ *Pavilhão Eunice Carvalho Diniz e Zico Diniz*

■ *Hospital Gov. Geraldo Alckmin, em Jales*

■ *Instituto de Prevenção de Câncer Ivete Sangalo*

■ *Hospital de Câncer Infantojuvenil Presidente Luiz Inácio Lula da Silva*

■ *Prédio do IRCAD*

■ *Fachada do São Judas Tadeu, depois que se especializou em cuidados paliativos*

■ 1. *Pavilhão Antenor Duarte Villela: (ambulatório e consultórios médicos). Inauguração: 06/12/1991;*

2. *Pavilhão Sérgio Reis (laboratórios). Inauguração: 18/03/1997;*

3. *Pavilhão Chitãozinho & Xororó (radioterapia, diagnóstico por imagem). Inauguração: 14/12/1995;*

4. *Pavilhão Leandro & Leonardo:(medicina nuclear, fisioterapia e odontologia). Inauguração: 26/12/1999;*

5. *Pavilhão Gugu Liberato (UTI). Inauguração: 08/07/2002;*

6. *Pavilhão Gian & Giovani (centro administrativo e o CIA – Centro de Intercorrência Ambulatorial). Inauguração: 27/08/2003;*

7. *Pavilhão Zezé di Camargo & Luciano (internação – 60 leitos). Inauguração: 08/07/2002;*

8. *Pavilhão Sandy & Junior (internação – 60 leitos). Inauguração: 26/05/2003;*

9. *Pavilhão "Os Independentes" (radiologia – endoscopia, pequenas cirurgias). Inauguração: 07/05/2010;*

10. *Pavilhão José Serra (centro cirúrgico). Inauguração: 08/07/2002;*

11. *Pavilhão Alexandre Pires: (lavanderia). Inauguração: 22/12/06;*

12. *Pavilhão Rick & Renner: (farmácia). Inauguração: 22/11/2007;*

13. *Pavilhão Rio Negro & Solimões: (almoxarifado). Inauguração: 12/06/07;*

14. Pavilhão Eunice Carvalho Diniz e Zico Diniz: (cozinha e refeitório). Inauguração: 13/12/06;
15. Pavilhão Edson & Hudson (cabeça e pescoço, odontologia e fisioterapia). Inauguração: 29/06/2012;
16. Pavilhão Cezar e Paulinho (SESMET, departamento pessoal, vestiários). Inauguração: 20/07/08;
17. Instituto de Prevenção de Câncer Ivete Sangalo (Instituto de Prevenção, Ensino e Pesquisa). Inauguração 08/12/09;
18. IRCAD-BRAZIL. Instituto de Treinamento em Cirurgias Minimamente Invasivas e Cirurgia Robótica. Inauguração: 09/07/2011;
19. Prédio Captação e Desenvolvimento – Barretos (captação de recursos, projetos, assessoria de comunicação). Inauguração: 20/08/2010;
20. Centro de Educação Infantil Victorio e Iolanda Meneguelli (creche). Inauguração: 26/11/07;
21. Capela Sagrado Coração de Jesus;
22. Alojamento de Motoristas – Geraldo Abrão de Jesus. Inauguração: 07/05/08;
23. Centro de Intercorrêcia Infantojuvenil "Xuxa Meneguel";
24. Hospital de Câncer Infantojuvenil – Luiz Inácio Lula da Silva. Inauguração: 24/03/2012.

Ajude a escrever mais páginas desta história

Se você terminou a leitura deste livro e sentiu-se tocado por suas palavras, queremos convidá-lo a fazer parte da família do Hospital de Câncer de Barretos.

Dê sua contribuição para que mais páginas desta história continuem sendo escritas e muitas pessoas mais possam ser beneficiadas por essa grande obra.

Você pode fazer sua doação, não importa o valor, entrando em contato conosco por e-mail, telefone ou pelo site do livro ou do HCB:

E-mail: doacao@acimadetudooamor.com.br

Telefone: (017) 3321-6615

Sites: www.acimadetudooamor.com.br e www.hcancerbarretos.com.br/doacao

Sua doação, tanto de pessoa física quanto de jurídica, poderá ser descontada do imposto de renda, de acordo com o Fundo Nacional do Idoso (leis federais 12.213, de 20/1/2010, e 12.598, de 22/3/2012) e o Programa Nacional de Apoio à Atenção Oncológica (PRONON), instituído pela Lei Federal 12.715, de 17 de setembro de 2012, que entrará em vigor em 2013.

Depois de sua colaboração com o Hospital de Câncer de Barretos, Henrique Prata terá muito prazer em ir até você pessoalmente para conhecê-lo, uma vez que mais um bom samaritano reforça esse exército de amor ao próximo.

Para mais informações sobre o HCB, acesse www.hcancerbarretos.com.br

LEIA TAMBÉM:

ACIMA DE TUDO O AMOR: RELATOS

As pessoas que fazem história no maior polo de luta contra o câncer do Brasil

A PROVIDÊNCIA

Os milagres que levam a filosofia do Hospital de Câncer de Barretos para todo o Brasil

Este livro foi impresso pela
gráfica Prol em papel *offset* 90 g.